湖北农业农村改革开放40年丛书

1978-2018

宋亚平 主编

# 改革开放40年 湖北农村社会治理

GAIGE KAIFANG 40 NIAN:
HUBEI NONGCUN SHEHUI ZHILI

吴理财 ◎ 等著

中国社会科学出版社

**图书在版编目（CIP）数据**

改革开放40年：湖北农村社会治理／吴理财等著．
—北京：中国社会科学出版社，2018.12
（湖北农业农村改革开放40年（1978－2018）丛书／
宋亚平主编）
ISBN 978－7－5203－3163－0

Ⅰ.①改…　Ⅱ.①吴…　Ⅲ.①农村—社会管理—
研究—湖北　Ⅳ.①C912.82

中国版本图书馆CIP数据核字（2018）第214126号

出 版 人　赵剑英
责任编辑　赵　丽
责任校对　郝阳洋
责任印制　王　超

出　　版　中国社会科学出版社
社　　址　北京鼓楼西大街甲158号
邮　　编　100720
网　　址　http://www.csspw.cn
发 行 部　010－84083685
门 市 部　010－84029450
经　　销　新华书店及其他书店

印　　刷　北京明恒达印务有限公司
装　　订　廊坊市广阳区广增装订厂
版　　次　2018年12月第1版
印　　次　2018年12月第1次印刷

开　　本　710×1000　1/16
印　　张　18.5
字　　数　294千字
定　　价　79.00元

凡购买中国社会科学出版社图书，如有质量问题请与本社营销中心联系调换
电话：010－84083683

# 湖北农业农村改革开放40年
# （1978—2018）丛书

# 序

2018年是中国改革开放40周年。40年前，党的十一届三中全会作出了把全党工作的重点转移到社会主义现代化建设上来，实行改革开放的伟大决策。40年来，我国农村一直昂首阔步地站在改革前列，承载着重大的历史使命。农业农村持续40年的变革和实践，激发了亿万农民群众的创新活力，带来了我国农村翻天覆地的巨大变化，为我国改革开放和社会主义现代化建设作出了重大贡献。

湖北是全国重要的农业大省，资源丰富，自古就有“湖广熟、天下足”之美誉。改革开放40年来，在党中央、国务院的正确领导下，历届湖北省委、省政府高度重视“三农”工作，始终把“三农”工作放在重中之重的位置，坚定不移深化农村改革，坚定不移加快农村发展，坚定不移维护农村和谐稳定，带领全省人民发扬改革创新精神，不断开拓进取、大胆实践、求真务实、砥砺奋进，围绕“推进农业强省建设，加快推进农业农村现代化”，作出了不懈探索与实践，取得了令人瞩目的成就。特别是党的十八大以来，农业农村发展更是取得了历史性的成就。

2017年，湖北粮食再获丰收，属历史第三高产年，粮食总产连续五年稳定在500亿斤以上，为保障国家粮食安全作出了积极贡献。农村常住居民人均可支配收入达到13812元，高于全国平均水平。城乡居民收入差距比2.31∶1，明显低于全国的2.71∶1。全省村村通电话、有线电视、宽带比例分别达到100%、90%、95.5%。全省农村公路总里程达到23.6万公里。从无到有、从有到好，公办幼儿园实现乡镇全覆盖，义务教育“两免一补”政策实现城乡全覆盖，社会保障制度实现了由主要面向城市、面向职工，扩大到城乡、覆盖到全民。2012—2017年，全省541.7万人摘掉贫困帽子。

知史以明鉴，查古以知今。回顾过去40年湖北农业农村发展之所以能取得如此巨大的成就，最根本的是始终坚持了一面旗帜、一条道路，不断解放思想、实事求是、与时俱进，把中央各项大政方针和湖北的具体实际紧密结合起来，创造性开展各项“三农”工作的结果。改革开放40周年之际，《湖北农业农村改革开放40年（1978—2018）》这套丛书的编写出版，所形成的研究成果是对改革开放40年来湖北农业农村工作的全面展示。其从理论与实践相结合的高度，全景式展示了湖北农业农村发展所取得的辉煌成就与宝贵经验，真实客观记述了湖北农业农村改革开放40年走过的波澜壮阔的历程，深入分析了改革开放实践中出现的新问题、新情况，而且在一定的理论高度上进行了科学的概括和提炼，对今后湖北农业农村的改革和发展进行了前瞻性、战略性展望，并提出一些有益思路和政策建议，这对深入贯彻党的十八大、十九大精神，进一步深化农业农村改革，在新的起点开创农业农村发展新局面，谱写乡村振兴新篇章，朝着“建成支点、走在前列”的奋斗目标不断迈进，更加奋发有为地推进湖北省改革开放和社会主义现代化建设，都有着积极的作用。

作为长期关注农业农村问题，从事社会科学研究的学者，我认为这套丛书的编写出版很有意义，是一件值得庆贺的事。寄望这套丛书的编写出版能为湖北省各级决策者科学决策、精准施策，指导农业农村工作提供有益帮助，为广大理论与实践工作者共商荆楚“三农”发展大计，推动湖北农业全面升级、农村全面进步、农民全面发展提供借鉴。

李培林

2018.9.12

# 湖北农业农村改革开放40年（1978—2018）丛书简介

2016年8月，经由当时分管农业的湖北省人民政府副省长任振鹤同志建议，湖北省委、省政府主要领导给湖北省社会科学院下达了组织湖北省“三农”学界力量，系统回顾和深入研究“湖北农业农村改革开放40年（1978—2018）”的重大任务，以向湖北省改革开放40年献上一份厚礼。

根据任务要求，湖北省社会科学院组织由张晓山、徐勇等全国“三农”著名专家组成的编委会，经过精心构思，确定了包括总论（光辉历程）、农业发展、农村社会治理、农民群体、城乡一体、公共服务、集体经济、土地制度、财税金融、扶贫攻坚、小康评估在内的11个专题，共同构成本丛书的主要内容。丛书作者分别来自湖北省社会科学院、武汉大学、华中科技大学、华中师范大学、华中农业大学、中南财经政法大学、湖北经济学院等高等院校。

本丛书立足现实、回望历史、展望未来，系统地回顾和总结了改革开放以来湖北省农业农村改革、创新与发展的历程，取得的成就、经验以及存在的不足，并从理论和实践相结合的高度，提出一系列切合湖北实际，具有前瞻性、指导性和可操作性的对策建议。所形成的研究成果兼具文献珍藏价值、学术价值和应用价值，是一幅全景展示湖北省农业农村改革40年光辉历程、伟大成就、宝贵经验的珍贵历史画卷。

# 目　录

# 第一章

# 引　　论

## 第一节　研究背景

中国共产党历来重视“三农”问题，始终认为农业农村农民问题是关系国计民生的根本性问题。没有农业农村的现代化，就没有国家的现代化。而我国“三农”问题的实际状况，又与农村社会治理紧密相连。“三农”问题的好与坏，直接决定着农村社会治理绩效；而农村社会治理状况，又是“三农”问题的直接表征。同时，农村社会能否发展和振兴，以农村社会治理是否有效为前提和基础。今年恰逢我国改革开放 40 年。本书详尽梳理了湖北省改革开放 40 年以来的农村社会治理变化，总结了农村社会治理创新经验，并从中探寻出农村社会治理的发展逻辑。

农村社会治理既要服务于社会主义农村建设与发展的要求，又是国家治理体系和治理能力现代化的重要基础和关键环节，它在推进农村社会乃至整个国家现代化建设中起着十分重要的作用。因此，研究农村社会治理不但具有重要的理论意义，而且具有重大的现实意义。

2017 年 10 月，中国共产党胜利召开“十九大”，在这次具有历史里程碑意义的大会上，习近平总书记做出“中国特色社会主义进入新时代”的重大判断，并描绘了新时代的伟大蓝图。乡村振兴，便是新时代伟大蓝图的重要组成部分。实施乡村振兴战略，是党的十九大做出的重大决策部署，是决胜全面建成小康社会、全面建设社会主义现代化国家的重大历史任务，是新时代“三农”工作的总抓手。推进和实施乡村振兴战略，对农村社会治理提出了新要求：一方面，要加强农村基层基础工作，健全自治、法治、德治相结合的农村社会治理体系；另一方面，要建立健全党委领导、政府负责、社会协同、公众参与、法治保障的农村社会治理体制，以及政府治理和社会调节、居民自治良性互动的农村社会治理机制。我们相信，在积极实施乡村振兴战略过程中，湖北省定会在农村社会治理上适时进行创新，创造出更多更好的有益经验。

## 第二节　研究综述

学界对农村社会治理的研究著述颇丰。下面，将从农村社会治理的概念、困境、模式、路径、不足和展望等方面进行综述。

### 一　农村社会治理的概念

农村社会治理是整个社会治理中最基础、最关键的一个领域，它关系到农民的切身利益，是国家治理体系的重要组成部分。农村社会治理作为国家治理的一部分，是中国现代化进程中的重要一环。[①] 有学者通过拓展社会治理的视野来探索农村社会治理，孟秋菊以社会治理的三大块即社会管理、社会自治和社会基础工作作为依据，从而将农村社会治理分为基层社会管理、基层社会自治、基层社会工作，进而探索农村社会治理创新。[②] 农村社会治理需要依靠农村多元力量发挥作用，耿永志认为农村社会治理要充分发挥和依靠各种社会力量来完成，农村社会治理需要通过各方主体的共同参与，实现社会公共利益的最大化。[③] 农村社会是不断变化的，农村社会治理也在不断地变迁。与中华人民共和国成立以来的社会变迁相伴随，农村社会治理在治理主体、治理目标和治理过程三个方面发生了一些重要的转变。农村社会治理主体从“一元”向“多元”转变，农村社会治理目标由管制向提供公共服务转变，农村社会治理过程由权威服从向更多的民主协商转变。[④] 在农村建设中，农村社会治

① 雷明：《论农村社会治理生态之构建》，《中国农业大学学报》（社会科学版）2016 年第 6 期。

② 孟秋菊：《农村社会治理创新视域下的基层社会自治创新路径探析》，《四川理工学院学报》2015 年第 4 期。

③ 耿永志：《农村社会治理的农民参与研究》，《江苏农业科学》2015 年第 10 期。

④ 于建嵘：《社会变迁进程中乡村社会治理的转变》，《人民论坛》2015 年第 5 期。

理也面临诸多问题。如郭泽保认为，农村社会治理存在政府管理与社会自治的体制摩擦、村两委的关系不协调、村民自治发展障碍、农村组织化程度低等问题。①

不同的学者从农村社会治理的内容、主体、困境等方面对农村社会治理进行研究。农村社会治理相比传统意义上的农村社会管理来说是一个质的飞跃，这表明我国农村社会治理取得了较大成就。目前，学界没有对农村社会治理的概念进行明确的界定，涉及较多的是从社会治理直接跳转到农村社会治理。虽说农村社会治理属于社会治理这一研究领域的一个范畴，但是现有研究若不对农村社会治理做出界定，从社会治理径直跨越到农村社会治理略显突兀，研究不够严谨。因此，有必要对农村社会治理的概念做出界定。总的来说，农村社会治理强调治理主体的多元化、决策的民主化、内容的公开化、协同治理等，农村社会治理应该是指在农村社会中，村两委、社会组织（合作社）、村民等多元主体共同参与的一种综合性管理活动。各方在平等协商的基础上权衡农村中的利益并对公共事务进行治理，其中涉及公共事务处理、社会利益协调、社会矛盾化解、收入分配调节，甚至包括农村环境治理等方面，进而实现农村社会公共利益最大化，最终达致农村"善治"。此外，关于"农村社会治理"和"乡村社会治理"两个概念，学界并尚未做出明确的划分，更有学者在研究中将二者交互使用，也就是说认为两个概念是等同的、互通的。笔者认为在研究中将两者混合使用，不够严谨，应分清"农村"和"乡村"两个概念。根据 1999 年国家统计局制定并发布的《关于统计上划分城乡的规定（试行）》中，"农村"与"乡村"这两个概念是不通用的，不是等同关系，而是从属关系。乡村包括农村，农村是乡村的一部分；乡村除包括农村以外，还包括非建制镇的集镇，也就是说乡村是大概念，农村是小概念。2014 年国家统计局重新发布的《关于统计上划分城乡的暂行规定》中，将我国的地域划分为城镇和乡村。乡村是指城镇以外的其他区域。没有提及"农村"，而是换成"村庄"。所以，笔者认为"农村社会治理"包含的研究范围略小于"乡村社会治理"，在进行

① 郭泽保：《构建中国现代农村社会管理体制的路径选择——基于社会转型期存在的问题》，《福建行政学院学报》2009 年第 3 期。

研究时，应注意两者的使用范围。

关于农村社会治理的研究，大致可以分为以下几个研究视角。

1. 从“国家”的视角开展的研究

随着中华人民共和国的成立，国家权力的触角逐渐渗透到农村社会的每个领域，逐步发展到人民公社时期的国家和社会的一体化。改革开放以来，“乡政村治”的治理格局重新界定了基层治理的制度安排，“乡政”指导“村治”成为新的农村治理格局，国家与农村社会根据这种关系勾连在一起。农村税费改革以后，国家与农村社会的关系再次发生根本性的变化，如果说税费改革前国家与农村关系更多地体现为“汲取”的话，那么税费改革后这种关系则被“给予”所取代。梁丽将农村治理能力的提升纳入政府治理能力的范畴，认为应从更新管理理念、加强政府与社会组织合作、引导公务员观念与行为转变、创新社区建设与管理、引导基层群众自治等方面提升基层政府农村社会治理能力。① 曲延春从社会转型的视角考察农村社会治理体制的创新，认为要实现农村社会治理体制创新，基层政府应转变职能，有效化解农村社会矛盾，实现农村基本公共服务均等化，大力发展农村社会组织，加强农村精神文明建设。② 张红霞通过对政府推动的社会工作介入农村社会治理的研究认为，社会工作介入农村社会治理，有利于完成政府向服务型治理的转型。③ 张红霞、姜文静从农村治理场域变迁的视角，考察农村社会治理中政府角色的转变，并认为政府既要革新行为方式，也要创新与基层的互动模式，要通过向服务型政府转变来提高民众对政府的认同感，让民众通过组织化方式表达合理诉求；要以法治为基础，在政府引导下，培育社会组织、农民个体共同参与社会治理。④ 黄建安、陈志刚通过对浙江建设村级便民

① 梁丽:《提升基层政府农村社会治理能力路径分析》,《吉林工程技术师范学院学报》2015年第8期。

② 曲延春:《社会转型与农村社会治理体制创新》,《农村经济》2014年第8期。

③ 张红霞:《农村现代化变迁与社会工作介入农村社会治理路径研究》,《中共福建省委党校学报》2015年第5期。

④ 张红霞、姜文静:《农村社会治理场域变迁与政府角色转变》,《石家庄学院学报》2016年第5期。

服务中心的研究，介绍了政府推动农村社会治理的地方实践。① 邢军则通过对亳州市谯城区为民服务全程代理制的考察，介绍了税费改革后亳州地区农村社会治理的新探索。②

2. 从“（农村）社会”的视角开展的研究

农村社会治理除了依靠国家力量的外部介入外，农村社会的内生治理力量也不应忽视，农村社会治理主要依靠农村社会的自主性。近年来，学者们从农村社会内生的视角对农村社会治理开展了多维度的研究。如刘东杰、周海生主要从问题的视角切入，探寻城市化背景下农村社会治理的内生困境。他们指出，随着城市化的推进，人口的净流出弱化了农村社会主体的治理能力，集体经济薄弱使农村社会治理资源供给不足，文化过渡断层致使农村社会治理观念出现冲突，农村腐败问题频现削弱了农村社会治理的合法性。③ 甘灿业则从农村组织的角度切入，通过对柳州市农村社会组织的观察以管窥整个农村社会治理的境况。也有学者指出，在城镇化背景下，农村党组织作用发挥不明显、党组织成员在其岗不谋其职、党组织班子成员文化偏低造成部分农村党组织战斗力不强，同时农村社会组织，包括经济型社会组织、民办非企业组织、传统型社会组织（如宗族组织、互助组织）资源获取能力差，功能较为单一，缺乏社会公众的参与，更缺乏与其他组织之间的协作，从而限制了整个农村社会治理的长期发展。④ 苏志豪等通过对广州市中新镇农村社会工作服务的研究，并结合三个典型内生社会组织案例，认为农村社会治理应充分发挥农民社会组织等内生性治理力量。⑤ 胡晓鹤、刘爱莲则从农村社会分化特别是农民阶层分化的角度切入，通过分析分化的原因和影响，提

---

① 黄建安、陈志刚：《公共服务延伸与农村社会治理创新——浙江建设村级便民服务中心的探索及启示》，《观察与思考》2017 年第 2 期。

② 邢军：《税费改革后乡村社会治理的新探索：谯城模式——亳州市谯城区为民服务全程代理制的调查》，《江淮论坛》2009 年第 1 期。

③ 刘东杰、周海生：《城市化背景下的乡村社会治理——以江苏省淮安市为例》，《农业现代化研究》2015 年第 2 期。

④ 甘灿业：《城镇化背景下农村社会治理研究——以柳州市为例》，《中共太原市委党校学报》2015 年第 6 期。

⑤ 苏志豪、李健龙、甘建文：《基于内生社会组织的农村社会治理主体创新——以广州市中新镇农村社会工作服务为例》，《安徽农业科学》2016 年第 31 期。

出了在农村社会分化的情况下开展农村社会治理的可行路径。[①] 饶旭鹏、周娟则通过对农村文化的历史变迁研究，具体分析了家族文化、乡规民约、农民价值观念等的变化，认为农村传统文化随着农村从传统向现代的变迁过程中，趋于式微和消解，农村社会治理现代化需要对农村文化进行重构。[②]

3. 从“国家”与“社会”互动关系的视角开展的研究

农村社会治理既需要发挥国家的支持作用，也需要发挥农村社会内生力量的作用，同时国家介入如何更好地实现与农村社会实际的结合，农村社会需求如何更好地向国家反映，这有赖于“国家”与“社会”的良性互动，需要在具体实践中不断调适两者关系。宋仕平、董登峰认为，应建构多元主体互动的农村社会治理新格局，要在实现农村“善治”的目标导向下，以“小政府、大社会”的社会治理理念，把原来由政府包揽的部分社会公益事业和社会事务转移给非政府组织，实现政府与非政府组织的合作共治。[③] 吴新叶在对华东三省市农村社会治理的实证研究中指出，国家大政方针得以贯彻落实，但同时存在治理弱点和盲区。在治理格局上，“强政府弱社会”格局没有改善，存在多重依附现象。因此，应以问题为导向，实现精细化治理。[④] 庞鹏区分了管制与共治的概念和特征，认为当代农村治理模式应从管制走向共治，但由于我国市场经济发展的不平衡和社会组织发展的不充分，我国正处于由管制向共治过渡的历史阶段，难以避免共治中的管制因素，因此当下农村社会治理的模式建构应是政府主导型的共治模式，如何处理好共治主体之间的关系是这一模式的题中之义。[⑤]

---

① 胡晓鹤、刘爱莲：《论阶层分化在农村社会治理中的启示和意义——基于农村地区社会阶层分化的考察》，《理论月刊》2014 年第 12 期。

② 饶旭鹏、周娟：《农村文化变迁及农村社会治理对策》，《荆楚学刊》2016 年第 2 期。

③ 宋仕平、董登峰：《论乡村社会治理格局的变化与治理方式的转换》，《三峡大学学报》（人文社会科学版）2017 年第 3 期。

④ 吴新叶：《农村社会治理的绩效评估与精细化治理路径——对华东三省市农村的调查与反思》，《南京农业大学学报》（社会科学版）2016 年第 4 期。

⑤ 庞鹏：《从管制到共治：农村社会治理模式的嬗变》，《中共郑州市委党校学报》2016 年第 2 期。

## 二　农村社会治理困境的研究

1. 农村社会治理主体的缺位

一般来说，农村社会治理的主体主要包括乡镇政府、村两委、村庄精英和农民大众等。改革开放以来，我国农村政治、经济、社会等各方面发生了激烈的变革，特别是市场化、城市化的推进进一步改变了农村社会治理格局，导致农村社会治理主体逐渐流失，治理主体缺位现象日益严重。黄胜胜认为随着城市化的快速推进，乡镇政府与农村和农民呈现出越来越淡化的“弱”关系，乡镇政府很少介入到农村事务和农民身上来。[①] 而黄胜胜所指的这种“弱”关系实际上也验证了周飞舟在分析农业税费改革后乡镇政府逐渐沦为“悬浮型”政权组织的观点。[②] 村两委是村级公共事务的管理主体，在村民自治得以深入开展、农村社会的民主政治生活发生巨大变化、取得令人瞩目成就的同时，村两委的矛盾与冲突也日益凸显。[③] 随着中央政府系列支农惠农政策下乡后，村干部腐败的形式也在不断翻新花样。[④] 村两委（村干部）的内在矛盾和贪污腐败使村庄公共服务与治理成为“边缘”工作。除村两委外，近年来农村“草根组织”在乡土社会逐渐生长，有效地成为辅助农民公共生活和服务的组织载体，但同时很多登记在册的社会组织只是表面上存在，而没有实际开展活动，处于一个剥离状态。[⑤] 张一洲、刘东杰指出，随着市场化与城市化的推进，农村人口向城市流动加快，一方面农村精英的流动使得农村治理的组织者、领头人快速减少；另一方面，农村普通大众的流动又造成农村治理参与者的减少。[⑥] 陈丹薇也认为，人口流失、流动造成农村的大部分人口是老年人、妇女和儿童，在一定程度上导致农村社会治理

---

① 黄胜胜：《城市化进程中乡村社会治理困境及优化路径》，《湖北民族学院学报》（哲学社会科学版）2015 年第 5 期。

② 周飞舟：《从汲取型政权到“悬浮型”政权——税费改革对国家与农民关系之影响》，《社会学研究》2006 年第 3 期。

③ 李小平：《论村党支委和村委会的冲突与调适》，《北京行政学院学报》2002 年第 3 期。

④ 程同顺：《当前农村社会治理的突出问题及解决思路》，《人民论坛》2016 年第 8 期。

⑤ 赵洋：《城镇化背景下农村社会治理问题研究——基于两省三镇的实证调查》，《法治博览》2017 年第 24 期。

⑥ 张一洲、刘东杰：《乡村社会治理的难点》，《学习时报》2014 年 10 月 27 日。

主体的缺失和治理能力的弱化。[①]

农村社会治理需要发挥多元主体之间的协商共治，但在市场化、城市化快速发展的大背景下，农村社会治理主体的流失造成了治理主体的缺位，这不利于农村社会治理的积极发展，并使农村社会治理陷入困境。

2. 农村治理资源的流失与输入的困境

农村社会治理需要建基在丰富的治理资源上，这些资源主要包括“人”“财”“物”等方面。改革开放以来，农村社会治理资源的快速外流和输入困难也成为学界研究的重点。从流失的角度来看，张嘉洋、齐晓明指出，随着城市化、市场化改革的快速推进，农村地区的大量人才逐渐流入城市，导致了农村地区的人才缺失问题，农村基层管理组织的整体素质不足，且年龄结构也缺乏合理性。[②] 黄昕认为，取消农业税后亦不再征收村提留，大多数村集体陷入经费缺乏的困境。[③] 吴莹进一步指出，一些农村负债过多，农村财务危机频发。[④] 从输入的角度来看，农村治理资源的输入一方面来自国家投入，另一方面来自社会捐助，但这两个方面都面临着持续输入的困境。虽然国家逐年加大了对农村治理资源的投入，但受制于财力，这种投入目前在大部分地区仍难以成为主体；捐赠可能来源于“走出去”的农村精英、社会组织及相关的企事业单位，但目前还不是普遍存在，且资源获取份额在所有途径中占比较小。[⑤] 由此观之，随着市场化、城市化的快速发展，农村社会治理资源在不断向外流失，同时向农村社会“反哺”或输入又面临着困境，在这两面的作用下农村治理陷入更深的困境之中。

农村社会治理需要依托丰富的治理资源，当前农村内部治理资源的流失和外部资源输入困难的窘境造成了农村社会治理中公共服务缺位等系列困境。因此，如何保持原有农村社会治理资源以及疏通外部治理资源的输入渠道仍值得进一步研究和探索。

---

① 陈丹薇：《乡村社会治理存在的问题及建议》，《现代化农业》2018年第3期。

② 张嘉洋、齐晓明：《当前农村社会治理现状及发展路径》，《农村经济与科技》2017年第18期。

③ 黄昕：《农村社会治理创新的成就、问题与改进》，《团结》2016年第5期。

④ 吴莹：《现代化进程中乡村社会治理模式的困境与出路》，《北方论丛》2017年第2期。

⑤ 张一洲、刘东杰：《乡村社会治理的难点》，《学习时报》2014年10月27日。

3. 文化断链带来农村治理价值观念的冲突

传统农村社会是费孝通所指的“礼俗社会”“熟人社会”，其自身具有一套符合村民生活逻辑的价值规范。但随着城市化、市场化的快速推进，市场竞争观念、金本位观念、功利主义思想等对传统农村价值规范起着消解作用，这些现实也使农村治理陷入困境。如陆益龙指出由于农村社会的变迁与分化，农民外出从事不同职业，文化与价值观的多样化、农村社会内出现阶层差异等，使得农村社会的共识基础在削弱，农村在公共事务治理方面达成共识或一致目标的难度加大。[①] 文化是农村社会治理之魂，只有适应了农民文化价值理念的治理方式、治理机制和模式才能真正在农村生长、发育。因此，如何调适“传统—现代”文化价值观念，以促进农村社会治理的有效发展将是长期研究的主题。

## 三　农村社会治理模式的研究

1. 从宏观体制结构的角度探讨农村社会治理模式

于水、杨萍在分析了以“乡政村治”为主导的农村治理模式存在的困境和内在逻辑的同时，建构了理想的农村治理模式：“有限主导—合作共治”。所谓“有限主导”即是指国家权威应主导未来农村社会治理的发展方向，与此相对应的政府不再是全能型的政府，而应是主导型的有限政府。而“合作共治”即是指社会权威应积极协同政府进行治理，发挥其真正功效，这有赖于破除其“依附性”（依附政府发挥作用）的特征，形成独立于行政体系之外的社会共同体。[②] 实际上，“有限主导—合作共治”治理模式在宏观上勾画出农村社会治理中“国家—社会”之间良性互动的理想图景。邹容区分了国家之于农村治理的两种模式：“硬控制”与“软治理”。“硬控制”是指国家依托权力这一刚性工具对农村进行控制以达至国家政权建设的目的；而“软治理”则是指国家依托文化、价值、伦理、人文关怀等柔性工具，在尊重农村、农民的自主性的前提下，

---

① 陆益龙：《乡村社会治理创新：现实基础、主要问题与实现路径》，《中共中央党校学报》2015 年第 10 期。

② 于水、杨萍：《“有限主导—合作共治”：未来农村社会治理模式的构想》，《江海学刊》2013 年第 3 期。

达致国家建设目标与农村社会治理目标的统一。邹容还认为，农村社会治理模式应从“硬控制”走向“软治理”。①

2. 从微观地方实践的角度探讨农村社会治理模式

宋仕平等通过对宜昌市仓屋榜村的实地调研，具体分析了该村“一二五”农村治理模式，通过自治与服务两大路径，推行管理网格化、自治多元化、服务综合化、防控立体化、支撑信息化五化联动。通过五化联动将基层政府、村两委、村民自组织、村民个体融入统一的治理运作过程中，通过多元主体的互动、运行机制的联动实现多元主体之间的协商共治②。高聪颖则具体考察了宁波市象山县“和村惠民四步法”，所谓“四步法”即“村民说事”“村务会商”“民事村办”“村事民评”，通过村民的“提”“商”“办”“评”，村民的自主性得以提升，从而有利于农村基层自治的发育和生长，而基层政府则主要扮演引导者和指导者的角色，为“四步法”的开展保驾护航。③ 此外，还有湖北秭归县“幸福村落”治理模式④、定陶县农村社会治理模式⑤、威县“1 + 5”农村社会治理模式⑥等。同时，值得关注的是，随着农村信息化建设的快速推进，“互联网 + 农村社会治理”模式也在一些地区付诸实践。如尹国伟、吴赟介绍了四种具有较好示范作用的治理模式：上海的“一点通”模式、遂昌的“电商”模式、巴东的“农民办事不出村”模式、铜关的“连接，为农村”模式。这些模式都是利用互联网技术为农民提供公共服务、快速解决农民需求的尝试，这为依托互联网这一“治理技术”如何与农村

---

① 邹荣：《从“硬控制”到“软治理”：乡村社会治理转型之路》，《楚雄师范学院学报》2015 年第 7 期。

② 宋仕平、秦瑛、徐静：《多元主体共治：乡村社会治理的制度化选择——基于宜昌市仓屋榜村“一二五”治理模式的分析》，《青海民族大学学报》2015 年第 4 期。

③ 高聪颖：《略论农村社会治理模式的创新—— 以宁波市象山县“和村惠民四步法”为例》，《宁波工程学院学报》2015 年第 4 期。

④ 谭志松、陈瑶：《武陵山片区乡村社会治理模式研究——以湖北秭归县“幸福村落”治理模式为例的分析》，《吉首大学学报》（社会科学版）2015 年第 6 期。

⑤ 牛春生：《定陶县农村社会治理模式研究》，硕士学位论文，西南交通大学，2011 年。

⑥ 安甜红、董哲：《“六化联动”打造农村社会治理“升级版”——威县探索实行“1 + 5”农村社会治理新模式》，《共产党员（河北）》2017 年第 19 期。

社会实际相结合提供了范例。①

## 四　农村社会治理路径的研究

1. 基层党建引领农村社会治理

村级党组织是党在农村全部工作和战斗力的基础，是党团结带领人民群众全面建成小康社会的战斗堡垒。我们党历来高度重视加强村级组织建设，党的十八大提出："要健全基层党组织领导的充满活力的基层群众自治机制，以扩大有序参与、推进信息公开、加强议事协商、强化权力监督为重点，拓宽范围和途径，丰富内容和形式，保障人民享有更多更切实的民主权利。"农村基层社会治理是我国社会治理体系和治理能力现代化的重要基础。随着农村改革的不断深入和社会转型，社会矛盾日益增多并出现了许多亟待解决的新问题、新矛盾，增强基层党组织活力、推进农村社会治理现代化是破除当前农村各种问题、夯实基层基础的一个重大时代课题。② 王均宁基于湛江市农村的分析，认为要解决农村社会治理中的诸多问题，必须加强和改进基层党建，从政治引领角色、化解基层矛盾纠纷、夯实基层治理根基、形成齐抓共建机制等方面着手，引领农村社会治理模式创新，构建全民共建共享的社会治理格局。③ 温媛媛、董春玉等人也认为，中国社会发生了结构性变革，基层党组织作为基层治理的"领头雁"，是加强创新社会治理所依靠的最基本、最直接、最关键的力量。必须坚持和加强党在农村社会治理中的领导核心地位，以基层党建创新引领和推动社会治理创新。④

通过基层党组织建设带动农村社会的发展，推动了农村社会治理创新，促进了农村社会治理变革。但是，农村社会是一个自治社会，应在农村基层公共事务和公益事业中实行群众自我管理、自我服务、自我教

① 尹国伟、吴赟：《"互联网＋"催生农村社会治理新变革——基于沪浙鄂贵农村一线的实践》，《农村工作通讯》2017 年第 6 期。

② 山东社科院课题组：《创新基层党组织活动方式，推进乡村社会治理现代化》，《中国社会科学报》2015 年 3 月 23 日。

③ 王均宁：《基层党建引领农村社会治理创新问题研究》，《行政与法》2016 年第 9 期。

④ 温媛媛、董春玉：《基层党建引领农村社会治理创新研究》，《长沙民政职业技术学院学报》2017 年第 2 期。

育、自我监督，保证人民依法直接行使民主权利。以基层党组织统领农村社会的发展，存在着农村社会的自治性将受到挤压的现象，如何协调党建引领和村民自主性发挥也是需要注意的重要问题。

2. 以合作（协同）治理推动农村社会治理创新

创新农村社会治理是创新社会治理体制和推进治理现代化的内在要求。农村合作社（组织）参与农村社会治理，能够形成多元主体合作治理农村社会事务之势，从而推动农村治理方式创新。赵离军、张海洋等人在探索实现农村社会治理的有效路径时，提出构建“一核为主、多元共治”的农村治理机制，以协同治理内在的价值特性入手来再造公共服务流程，打造无缝隙服务政府，激发治理主体活力，完善治理资源配置体系，进而推进农村社会治理现代化。[①] 农村合作社的快速发展，展示着农村组织演化已经到了一个新阶段，成为实现农村社会治理不可忽视的重要力量。合作社组织的发展改变了农村社会治理的“生态系统”，为现有农村治理增添了新的博弈主体，使重构农村社会治理格局成为可能。合作社通过“利益导控”引导以“自身利益最大化”为目标的农民的社会行为与选择，进而“统合”农村社会，逐步改变由政府和“类政府”（村党委与村委会等）等体制性色彩极强的组织所主导、以“强制性秩序维持”为核心目标的“单中心”治理结构，走向以“多主体协同”为手段和“协商性整合”为取向的新型农村社会治理结构。[②] 王进、赵秋倩在考察西北地区农民合作社的发展状况时，也发现西北地区农民合作社发展迅猛，越来越成为农村社会治理不可忽视的组成部分。他们深入分析了西北地区合作社嵌入农村社会治理的典型模式和动力来源，并探讨了合作社组织嵌入农村社会治理的理论性和实践价值。[③] 张益丰、陈莹钰等人则从实践和理论价值上探讨了合作社对农村社会治理的影响：在实践层面上，作为村治模式改良的一个新型因子，合作社集聚经济资源与权威性基础，在多主体治理的政治社会博弈中渐变式地改变着农村社会生

---

① 赵离军、张海洋：《论协同治理的价值及其在创新农村社会治理中的运用》，《洛阳理工学院学报》（社会科学版）2015 年第 3 期。

② 赵泉民：《合作社组织嵌入与乡村社会治理结构转型》，《社会科学》2015 年第 3 期。

③ 王进、赵秋倩：《合作社嵌入乡村社会治理的模式与动力问题研究》，《理论导刊》2016 年第 6 期。

态系统；从理论价值上看，合作社组织身兼农村社会发展与农业生产多重职能，也将成为农村社会治理与农业现代化协同发展研究的关键节点。[①] 王进、赵秋倩也通过实地调查对合作社在农村社会治理的存续进行了实践检视，深入分析其合法性基础，认为合作社集经济实力、组织认同、权威基础于一体，为农村市场转型、农业分工制度建设提供组织动力，对农村社会治理新模式的建构、村社协作共治具有现实价值。[②]

历史的演进离不开组织载体，并通过组织作用的发挥来再造社会秩序。当前在精准扶贫背景下，农村社会中农民合作社发展如火如荼，其参与农村社会治理的绩效却有待科学评估。大多数合作社以发展经济为重，积极参与农村社会事务的并不是很多，且有些合作社空有其表，只不过是地方政府重点打造的典型项目而已。研究者应该从多个角度考察合作社的成长逻辑，更好地引导合作社参与农村社会公共事务管理，促进农村社会良序发展。

3. 农村文化助力农村社会治理

农村文化作为农村社会的精神纽带，在社会治理中发挥着重要作用。黄德峰、朱清华等人从农村优秀民俗文化的视角，探索优秀民俗文化对我国现代农村社会治理发挥作用的新路径，他们认为，优秀传统民俗文化根植于绵延数千年的中华民族精神之中，最贴近百姓生活，最具生命活力。在新的形势下推进农村治理能力现代化，必须弘扬优秀传统民俗文化，把优秀传统民俗文化与农村基层组织的社会治理体系有机结合起来，探索出一条符合现代农村社会治理的新途径，不断提升农村社会治理能力的现代化水平。[③] 毛国民在考察云浮市自然村乡贤理事会时，发现乡贤理事会模式能缘人情顺人性、契合儒家传统文化理念，且能与现代农村实际工作相结合，是对古代乡绅宗族治理经验的传承、改造与创

---

① 张益丰、陈莹钰、潘晓飞：《农民合作社功能“嵌入”与村治模式改良》，《西北农林科技大学学报》（社会科学版）2016 年第 6 期。

② 王进、赵秋倩：《合作社嵌入乡村社会治理：实践检视、合法性基础及现实启示》，《西北农林科技大学学报》（社会科学版）2017 年第 5 期。

③ 黄德峰、朱清华：《优秀传统民俗文化与推进农村社会治理能力现代化》，《中国井冈山干部学院学报》2014 年第 4 期。

新。[①] 李三辉、范和生则探究了农村文化的重构，认为虽然衰落成为农村文化的当下生存状态，渐行渐远的农村忌讳和日益飘零的乡风民俗是其表现形式，但农村文化的日益衰落并不意味着其丧失了存在基础、丢失了社会功能；相反，新形势下挖掘社会治理的文化，或可成为推进农村社会治理的一个路径。[②] 赵剑、孙玉娟从乡规民约的维度出发，探索乡规民约在农村社会治理中的价值，认为在当代农村社会治理中，乡规民约在弥补法治的不足、社会的调控、农村生态文明的建设和培育公共精神等方面都具有重要作用和意义。[③] 乡贤是我国农村社会治理的主体之一，对农村社会、政治、经济、文化发展起着巨大作用。孙迪亮、宋晓蓓从历史、现实、政策等方面论证，新乡贤应该而且能够成为农村社会治理的重要主体。[④]

我国农耕文明源远流长，村民之间形成的守望相助、互通有无、尊老爱幼等农村文化流传至今。在城镇化和市场化快速推进的今天，优秀的农村文化应该被给予更多的重视和思考，应更多地参与传承和弘扬农村文化的研究，把农村文化融入农村社会治理之中，这对新时代农村社会的建设和发展将具有重要意义和价值。

4. 农村社会治理法治化路径

农村社会治理法治化是指坚持在党的领导、人民当家做主和依法治国有机统一的前提下，将农村社会的政治、经济、文化、生态等各个方面都纳入法制轨道，运用法治思维和法治方式管理农村社会事务。农村社会治理法治化是依法治国基本方略在农村社会的具体实践，是建设社会主义法治国家的重要组成部分。孙梦远认为，推进我国农村社会治理法治化应着重从几个方面把握：发挥基层党组织和党员干部的关键作用、健全农村社会法治工作机制、加强农村社会法治文化建设、完善农村社会组织建设体系等，以法治思维和法治方式推动农村社会治理创新，着

① 毛国民：《缘人情顺人性之农村社会治理模式创新研究》，《南方农村》2014年第4期。

② 李三辉、范和生：《乡村文化衰落与当代乡村社会治理》，《长白学刊》2017年第4期。

③ 赵剑、孙玉娟：《乡规民约在农村社会治理中的价值及重构路径》，《佳木斯大学社会科学学报》2017年第6期。

④ 孙迪亮、宋晓蓓：《新乡贤参与乡村社会治理的理据分析》，《科学社会主义》2018年第1期。

力解决影响和制约农村社会治理法治化的突出问题，以法治建设为农村社会可持续发展保驾护航。[①] 胡勇以“枫桥经验”的实践为例，分析农村法治发展促进农村社会治理创新的实践，认为应从建立新型农村自治体系、营造大调解格局、开展社区矫正、利用网络等几个方面提高社会治理法治化水平。刘同君则从农民权利的视角，探讨农村社会治理法治转型问题，以农民权利为核心、尊重农民主体性与法律诉求的治理模式，排除社会结构性歧视、实现公民权利与社会资源对等配置的法律制度设置，是我国农村社会治理转型的内在逻辑。[②]

此外，还有许多学者从不同的角度探讨农村社会治理的路径，如饶旭鹏关注到非正式制度与农村社会治理问题，尝试分析了非正式制度对农村社会治理的影响。他认为在农村地方治理实践中要充分考虑地方性知识、地方性文化和非正式制度的作用。[③] 胡兵则从抗争文化的角度，主张通过政治话语“和谐”来导引抗争文化，寻找当前农村社会治理的新机制。他提出重建公共领域文化、引导外来多元文化及去除抗争性的文化，使其转向“温和”，从而达到治理的目标，形成和谐有序的社会秩序。[④] 农村社会治理是农村社会中多种元素共同作用的过程，也有学者注意到农村社会中的宗教、宗族等在农村社会治理中扮演的重要角色。在广大农村社会中，宗教与社会秩序、经济秩序有紧密的联系。姜裕富认为宗教信仰与农村社会治理之间相互影响，宗教伦理与农村社会治理的运作具有一致性，农村社会治理中宗教信仰有巨大的存在空间，是维系社会秩序、提高社会交往能力、提升公共道德的重要力量。[⑤] 方素梅基于广西村落的个案考察了宗族、宗教与农村社会治理，通过广西回族村落个案的考察，她认为在当代中国社会治理转型中，既要了解宗族、宗教等传统文化因素在农村社会治理的功能和作用，也要注意化解其可能产

① 孙梦远：《乡村社会治理的法治化路径》，《法治日报》2015 年 3 月 18 日。

② 刘同君：《新型城镇化进程中农村社会治理的法治转型》，《法学》2013 年第 9 期。

③ 饶旭鹏：《非正式制度与农村社会治理：一个尝试性的分析框架》，《佳木斯大学社会科学学报》2015 年第 2 期。

④ 胡兵：《和谐话语与抗争文化：当前农村社会治理的新机制》，《中国农业大学学报》（社会科学版）2016 年第 8 期。

⑤ 姜裕富：《宗教信仰在农村社会治理中的功能机制》，《重庆社会主义学院学报》2013 年第 6 期。

生的消极影响，引导其与社会发展的潮流相适应。[①] 当前，信息化浪潮正在改变着人们经济社会生活的方方面面，“互联网 +”也催生了农村社会治理新变革。正如杜永红所言，互联网时代的中国农村是一个复杂多变、形态多元的网络社会，传统的农村公共管理秩序已被打破。她认为，要分析我国农村社会治理信息化发展存在的障碍、信息化对我国农村社会治理的影响，完善农村信息化建设的制度保障机制，建立健全信息网络平台，实现社会治理信息高速流转、互联互通、多方共享，适应群众多样化、个性化新需求，全方位服务群众，推动农村社会综合治理。[②]

## 五　农村社会治理的研究不足和展望

农村社会治理是国家治理的重要组成部分，农村社会治理的绩效直接影响着国家治理能力和国家治理现代化的总体构建。综观农村社会治理的研究，仍存在一些不足和改进之处。第一，农村社会治理具有多元化、多样性、持续性的特征，而现有研究缺乏整体性思维，给人“头疼医头，脚疼医脚”之感。因此，今后研究可考虑运用整体性治理思维，对农村社会治理实现系统性和创新性的研究。第二，目前对农村社会治理的研究多从“问题（困境）”到“对策”研究为主，较少深入探讨农村社会治理机制，如何提升治理能力等方面的研究。第三，现有关于农村社会治理的研究，大多遵循“国家—社会”的分析视角或框架，较少采用“事件—过程”的分析视角，在某种程度上说，农村社会治理具有动态性，在不同的时间段，呈现不同的表现形态，学界应尝试使用“事件—过程”的视角或框架，以较为全面地把握农村社会治理的过程。第四，较多关于农村社会治理的实证研究，对农村社会治理政策文本的规范研究不足。学界尚未关注到政策文本与现实实践之间张力的研究。自 2004 年开始，每年中央“一号文件”都是关于“三农”问题，而有些政策文本具体落实到农村社会就“变味”了，正如“经是好经，被和尚念歪了”。那为什么会

---

① 方素梅:《宗族、宗教与乡村社会治理》,《广西师范大学学报》(哲学社会科学版) 2015 年第 3 期。

② 杜永红:《“互联网 +”农村社会治理创新发展对策》,《江苏农业科学》2017 年第 8 期。

存在这样的困境？是政策执行者执行不力，还是政策文本不符合整个农村社会的场域？这些问题都应该被学界所重视，并进入深入的研究探讨。

党的十九大报告提出，实施乡村振兴战略，构建新时代农村社会治理体系。随后，《中共中央 国务院关于实施乡村振兴战略的意见》（以下简称《意见》）指出："乡村振兴，治理有效是基础。必须把夯实基层基础作为固本之策，建立健全党委领导、政府负责、社会协同、公众参与、法治保障的现代乡村社会治理体制，坚持自治、法治、德治相结合，确保乡村社会充满活力、和谐有序。"① 《意见》为新时代农村社会治理指明了发展道路。我们也应该看到，当前农村社会状况日趋复杂，农村社会治理面临着前所未有的挑战，但与此同时，挑战也是机遇。历史发展表明，农村社会是否稳定，将关乎国家的根基是否稳定，关系到国家政权是否稳定发展。农村社会的"善治"是实现国家治理现代化的关键一环，也是实现新时代乡村振兴的根本和保障。在乡村振兴战略的推动之下，新时代农村社会治理进入新的阶段。乡村振兴战略将为农村社会治理注入更多的资源和活力，同时也会吸引更多专家学者的目光，农村社会治理的研究将取得更多的成就，为我国农村社会的稳定发展做出一份贡献。

## 第三节　篇章结构

本书以湖北省为例，通过对改革开放40年来农村社会治理的历史演变、实践创新的梳理和分析，旨在客观总结农村社会治理经验，探寻农村社会治理发展逻辑。

这一研究，主要采取历史研究和典型分析②相结合的方法，主要从农村基层党建、农村基层政权改革、农村社区建设、农村社会纠纷治理、农村文化治理等维度展开研究。之所以如此，是因为我们将农村视为一

---

① 《中共中央 国务院关于实施乡村振兴战略的意见》，人民网（http：//politics. people. com. cn/n1/2018/0204/c1001 －29804797. html）。

② 此处的"典型"，是指改革开放40年来湖北省农村社会治理领域中出现的创新个案，这些创新个案具有零散性特点。也就是说，这些"典型"并非在大量实践样本中依据一定的规则所选取出来的，因此它们不一定具有分析意义上的代表性。

个社会概念、把农村作为一个社会体加以认识。因此，农村社会治理必然地与农村基层党建、农村基层政权建设相联系。而作为社会概念的农村，它的治理内容又主要体现在农村社区建设、农村社会纠纷治理和农村文化治理诸方面（或领域）。

正是基于这一认识，本书的篇章结构安排如下：第一章为引论，主要阐述研究的背景，对相关研究进行必要的综述，交代研究的思路和全书的篇章结构。第二、三章分别从农村基层党建、农村基层政权改革的角度探讨了湖北省农村社会治理的发展历程、主要经验、存在问题和发展趋向。第四、五、六章侧重从农村社区建设、农村社会矛盾纠纷治理、农村文化治理等方面梳理其变迁过程、总结其经验、分析其问题、探讨其发展方向，提出政策建议。第七章是全书的总论，它对改革开放 40 年来湖北农村社会治理变迁及展望进行了论述。

本书重在对改革开放 40 年来湖北农村社会治理进行描述，理论总结有待提升。这项研究对于我们而言，只是一个起步，仍然十分粗糙，必然存在许多不足，敬请您批评指正。今后，我们将会继续关注湖北省农村社会治理的新问题和新发展。期待您提出更多、更好的意见。

# 第二章

# 湖北省农村基层党建与社会治理

党的十八届三中全会指出，“全面深化改革的总目标是完善和发展中国特色社会主义制度，推进国家治理体系和治理能力现代化”。而农村社会治理的现代化，不仅关系到国家治理现代化的全局，也是新时代加快乡村振兴的题中之义。加强和改善农村社会治理，关键在于农村社会治理体系创新，核心是发挥农村基层党组织的战斗堡垒作用。一方面，通过体制机制创新，促进治理资源下沉，使基层有更多治理权能和资源；另一方面，优化基层党组织建设，使基层组织能够接得住、用得好自己的权能和资源。因此加强基层社会治理创新，必须始终坚持党的领导，严把基层社会治理创新的正确方向，切实改进党在基层社会的领导方式和服务方式，通过农村基层党建的创新和发展，提升党对基层社会的领导能力和服务能力。改革开放以来湖北省不断探索，积极加强和改进农村基层党建工作，形成了与改革开放相适应、与经济社会发展相协调的农村基层党建体制机制。特别是最近十多年，湖北省积极开展农村基层党建创新，选优配强村党组织书记，依法依规实行“一肩挑”，大幅改善村干部待遇，大力推进服务下沉，以“三万”活动为抓手密切党群干群关系，农村基层党建取得显著成效，为农业强省建设和经济发展大局做出了突出贡献。因此，梳理改革开放40年来湖北省农村基层党组织建设发展历程，总结湖北省农村基层党建的有益经验，研究农村党建和农村社会治理之间的关系，对于提高新时期党在农村的执政能力，开拓和创新以农村党建带动农村社会治理的路径，具有重大现实意义。

## 第一节　湖北省农村基层党建发展历程

根据不同时期的发展特征，改革开放40年来湖北省农村基层党建可以分为3个发展阶段，分别是：20世纪80年代的改革探索阶段、20世纪90年代的提升阶段、21世纪以来的深化发展阶段。

### 一　农村基层党建改革探索

20世纪80年代是中国农村各项改革的探索阶段，农村基层党建也开始紧跟农村经济改革的步伐和农村社会发展变化的现实及时做出调整和改变。十一届三中全会以后，以家庭联产承包制为切入点的农村经济体制改革，促使政社合一、高度集权的人民公社体制解体。1982年宪法的出台，深刻改变了农村社会治理体制。政社合一的人民公社体制被取消，在广大农村设立村民委员会以村民自治的形式来管理农村内部公共事务。为了适应农村经济社会的这一巨大变化，中国共产党以解放和发展农村生产力为目标，以变革和创新农村社会生产关系为抓手，要求农村基层党组织坚决落实好党和政府的改革政策，在广大农村加强和完善家庭联产承包责任制，促进农业增产、农民增收，带领群众走共同富裕的道路。1982年1月，中共中央批转了《全国农村工作会议纪要》，该文件明确提出“党的农村基层组织是团结广大群众前进的核心和战斗堡垒”。经过一段时间的改革开放，有些党员干部思想上出现了松懈、行动上也跟着出现了违法乱纪的现象。为了应对基层党组织和党员干部中出现的思想和作风问题，1983年10月中央通过了《中共中央关于整党的决定》，着手整顿基层党组织，在广大农村对一批软弱涣散的农村基层党组织进行大力整顿，有力提高了农村基层党组织的向心力和责任感。1985年11月，全国农村党的基层组织建设工作座谈会召开，会议根据农村社会发展实际和农村社会改革需要，要求通过抓好农村党员教育和建设农村基层组织的领导班子来加强党的基层组织建设。1986年全国整党工作由城市推进到农村，农村整党工作的重点是解决农村党员干部在工作中存在的公权私用、贪污腐化和其他违法乱纪问题，以净化党风政风，推动农村基层党组织的发展。1986年2月，中共中央组织部发出《关于调整和改进农村中党的基层组织设置的意见》，强调“在调整和改进农村党的基层组织设置过程中，以行政村为单位党组织的建制不宜打乱，以便统一领导全村的各项工作”①。农村党的基层组织发展状况迫切要求对相关制度进行改革，因此，1987 年 11 月 1 日，中国共产党第十三次全国代表大会通过《中国共产党章程部分条文修正案》，新的规定要求在农场、乡、镇、村等基层单位中，凡是有三名共产党员以上，都应该成立党的基层组织。这就以党内法规的形式确立我国农村党的基层组织设置规则，基层党组织主要包括乡、镇、村的党组织。中共十三届四中全会以后，党更加注重抓党的建设，特别把党的基层组织建设和农业、农村工作一起来抓，初具通过党建带动发展的雏形。

20 世纪 80 年代农村基层党建，主要是适应农村社会结构变化，助推农村经济体制改革和农村经济社会发展。湖北省在推进农村家庭联产承包责任制的改革以及发展过程中，农村基层党组织发挥了坚强的领导和组织作用，而乡镇党组织在创办和推动湖北乡镇企业的发展中具有不可替代的功能。同时，农村生产和管理体制改革释放出来的政策红利，给广大农民带来了切切实实的好处，农村生产水平和生活水平都不断提高，进而使农民更加支持党和政府的政策措施，这也使得湖北农村基层党组织的凝聚力不断增强，农村社会管理能力不断提高。

## 二　农村基层党建提升

到了 20 世纪 90 年代，随着农村社会改革的深化，农村基层党组织的功能和结构与当时农村社会飞速发展的状况不适应的矛盾越来越突出，基层党组织“软弱涣散”就是当时这种矛盾的集中表现。于是，完善农村基层组织建设，提高基层党组织的能力，健全和完善基层党组织运行的基础制度，成为这一阶段农村基层党建的重要特征。在农村社会结构和农村权力结构不断变迁的过程中，党的基层组织如何与农村其他组织协同合作，特别是如何界定农村基层党组织与村民自治组织的权力和责任范围等一系列新的关系问题，成为摆在执政党面前的考题。也就是说，

① 马明冲、李茗茗：《农村基层党组织建设的历史回顾与经验启示》，《西南石油大学学报》（社会科学版）2012 年第 1 期。

进入 20 世纪 90 年代，执政党必须转变对社会的总体性控制方式和僵化的管理模式，必须学习新的治理理念，建立新的组织架构以适应农村基层社会的发展状况。

针对农村基层党组织“软弱涣散”的问题，中共中央在 20 世纪 90 年代召开了多次会议并颁发多份指导文件，希望以农村基层党建的提升来解决基层党组织领导力不足的问题，同时加强基层政权建设也进入决策议程。1990 年 8 月，中央有关部门在山东省莱西县召开全国村级组织建设工作座谈会，该会议“进一步明确了农村基层党组织的领导核心地位，确立了以党支部为核心的村级组织配套建设的工作格局”①，这次会议也为接下来湖北省党的基层组织建设指明了方向。1994 年 9 月，党的十四届四中全会通过了《中共中央关于加强党的建设几个重大问题的决定》，会议对于新时期如何进一步加强和改进基层党组织建设进行了专项研究，认为必须充分发挥农村基层党组织的领导核心作用，加快在全国范围对加强基层组织建设进行整体规划和战略布局的步伐。为贯彻落实十四届四中全会精神，中共中央专门召开全国农村基层组织建设工作会议，同年底发出了《中共中央关于加强农村基层组织建设的通知》（以下简称《通知》），《通知》认为农村基层党组织建设是一个系统工程，必须要以建好党支部为抓手带动农村基层党建的发展，把农村经营体制的功能转向以提供服务为主，着力加强工作制度中的民主管理能力建设。《通知》还决定用三年时间集中整顿处于软弱涣散和瘫痪状态的村党支部，并在农村基层组织中普遍开展创建“五个好”党支部活动。这就形成了基层党建的相互联系的整体建设格局。1997 年，中央决定再用三年时间对后进乡镇党委和村党支部进行整顿。1998 年，党的十五届三中全会对新的历史时期农村基层组织建设提出了明确的任务和要求，认为随着市场经济在全国的蓬勃发展，农村基层党组织也应该适时调整工作方式，在开展工作中应以说服教育代替强迫命令，以示范引导代替强制推行，以加强服务代替僵化管理。为了规范农村党组织与村民自治组织的关系，加强对村民自治的引导，1999 年，中共中央制定并出台了《中国

---

① 黄文燕:《农村基层党组织建设 30 年历史脉络与发展重点》,《上海党史与党建》2008 年第 12 期。

共产党农村基层组织工作条例》，从制度上确立了农村基层党组织的设置原则，厘清了基层党组织与村民自治组织的权责界限。

20 世纪 90 年代的湖北省农村基层党建工作充分发挥了中国共产党的组织工作传统和优势，营造了湖北省各级党委抓农村党建的政治氛围。针对当时湖北农村基层党组织“软弱涣散”的问题，根据中央统一部署进行了有效整顿，扭转了一些地方党委“党不管党”局面，积极推进了已在农村基层组织中普遍开展创建的“五个好”党支部活动，调动了湖北各级党委把抓好农村基层党组织建设作为重要工作职责的积极性。通过 20 世纪 90 年代农村基层党建的制度化建设，转变了基层党组织传统的领导和管理模式，提升了新时期基层党组织的适应能力，也通过党建带动和促进了湖北农村经济社会的全面发展。

### 三　农村基层党建深化发展

进入 21 世纪，面对农村社会发展的复杂局势，探索农村基层党组织建设的新方式和新形态成为全党的一致认识。根据党中央的部署和要求，全国各地不断掀起党建的新高潮，各级党委充分发挥领导作用，各地方组织积极发挥主动性，进行了大量的地方党建创新实践，形成了上下联动、齐抓共管的党建氛围，农村基层组织建设进入深化发展阶段。

2002 年 11 月，党的十六大为农村基层党组织建设划出重点：加强以村党组织为核心的村级组织配套建设，探索让干部经常受教育、使农民长期得实惠的有效途径①。根据新的工作实际，在总结农村基层党组织建设的有益经验基层上，中共十六大将党章中的村党支部改为村党组织。中组部组织随即开展了“领导班子好、党员干部队伍好、工作机制好、小康建设业绩好、农民群众反映好”为主要内容的“五个好”村党组织、“五个好”乡镇党委创建活动以及农村基层组织建设先进县的农村基层党组织建设“三级联创”活动。“五个好”专项活动的开展，显著提升了基层党组织的战斗力和服务水平，也为基层党建建立了制度化的活动内容。可以说中共十六大对党章的修改及其后续活动的开展适应了新时期农村

① 张书林：《论十一届三中全会以来农村基层党组织建设》，《中共天津市委党校学报》2008 年第 11 期。

社会发展，回应了当时农村地区党组织内部结构变化的现实状况，同时也为下一步加强和改进农村基层党组织建设指明了方向，做出了任务安排，进一步提升了农村基层党建的制度化水平。

2006年党中央提出了建设社会主义新农村的重大战略部署，并要求在新农村建设中充分发挥基层党组织的领导核心作用，保障新农村建设的社会主义政治方向，为新农村建设提供组织基础。因此，党的建设如何与新农村建设同步推进成为农村基层党建的着力点。2007年10月，党的十七大在党的基层组织的设置与功能问题上提出新的要求："要落实党建工作责任制，全面推进农村、企业、城市社区和机关、学校、新社会组织等的基层党组织建设，优化组织设置，扩大组织覆盖，创新活动方式，充分发挥基层党组织推动发展、服务群众、凝聚人心、促进和谐的作用。"2009年，中共十七届四中全会通过了《中共中央关于加强和改进新形势下党的建设若干重大问题的决定》，再次强调党的农村基层组织建设的重要性和战略意义。农村基层党组织建设的情况关系着新农村建设的未来，因此，必须大力抓好农村基层党组织建设，确保基层党组织的领导核心作用有效发挥。党的十八大以来，随着中央全面深化改革领导小组的成立，党的建设也成为全面深化改革的重要议题，同时党中央成立了党的建设制度改革专项小组，专门推进党的制度建设改革。2014年9月，中共中央政治局会议审议通过了《深化党的建设制度改革实施方案》(以下简称《方案》),《方案》着眼于巩固党执政的组织基础，不断增强基层党组织的创造力、凝聚力、战斗力，充分发挥基层党组织的战斗堡垒作用和广大党员的先锋模范作用，重点在完善各领域基层党组织建设制度、创建基层服务型党组织、完善党员队伍建设制度等方面，提出了具体改革任务。2014年5月，中共中央办公厅印发的《关于加强基层服务型党组织建设的意见》强调，"建设基层服务型党组织，是建设学习型、服务型、创新型马克思主义执政党的基础工程，对于密切党同人民群众的血肉联系，提高党的执政能力、夯实党的执政基础，具有重要意义"[①]。2016年中央"一号文件"通过清单制来加强党的基层组织建设，

① 中共中央办公厅:《关于加强基层服务型党组织建设的意见》，人民网（http：//dangjian. people. com. cn/n/2014/0528/c117092 - 25077701 - 2. html）。

明确强调“建立市县乡党委书记抓农村基层党建问题清单、任务清单、责任清单，坚持开展市县乡党委书记抓基层党建述职评议考核，从严加强农村党员队伍建设，持续整顿软弱涣散村党组织，全方位狠抓农村基层党组织建设”①。

湖北省按照中央部署，积极落实党的文件精神。2009 年为深入贯彻落实党的十七大和十七届三中、四中全会精神，进一步加强全省党的基层组织建设，根据《中共湖北省委关于贯彻〈中共中央关于加强和改进新形势下党的建设若干重大问题的决定〉的实施意见》（鄂发〔2009〕30 号），制定 2010—2012 年湖北省党的基层组织建设工作规划。全面推进以“健全基本组织、建强基本队伍、开展基本活动、完善基本制度、落实基本保障”为主要内容的基层党组织“五个基本”建设。围绕社会主义新农村建设，把发展现代农业、培养新型农民、带领群众致富、维护农村稳定贯穿农村基层党组织活动始终，把选好配强党组织书记、发展壮大村级集体经济作为增强农村党组织功能的重点工程来抓。2012 年为深入贯彻落实党的十八大和湖北省第十次党代会精神，全面提高基层党建工作科学化水平，根据中央、省委关于加强党的基层组织建设的部署要求，制定 2013—2017 年湖北省党的基层组织建设工作规划，围绕加快推进社会主义新农村建设，突出强化农村基层党组织带头人队伍建设和服务功能，以引领农村经济发展、带领农民增收致富、推进美丽乡村建设、维护农村和谐稳定、关爱农村特殊群体为主要任务，建设农村基层服务型党组织。

在新世纪新阶段，农村社会发展又上新台阶。经济方面，农村私营经济不断成长，成为农村发展的重要力量，各地方还大力发展农民专业合作组织来应对市场风险。政治方面，村民自治不断向纵深发展，村民积极通过自我管理和服务来处理村庄事务。社会方面，农村社会文化组织也应运而生，成为村庄治理的有益补充。因此，农村基层党组织的治理对象已经不仅是单一的农民个体，还包括多种类型和多种属性的农村

---

① 中共中央、国务院：《关于落实发展新理念加快农业现代化，实现全面小康目标的若干意见》，2015 年 12 月 31 日，中国政府网（http：//www. gov. cn/gongbao/2016 - 02/29/content_5045927. htm）。

组织。湖北省面对这一现实情况，按照中央决策部署，积极协调和处理好村党支部与农民专业合作组织、村民自治组织的关系。湖北省还在农村中积极开展党建“三级联创”活动，提高基层党组织对农村新型组织的覆盖率，建设服务型的农村基层党组织，以服务促进管理，有效发挥了湖北农村基层党组织的核心作用，促进了农村社会的全面发展。湖北省通过建设学习型、服务型、创新型农村基层党组织，密切了党同人民群众的血肉联系，提高了基层党组织在新时期的执政能力和服务水平，有效促进了湖北社会主义新农村建设和美丽乡村建设。

## 第二节　基层党建带动农村社会治理的主要经验

湖北省在推进基层党建和社会治理现代化进程中，坚持以基层党建带动农村社会治理的工作方针。各地通过坚持强基固本，夯实基层基础，充分发挥基层党组织在基层治理中总揽全局、协调各方的领导核心作用；坚持以人为本，顺应群众期待和需求，做好服务群众工作，充分调动群众参与基层治理的积极性；坚持整合资源力量，调动一切积极因素，形成基层治理的合力；坚持深化改革，完善治理体制机制，形成科学完备的治理体系和制度安排；坚持系统治理、依法治理、综合治理、源头治理相结合，有力、有效、有序扩大各领域、各层次治理的深度和广度，从而加强了党的基层组织建设、创新了治理思路、提升了治理能力、丰富了治理方式。在这一过程中形成的丰富经验，对于广大党员干部把握工作规律，提升基层党建与农村社会治理工作水平，具有重要的指导意义和学习借鉴价值。

### 一　强化领导核心，提升基层党组织在农村治理中的政治领导水平

农村基层党组织是党在农村工作的基础，是贯彻落实党的方针政策、推进农村改革发展的战斗堡垒，它在事务管理中居于领导核心位置，同时也必须把这种领导核心作用贯彻于村级各种组织以及各项工作之中。但随着改革开放以来农村社会发生的深刻变革，湖北个别地区也出现了村党组织思想淡化、能力弱化的现象，比如在个别地方有的农村经济社

会服务组织中没有建立党组织；有的虽然成立了党组织但隶属关系不清，成了党组织领导的“盲区”；还有的村“两委”互相扯皮、互争高低，成了党组织领导的“雷区”①。这些问题都影响了党在农村的执政根基和领导核心地位。发挥党组织在农村的领导核心作用，不仅关系到党的政策在基层落地生根，也影响到党在农村基层社会的权威和功能。湖北省充分意识到必须增强基层党组织的政治属性，强化党在基层的政治影响，强化对其他组织的政治引领才能解决上述问题，从而巩固基层党组织在农村治理中的领导核心地位，提高基层党组织在农村治理中的领导水平。

（一）创新党员活动方式，增强政治属性

湖北省坚持强化党员和党组织的政治属性，把学习贯彻中共中央的大政方针作为基层党组织必修课，进而推动党的路线方针政策在农村落地生根。坚持政治挂帅，坚定理想信念，确保思想建设全面进步、全面过硬。通过严肃政治生活，使农村基层党员形成坚定信念、增强自信、明规守矩的行动自觉和习惯。

为提升基层党组织对党员群众的政治教育水平，增强基层党员的政治属性，湖北省积极创新党员活动方式，让基层党员在多样化的学习和教育方式中提升政治理念、强化政治属性。比如荆门市实行“每月党员集中活动日”制度，年初由村党组织制定每月活动主题并公示，将每月5号确定为党员集中活动日。大力开展党员入党周年纪念活动，组织党员过“政治生日”，重温入党誓词，激发内在动力。加强村级“小喇叭”建设，将党的声音传达到每个村民，让党员群众明大势、知党情。坚持升国旗制度，每周一村“两委”干部集中升国旗；每月党员集中活动日，全体党员、群众代表集中升国旗。每月举办“道德讲堂”、送文化下乡，丰富群众文化生活，提升思想境界。②

（二）创新组织设置方式，强化政治影响

强化基层党组织政治影响是确保基层党组织领导核心地位的第二个重要方面。通过创新组织设置方式，大力推进党的组织和工作全覆盖，

---

① 管筱璞：《聚焦问题，筑牢堡垒楚天舒》，《中国组织人事报》2015年6月12日第1版。

② 《中共荆门市委关于进一步加强全市农村基层党建工作的意见》（荆发〔2015〕17号），2015年9月22日。

着力整顿软弱涣散基层党组织，确保组织建设全面进步、全面过硬，才能强化政治影响。

湖北省积极推进党的组织和工作全覆盖，通过强化党的政治影响保障基层党组织的领导核心地位。荆门市根据农村产业发展、党员流向等实际情况，在农民合作社、农村小微企业等重点领域和农民工等重点群体中建立党组织，推行“双进五联”“两满四红”“一转三建”等做法，做到在农民合作社、乡镇工业园区和农村小微企业、农村新社区实现党组织覆盖100%。同时根据党员分布特点和流动趋势，按照“应建尽建、全面覆盖”要求，创新组织设置方式，实行“村村共建、村企（社）联建、异地驻建”，累计新建区域型、产业型、流动型党组织763个，基本实现基层党组织的全覆盖。荆门市掇刀区七岭村实行“四村联建”，跨区域配置资源，建成全市最大农村新社区。钟祥市彭墩村联合9个村成立产业大党委，合力打造长寿食品产业园、农产品物流园、智慧农业产业园。[①] 鄂城区委以正在开展的农村网格化管理活动为契机，采取“先行先试、及时总结、全面推进、逐步完善”的工作思路，积极创新组织设置，把党小组建在网格上，激活基层社会组织的“神经末梢”，充分发挥基层党组织和党员服务发展、服务社会、服务群众的作用，既增强了党的政治影响，也巩固了党在农村的执政基础，有效地推动了农村各项事业的发展。[②]

（三）理顺基层党组织与其他组织的关系，强化政治引领

随着基层社会的发展，农村社会组织的增加，基层党组织与其他组织的关系越来越复杂化，党组织在基层社会的领导和治理存在缺位和越位的问题。湖北省认识到，理顺基层管理的体制机制，特别是建立健全基层工作的领导机制和决策机制，是解决上述问题的关键所在。因此，湖北省“统一制定了《村级组织工作规范》，明确规定村级各类组织在党组织统一领导下，依法依规开展工作，并向村党组织定期报告日常工作，

① 甘玲、李林：《荆门市坚持问题导向，推动农村基层党建整体提升全面过硬》，《湖北日报》2017年6月29日第12版。

② 《激活基层社会组织的“神经末梢”——鄂城区在农村实施“党小组进网格”工程》，《和声——湖北基层党建与社会治理现代化创新案例》，湖北人民出版社2014年版。

随时报告重大事项；村域范围内建立的党组织实行属地领导管理，跨区域、跨行业的党组织，其党员组织关系、组织生活、换届选举也要以行政村为主”①。

经由换届，全省97.8%的行政村党组织书记、村委会主任实行“一肩挑”，57.8%的村“两委”成员交叉任职。“一肩挑”和交叉任职政策的实施，确保了一村有一个“一把手”进行总负责，这就有效提升党组织的向心力和责任心。同时，湖北省还探索实行村务监督委员会主任，村级集体经济组织和农民合作组织负责人由村党组织成员或党员担任，增强了党组织的影响力和掌控力。

位于鄂州市鄂城区长港镇峒山村的楚鱼香水产生态园，是一家有机鱼虾蟹专业养殖基地。公司党支部书记、总经理夏成茂告诉记者：“我们支部隶属于村党总支，总支书记和我实行双向交叉任职。从规划征迁到投产开园，再到占领市场，党组织都发挥了核心引领作用。”②

理顺了关系也就确保了村党组织成为村级管理的“总指挥”。为此，湖北省还全面推行“五议五公开”，理顺决策关系，也即是在农村全面推行以“村民建议、村党支部会提议、村两委会商议、党员大会审议、村民会议决议，提议事项公开、审议程序公开、决议结果公开、实施方案公开、办理结果公开”为主要内容的“五议五公开”工作法③。湖北省通过建立制度化的基层组织关系模式，一方面保证了基层党组织的主导地位；另一方面积极发扬民主，以群众参与确保决策民主科学，使群众相信党、支持党、永远跟党走。总之，通过理顺关系，强化政治引领，以更加公开和民主的管理方式促进了基层党组织治理能力的提升。

## 二　吸纳新式精英，优化基层治理主体

改革开放以来，随着市场经济的发展，越来越多的农村人口进入城市工作和生活，导致农村精英的流失和断层。与此同时，村内传统精英

① 管筱璞：《聚焦问题，筑牢堡垒楚天舒》，《中国组织人事报》2015年6月12日第1版。

② 同上。

③ 《湖北：“五议五公开”提升基层民主建设》，人民网（http://dangjian.people.com.cn/n/2015/0824/c397214-27507392.html）。

囿于知识和能力的局限，也越来越跟不上社会发展的节奏，无法有效处理农村公共事务。基层党组织自然也很难吸纳农村精英来充实和更新基层党组织体系，这也是基层党组织软弱涣散的重要原因。“鄂州市梁子湖区委组织部副部长李珉坦言，前些年因村级事务多、群众工作难度大、容易得罪人，加之年富力强、素质较高的农村党员大多外出务工，使得村两委班子能力不足、后继乏人，尤其是书记难选难留。”① 要强化和优化党员干部队伍建设，发挥基层党组织在农村治理中的主心骨作用，必须进行工作创新，吸纳新式精英进入基层党组织。新式精英是指从农村走出来在城市接受了新的知识、新的技能，形成了具有现代意识和能力的人士，他们相对传统精英来说更能带领农村经济的发展，更适应农村不断变迁的社会形态，更有能力治理日益复杂的农村社会。

湖北省积极探索多种工作方法来吸引和培育新式精英加入基层党组织，为农村建设服务。比如深化拓展大学生村官工程、积极推进“第一书记”选派和“荣誉书记”授予工作。同时还注重挖掘内部人才资源，培养人才梯队，继续从村庄经济能人、文化能人、复退军人、青年返乡人员等新式精英中选择政治素质好、道德水平高和工作能力强的人员作为农村干部人选。在全省范围大力开展村党组织书记的学习培训，提高村党组织书记的政治意识和治理水平。

荆门市创新实施农村带头人选拔模式。坚持“开放思维选干部、经济能人当班长”，大力实施“回归村官”工程，积极引导党性强、作风好的能人回村任职。以县乡为主体，对本地在外务工经商能人、农村新型经营主体负责人等群体进行全面摸排和登记造册，建立村级能人信息库，通过真情感召、政策吸引、事业凝聚等方式把能人引回来担任村组织带头人。在全市评选“百名回归支书先锋”，培植了一批以张德华、郑雄、张立等为代表的能人支书；储备“千名能人后备干部”，梯次培养为村支书；选聘“万名村级发展顾问”，为农村发展出思路、献计策。力争通过2—3年努力，使全市带头富、带领富的“能人型”村党支部书记的比例

---

① 管筱璞：《湖北不断强化农村党组织领导核心地位》，人民网（http：//dangjian. people. com. cn/n/2015/0612/c117092 - 27146522. html）。

达到90%以上。①

近三年来，湖北省统筹城乡人才资源，从农村致富能手、外出务工人员、复转军人、大学生村官、乡村医生教师中选拔了1.9万名村党支部书记。选派7181名优秀干部到建档立卡贫困村、党组织软弱涣散村担任第一书记。对贫困村、软弱涣散村补充调整党支部书记293人，选聘大学生村官1012人。通过"大换血"，76%的村党支部书记为新面孔，农村发展呈现出了新气象。同时，实行省市县三级联动、以县为主，每年全员轮训村党组织书记，提高能力素质，其中省级就建有8个村干部专门培训基地，集中轮训新任村"两委"班子成员15万人（次）。②

湖北省通过选聘新式精英担任村党支部书记、储备新式精英进入基层党组织、为基层党组织人员提供针对性培训等方法促进了新时期农村精英的可持续生产，优化了基层治理主体。

### 三　发展集体经济，激发基层党建参与治理的内生活力

宋亚平认为："当前一些农村的党支部与村委会之所以能够充分发挥功能作用，促进社区的和谐稳定，努力朝着'领导坚强有力、群众生活富裕、村务管理民主、乡风文明进步、公益服务完善、社会和谐稳定'的目标奋勇前进，很大程度上是因为背后有强大的集体经济作支撑。"③因为农村税费改革之后，村委会不能再向村民收取税费，村委会如果没有可以利用的集体经济资源，村级党组织也就缺乏相应的治理资源，导致很多公共服务和产品必须要等上级政府的项目资金到位才能提供，也就使村庄内部通过集体行动解决公共事务的方式越来越困难，同时也养成了基层干部"等、靠、要"的懒政思想。农村集体经济的日益衰弱，不仅制约了村民自治的发展，也因村庄公共事务不能及时而有效地解决影响党和政府在人民群众中的形象和地位。所以说农村基层党组织在领导和治理农村工作中功能作用能否发挥，不仅取决于基层干部的能力与

① 《中共荆门市委关于进一步加强全市农村基层党建工作的意见》（荆发〔2015〕17号），2015年9月22日。

② 管筱璞：《聚焦问题，筑牢堡垒楚天舒》，《中国组织人事报》2015年6月12日第1版。

③ 宋亚平：《农村基层党建的"短板"是什么》，《人民论坛》2017年第S1期。

素质水平，也和当地村庄集体经济的规模大小和质量高低存在正相关性。尽管向农村居民提供公共服务是政府公共财政的基本责任，但是随着有限政府治理理念的普及和基层社会的日益复杂，总有一些特殊和较小地方公共事务需要依靠乡村社会内部机制来解决，且国家没有能力也不可能顾及所有的公共服务。因此，由村级组织依靠自身集体经济资源解决内部事务不仅在行政成本上更为合算，在解决效率上也更有优势。湖北省积极以党建带动集体经济的发展，以集体经济激发基层党组织参与治理的内生活力，取得了良好的社会效果。

荆门市积极创新村级集体经济发展模式，大力推进村级集体经济发展壮大工程，以盘活集体“三资”为重点，积极探索资源开发、股份合作、实体带动、服务创收、土地经营、资本运作、乡村旅游等多种方式，全面提升村级集体“造血”功能。全力推进村集体以土地确权登记为契机，全面清理原有各类资源发包合同，年限超过5年的，须经农村经营管理部门审核、乡镇审批；超过5年且达到一定标的额的，须经农村综合产权交易机构进行交易。全力推进村集体以土地及其他资源、资产参股市场主体，获得稳定收入。全力推进村集体通过土地整理、复垦开发、村庄整治、迁村腾地、城中村改造等方式增加有效土地，用于发展集体经济。全力推进运用城乡建设用地占补平衡、增减挂钩等政策，将新增用地指标所得收益用于产业发展。全力推进特色产业发展，制定村级产业发展规划，加快推进“一县一业”产业对接和“一村一品”产业培育。全力推进村集体发展农超对接、直供直销、连锁经营等新型流通服务业，通过社会化服务创收。全力推进村集体以土地、资金、服务等方式参股农民合作社、农业企业、家庭农场等新型农业经营主体。全力推进本土能人带资金、带项目回村，创办、领办集体项目和经济实体。全力推进土地承包经营权、集体林权、宅基地、农房抵押以及公职人员担保等贷款业务发展，促进农村土地资源变资产、资产变资金。全力推进涉农资金、扶贫资金整合利用，建立政府引导、市场运作的精准扶贫产业基金，撬动金融资本，引导和激活社会资本，支持村级产业发展。经过2—3年努力，实现每个乡镇有一批上规模、上档次、辐射带动能力强的产业化龙头企业，每村至少发展一个有固定收益的经营项目，全市集体经济过1000万元的村达到10个，过100万元的村达到100个，过10万元的村达到1000个。

麻城市城西社区通过发展集体经济，也为社区治理提供了物质基础。城西社区集体经济收入从10年前的30万元增加到现在的300多万元。2013年实现社会总产值7.6亿元，合作社实现经济总收入320多万元，人均纯收入9800元，同比上年均稳步增长。社区居委会还成立了物业服务公司，将辖区楼栋纳入统一管理，规范服务。几年来，社区先后被授予“省级文明单位”“湖北省和谐社区”“湖北省充分就业社区”“全省股份合作示范社”“黄冈市文明社区”“麻城市先进基层党组织”“麻城市二十强社区”等称号。①

目前，荆门“全市97%的村集体经济年收入过5万元，89个村达到100万元以上，其中京山县223个村集体经营性收入达到9787万元”。②经过近年来的努力，就全省统计资料显示，90%以上的村集体年经营收入超过5万元。对村党支部书记的调研可以看出，有了集体经济的支持，村党组织为群众办事的意愿更强了、能力也更高了。所以只有紧紧围绕全面建成小康社会这个中心任务，积极发展和壮大集体经济，才能更好地发挥农村党组织在农村全面发展中的引领作用和在精准扶贫中的支撑功能，进而把党的组织优势变为改革发展优势。

## 四　创新服务方式，提升基层党组织治理效能

农村税费改革直接改变了基层政权的运作生态，乡镇政府和村组集体的传统的管理理念、管理方式都遇到了新的挑战，财政资源和治理资源也出现了新的变化。面对新情况新任务，基层工作人员特别是农村基层党员干部在工作中左右为难，一时无法适应乡村社会的巨大变迁。这样的困境直接制约了基层党组织管理农村社会、服务基层群众的水平。湖北省积极创新服务方式，寓管理于服务之中，在奉献中展现党员的先进性，在服务中体现基层党组织的领导核心作用，有效提升了基层的治

① 《借力股份合作，实现宽裕生活——麻城市城西社区的二次兴起之路》，《和声——湖北基层党建与社会治理现代化优秀案例》，湖北人民出版社2014年版。

② 甘玲、李林：《荆门市坚持问题导向，推动农村基层党建整体提升全面过硬》，《湖北日报》2017年6月29日第12版。

理效能。

（一）集成服务平台：一站式服务让农民“足不出村”

湖北省积极转变农村社会管理理念，创新农村社会管理方法，实现由防范、控制型管理向人性化、服务型管理的转变，积极推进“五务合一”的农村党员群众服务中心建设，以党建带动农村基层服务方式的创新，真正把“管理就是服务”的理念更好地体现在农村社会管理工作中，让广大党员群众切实感受到服务更到位、管理更有序、社会更和谐。所谓“五务合一”，就是将面向基层的党务、居务、服务、商务、事务等各项功能集中到社区（村）党员群众服务中心，通过强化党务、规范村（居）务、优化服务、拓展商务、协调事务，发挥“1 + N”的功能作用，使之成为党群议事、便民服务、产业发展、文化娱乐、民主管理、关爱帮扶、医疗服务、矛盾调处的高标准社会管理平台，成为群众“生产离不开、生活离不开、感情离不开”的便民惠民服务平台。①

荆门市大力实施农村（社区）党员群众服务中心改造升级行动计划，三年筹措资金2.2亿元，新建、改扩建村级党员群众服务中心364个，全市92%以上的村党员群众服务中心达到“五务合一”标准，贫困村党员群众服务中心达标率为100%。完善“一微三办十问”服务体系，主动对接县乡下放服务事项。目前，村民在党员群众服务中心享受直接办、代理办、协助办服务事项92项。②

孝感市把党员群众服务中心作为基层服务的“主平台”，市政府将与老百姓密切相关的审批职能下放，村民在家门口就能办理新农合、社保医保、低保证明、准生证等业务。在孝感市，大部分行政村都建设了标准化的党员群众服务中心③。

目前，湖北省全面建立村级党员群众服务中心，并整合了七大类60多项服务事项，实现党务、村务、医务、商务、事务“五务合一”和村干部为民服务全程代理。政治功能是基层党组织的魂，服务功能是基层

---

① 李晓萌：《推行“五务合一”年内全覆盖》，《长江日报》2012年2月18日第1版。

② 甘玲、李林：《荆门市坚持问题导向，推动农村基层党建整体提升全面过硬》，《湖北日报》2017年6月29日第12版。

③ 梁相斌、沈翀：《湖北孝感创新农村治理模式激发基层党支部活力》，新华网（http://www.xinhuanet.com/2015-08/20/c_1116322992.htm）。

党组织的根。在湖北省广大的农村地区，地方政府的服务大厅不断前移，县、乡、村三级服务平台加强资源整合，完成有效对接，实现了服务的便捷化和高效化。通过村级党员群众服务中心的一站式服务实现了农民办事不出村，让群众感受到党组织的贴心关怀，也增强了基层党组织的权威性。

（二）拓宽服务思路，上门服务让村民“足不出户”

农村税费改革后，基层政权失去了通过收取税费与农村联系的渠道，一些农村党员干部服务群众的思想意识滑坡，不能有效贯彻群众路线，“基层政权从过去的汲取型变为与农民关系更为松散的所谓‘悬浮型’政权”①，党员干部与基层群众的关系越来越疏离，脱离群众已经成为制约基层治理的政治短板。湖北省积极创新工作思路，从为群众上门服务入手，重拾党的群众路线这一法宝，重建了基层党员干部与群众之间的密切关系。在热心服务群众的过程中，党员干部也受到了教育，重温了为人民服务的党员初心，促进了基层党建和农村治理的双向推进。

荆门市为提升农村党员服务群众的意识和能力，积极开展“村支书敲农门、‘小红帽’进家门、五星牌耀堂门、五组联暖心门”党员先锋“四门”活动，密切党群干群关系。推行每年村干部走访农户全覆盖，帮助群众解决实际困难，指导生产发展；组建“小红帽”党员志愿者服务队，每名党员联系2—3名困难群众或留守人员，力所能及地提供温馨服务；对农村党员实行设岗定责，根据特长分为政策宣传、民事调解、财务监督、双建双带、公共服务等类别，充分发挥党员先锋模范作用。②

沙洋县毛李镇无职党员深入开展“五百一建”活动（进百家门、认百家人、知百家情、办百家事、暖百家心，建立农户档案），党员入户发放“便民服务联系卡”8000余张，解决实际问题216件，建立农户档案9000余份。沙洋县五里铺镇杨集村17名“五老”人员（老党员、老干部、老劳模、老教师、老复退军人）分别加入政策宣传岗和民事调解岗，义务调处各类矛盾纠纷328起，制止大的突发事件28件，该村被评为

① 周飞舟：《从汲取型政权到“悬浮型”政权——税费改革对国家与农民关系之影响》，《社会学研究》2006年第3期。

② 《中共荆门市委关于进一步加强全市农村基层党建工作的意见》，2015年9月22日。

“全省十佳平安村”，得到中央综治委的充分肯定。[①]

2013年以来，大悟县全面实施“村湾党员明灯工程”，“明灯”党员通过“爱心门铃”就近连线空巢老人和留守儿童，有的是联系1户，有的是联系3—10户。不管白天还是晚上，只要遇到困难，一按门铃，“明灯”党员家中的主机就会响起，并显示呼叫编号。若多个联系户同时呼叫，门铃可以延时循环多次铃响，直到机主看到并及时赶到服务。全县近2000个爱心门铃机主户党员共连线4560名“空巢老人”和2731名“留守儿童”，受到基层的普遍好评。[②]

湖北农村基层党组织，通过收集群众的“小意见”“小需求”，送出“小爱心”“小帮扶”。尽管有些服务解决的只是群众遇到的“小问题”，但是这些细微频繁而及时的上门“微服务”却织就了社会管理、服务群众的“大网络”，开拓了农村基层党员干部服务群众的新格局，提升了基层党组织的治理效能。这些服务基层群众的切实活动也搭建了农村党员干部创先争优的平台，创新了农村党员教育管理的方法，构筑了美丽乡村与和谐社会建设的支点，拓宽了密切党群关系的途径，深受农村基层党员群众的欢迎和好评。

## 五　培育基层社会组织，构建党组织主导下的合作治理网络

随着市场经济的发展和人员流动性的加快，农民和基层政权组织的利益关联度降低，导致基层组织的权威与治理能力下降，传统的农村民间社会关联消解殆尽，广大农民越来越呈现出一种个体化的生存状态。这就造成农村低成本而高效率的传统合作机制和矛盾调处机制在现代化的洪流中已经被冲击得七零八落，进而导致农村公共物品供给减少，社会纠纷调解难以在民间社会中自我解决。湖北省积极探索以党建带动基层社会组织发展，以社会组织带动农村治理路径创新，通过突出服务型党组织建设这个鲜明主题，以村党员群众服务中心为依托，以党组织为

① 姚捷、王纪洲、王仁雄：《湖北荆门沙洋县：“五组一联”推进服务群众体系建设》，人民网（http：//dangjian. people. com. cn/GB/14274355. html）。

② 《明灯耀村湾——大悟县实施“村湾党员明灯工程”》，《和声——湖北基层党建与社会治理现代化优秀案例》，湖北人民出版社2014年版。

核心，以党员干部为骨干①，积极发动村庄老人、能人，建立多种类型基层社会组织，引导群众自我服务、自我管理，构建了各方参与的多元服务、合作共治的格局。

针对农村党建力量不足、基层治理架构不优等问题，从2015年10月开始，大冶市委明确“农村发展靠党建引领、村级治理从党建破题”思路，选取经济基础薄弱的茗山乡为试点，把晏庄、杨桥、华若3个行政村的23个自然湾、24个村民小组重新划分为17个村庄，组建了17个村庄理事会，重新设立了15个村庄党小组，制定《村庄理事会议事规则》，设立宣传、环保等六大理事，建立完善相关奖惩和监督机制，拉开了“党建引领·活力村庄”农村基层党建创新的大幕。2016年6月，茗山在全乡推广，将265个村民小组重新划分为181个村庄，选出了913名理事会成员，成立了128个党小组，构建了村党支部领导、村委会指导、理事会搭台、村民广泛参与的农村基层治理新格局，形成了“党建促自治、党建带治理”的良好态势。自己的村庄自己建、自己的事情自己办、自己的村民自己管。各理事会成员在党支部的领导下，带领村民发展经济，积极投身美丽乡村建设，努力维护农村社会稳定，村庄治理变被动为主动，激活了农村的内生动力。茗山经济社会由此发生了深刻变化。“以前多次上门做不通的工作，现在有了理事会，乡里乡亲的，一说一劝就通了。”采访时，茗山乡彭垴村村支书彭佳良说，有了村庄理事会的支持，工作好做了，矛盾也少了，真正实现了“私事不出庄、小事不出会、大事不出村”。②

湖北省通过基层党建引导农村基层社会组织的发展，以党员带动基层群众自我服务、自我管理，建立了有机协同的基层治理体系，有效缓解了农村社会治理中多元主体缺失的困境，初步形成了党建引领、多元共治的基层治理新格局。在畅通服务群众“最后一公里”的同时，也使群众在自我管理、自我服务中得到了锻炼和教育，为实现更高质量的基

① 邹汉青、楚宗山：《以更大力度更实举措提升农村党建水平》，《湖北日报》2015年8月28日第1版。

② 贾方军、殷珂、万经煌：《农村基层党建的创新之举——大冶“党建引领·活力村庄”系列报道之一》，《黄石日报》2017年3月16日。

层自治夯实了基础。

## 六 创新管理机制，提升党员干部工作积极性和规范性

农村基层党员干部面临社会诟病的两大方面：一是懒政不作为，缺乏工作积极性；二是滥政乱作为，缺乏工作的规范性。湖北省坚持问题导向，突出工作重点，探索创新多种管理机制，通过提高基层党员干部的福利待遇，加强基层权力行使的监督和制约，着力提升农村基层党员干部的工作积极性和工作规范化水平，推动基层党组织和党员干部思想全面进步、素质全面过硬。

湖北宣恩创新管理机制，全县普遍开展了以“有职党员星级管理、无职党员设岗定责、全体党员实行年审”活动，以党员承诺制为手段、评星定格为载体，重点解决党员自身存在的问题。按照10项标准，评得9—10颗星的为优秀党员，得7—8颗星的为合格党员，得5—6颗星的为基本合格党员，5颗星及以下的为不合格党员。评星定格上榜公示，接受群众监督。全县279个村有4325名农村有职党员以实际行动积极“追星”，使每一名党员都能切实履行自己的职责，把纸上写的、墙上贴的变成为服务群众的具体行动。同时，加强村干部的管理，以“村干部向乡镇党委和群众述职，同时接受组织和群众的评议”为主要内容的“双述双评”活动，通过自我述职亮问题，群众评议查问题，组织审定解问题，较好地调动了村干部的积极性、主动性和创造性，走出了一条民主监督和科学管理村干部的成功之路。通过创新党员先锋作用的实现途径，充分调动了广大党员干部为民办实事的积极性，为党的基层组织建设注入新活力。①

荆门市通过健全“四项制度”，以制度化创新保障了基层党组织规范运行，提高了基层党员干部的工作积极性。主要包括以下内容：一是健全分类定级制度，实现基层组织整顿常态化。每年按照“定、评、核、示”四步法，将全市农村基层党组织划分为红旗类、一类、二类、三类，采取现场通报、现场授牌、现场宣誓、现场问责方式，倒逼党组织创先

---

① 刘友春、张金龙：《湖北宣恩：“三新措施”扎实推进农村基层组织建设》，人民网（http://dangjian.people.com.cn/n/2015/0519/c117092-27023936.html）。

争优、晋位升级。2016 年评定的 107 个三类村党组织已整顿升级 95 个，转化率为 89%。2017 年，全市核定农村红旗类支部 157 个、一类支部 470 个、二类支部 661 个、三类支部 77 个。二是健全积分管理制度，推动基层社会治理精细化。荆门市出台《关于全面推行积分制管理创新基层社会治理的实施意见》，在全市全面推行积分制管理，进一步创新基层治理方式，对村“两委”班子、无职党员、村民在思想政治建设、维护平安稳定、支持村级发展等方面量化积分，每月一核实、每季一公示、每年一汇总，将积分与村干部待遇挂钩、与党员评星挂钩、与村民享受国家扶持政策挂钩，促进党员群众自我管理、自我完善、自我提升。目前，已在 657 个村（社区）开展试点，累计积分事项 85240 条，共积分值 634894 分。三是健全权力监督制度，促进小微权力运行阳光化。制定《村级小微权力清单和运行规范》口袋书，将农村“三资”管理、宅基地审批等村级事务权力纳入清单，划定 18 条任职底线。深入推进市县党委巡察工作向“神经末梢”延伸，指导各县（市、区）巡察乡镇（街道）23 个、村（社区）482 个，发现问题线索 753 个、移交问题线索 264 件，其中立案 98 件、给予党纪政纪处分 78 人。全市普遍建立村（居）务监督委员会，推进民主议事“七步法”，今年监督委员会纠正和否决了 329 项不按程序决策的村级事务。四是健全激励保障制度，确保村委干部履职专职化。市、县财政每年投入 3000 万元，比照乡镇副职干部待遇落实村党组织书记报酬。推行“基本报酬 + 绩效考核”的浮动工资制，对发展成绩突出的村，从当年村集体经济新增经营性收入中列支一定比例予以奖补。加大从村干部中定向考录乡镇干部、公务员和事业编制人员比例，积极推荐农村党员担任党代表、人大代表、政协委员，拓展事业发展空间。2016 年，推荐 531 名村干部担任县级以上“两代表一委员”。①

不管是对党员进行星级管理和专职化改革，还是制定村级小微权力清单和双述双评，都反映了新时期湖北省通过创新管理制度来加强基层党建，进而带动社会治理的基层改革创新思路和探索精神。可以说，通过制度创新解决了基层党员干部的工作积极性和工作规范性问题，打造

---

①　甘玲、李林：《荆门市坚持问题导向，推动农村基层党建整体提升全面过硬》，《湖北日报》2017 年 6 月 29 日第 12 版。

了职业化的基层治理骨干队伍，健全了基层权力的运行监督机制，为完善农村社会治理打下了坚实基础。

## 七 推动资源整合，让党建和发展互融共促

农村社会发展的物质障碍在于用于农村发展和治理的资源较少，这并不是说农村真的非常缺少资源，很多时候可能是缺乏对资源的挖掘和整合。湖北省积极推动农村治理资源整合，加强组织协调，把各级党委、政府，各部门、各单位，以及社会各方面向农村基层的公共服务资源充分整合起来，建立健全共同建设、综合使用、成果共享、责任共担的工作机制，通过多渠道挖掘、多方面统筹，积极促进人力物力资源向农村下沉和引入，充分调动各方面积极性，共同参与到农村基层党建和农村社会的共同发展之中。

湖北省积极深化改革，主动推动政府资源下沉。为此，“湖北省连续5年开展‘万名干部进万村入万户’活动，每个村都有机关事业单位结对子，11万名干部驻村办实事，乡镇干部岗位在村、服务到户，并向薄弱村选派3万多名第一书记、名誉书记和发展顾问，大大加强了基层工作力量”。①

湖北省宣恩县县委结合整村推进扶贫开发任务，确定了县乡机关、企事业单位党组织与村党组织“结对共建”关系，选派了科级干部担任新农村党建指导员。活动开展以来，各单位按照社会主义新农村建设的总体要求，紧密结合帮扶村实际，投入人力、物力、财力，帮助村“两委”完善工作思路、制定发展规划、强化基础设施建设、落实引进项目。省国土资源厅利用联系高罗乡埃山村的机遇，筹资80万元，新修了富有民族风格的村级办公场所，还帮村民大力调整产业结构，发展白柚种植4000余亩。目前，全县共落实帮扶项目82个，其中省级帮扶项目5个。县扶贫办在帮助对口帮扶单位椿木营乡黄家坪村完成产业规划的基础上，新修了村级办公场所，协调资金40万元，修建组级公路5公里。结对帮扶的党组织有钱的出钱，有物的出物，尽力帮助解决共建村的困难和问题。结对帮扶不仅增强了基层党组织的战斗力、凝聚力，也转变了机关

① 管筱璞:《聚焦问题，筑牢堡垒楚天舒》，《中国组织人事报》2015年6月12日第1版。

党员干部的作风，增强了为民服务意识。

可以看出，湖北省通过资源向农村下沉和积极挖掘外部资源，实现内部和外部资源的整合优化，不仅有力地促进了农村社会的经济发展，也有效提高了基层党建的治理能力，达成了党建和发展互融共促的良好局面。

## 第三节　基层党建带动农村社会治理的主要特点

### 一　提高基层党组织领导核心作用是基层党建带动社会治理的立足点

农村社会治理包罗万象、内容庞杂，既包括农村政治经济文化等多方面问题，又包括各方面相互影响的复杂关系，如果没有一个坚强的领导核心为各方面事务的管理指明正确的方向，那就很容易陷入混乱之中。湖北省把强化政治引领、巩固基层党组织在农村治理中的领导核心作用作为基层党建带动社会治理的立足点，就是认识到了新时期农村工作的复杂局面必须要党组织统领全局、协调各方。基层党组织的领导核心作用主要体现在基层党员的政治属性、基层党组织的政治影响和基层党组织对其他组织的政治引领上。针对基层党员干部政治意识薄弱的问题，湖北省积极创新党员活动方式，增强基层党员干部的政治属性；针对基层党组织在农村的政治影响力出现下降的趋势，湖北省创新组织设置方式，以实现基层党组织的全覆盖，强化了党组织在基层社会的政治影响；针对基层党组织和其他农村组织关系不清、权责不明的现状，湖北省理顺基层党组织与其他组织的关系，强化基层党组织对其他农村组织的政治引领。

要确保基层党组织的领导核心地位还需要物质支持和制度支撑。湖北省大力推进农村党员群众服务中心的建设，农村党员群众服务中心是全面推进农村基层党组织“五个基本”“七个体系”建设的重要任务，是发挥“五个基本”“七个体系”作用的基本依托，是农村基层党组织联系服务群众、组织动员群众、宣传教育群众的重要载体，是农村基层党组织发挥推动发展、服务群众、凝聚人心、促进和谐作用的基本平台，同时也为基层党组织发挥领导核心作用提供了平台。湖北省还通过创新和完善管理机制，提高党员干部工作积极性和工作规范性，为基层党组织发挥领导核心作用提供了制度保障。

## 二 将治理融入服务之中是基层党建带动社会治理的创新点

改革开放前期农村基层党组织虽然已不再大包大揽，但仍然实行的是一种具有强制性特征的管理模式，成为单纯完成上级任务的管理型党组织。随着21世纪以来农业税费改革，基层政权的管理职能也越来越弱化，在很大程度上成为一种“悬浮型政权”，基层党和政府与民众的关联越来越少，直接影响到民众对政权的合法性认同。党的十七大就提出，基层党组织要发挥“推动发展，服务群众，凝聚人心，促进和谐”的作用。这是新形势下党根据群众需求的变化和基层党员干部的现状对基层组织提出的新要求。这一要求的核心就是基层党员干部要以服务为中心，满足群众生产、生活的需要，引导和调动群众积极参与到农村建设和治理中来，也意味着党不仅要由管理型党组织向服务型党组织转变，而且还要把服务理念和工作方式纳入所有社会事务的治理中来。可以说将治理融入服务之中是湖北省以基层党建带动社会治理的创新点。

湖北省积极推进基层党组织将治理融入服务之中，以优化服务来促进农村社会的治理。优化服务首先要提高党员干部的服务意识和服务能力，其次要建立完善基层服务平台和组织。湖北省把基层党员干部学习教育制度化，通过加强学习来提高基层党员干部的服务意识和服务能力。湖北省除了在全省建立党员群众服务中心这一标准化服务平台以实现“农民办事不出村”之外，还大力培育农村社会服务组织促进农村群众自我服务能力的提高，探索针对某些特殊群体的服务不出门的精准服务，通过改善服务提高了农民对基层组织的合法性认同。诚如吴理财所言，“无论是运用现代信息网络技术实现‘农民办事不出村’，还是律师主动下乡进村‘法律便民’、村医村教等村官的日常性服务，以及村庄志愿组织提供的志愿服务，都在积极改善服务的过程中，显著增强了农民群众对基层党组织和政府的合法性认同。这种服务式‘软治理’起到管制式

‘硬治理’无法想象的积极社会效果”①。

### 三　党建引领、多元共治是基层党建带动社会治理的交汇点

传统社会治理更多的是公共权力一元主体的控制管理，随着现代社会复杂性的增加和民众参与意识的崛起，一元权力主体治理已经无法适应现代社会的发展。改革开放以来，农村社会管理也逐渐从总体性国家控制过渡到国家选择性治理的阶段，基层民众虽然具有越来越多的自主权，但却呈现出一种个体化的存在状态，无法有效组织起来对农村社会事务进行自我管理、自我服务。由基层党组织发挥引领作用，积极培育农村社会组织，激发农村社会治理的内生力量，形成多元共治格局成为国家治理现代化在基层的表征。由国家主导培育农村社会组织成为转型期农村社会生成公共性的有效路径，可以说，党建引领、多元共治模式是加强基层党建和提升社会治理的交汇点。

湖北省积极探索以党建带动基层社会组织发展、以社会组织带动农村治理的新路径，通过突出服务型党组织建设这个鲜明主题，充分挖掘民众间可以形成组织性关联的文化或者心理基础，以村党员群众服务中心为依托，以党组织为核心，以党员干部为骨干，积极发动村庄老人、能人，建立多种类型基层社会组织，包括引导群众自娱自乐的文化组织、调解农村纠纷的老人协会、促进农村经济合作的经济组织、集体行动解决内部事务的社会自治组织。可以说，基层党组织培育农村社会组织的能力就是通过党建培育党组织的执政能力。通过引导群众自我服务、自我管理、自我发展，得以构建出党建引领各方参与的多元服务、合作共治的格局。湖北省通过基层党建引导农村基层社会组织的生长，以党员干部带动基层群众组织起来进行自我服务、自我管理、自我发展，有效缓解了农村社会治理中多元主体缺失的困境，初步形成了党建引领、多元共治的基层治理新格局，建立了有机协同的基层治理体系。与此同时，在组织群众进行自我管理、自我服务中基层党组织的治理水平和执政能力也得到了锻炼和提升，更有能力应对不断变化的基层社会生态，更有

---

① 吴理财：《从网格化管理转向网络化治理：农村基层治理的“在村模式”》，《国家治理》2015 年第 1 期。

信心以多元共治实现基层社会的善治。

## 四　整体推进，全面提升是基层党建带动社会治理的落脚点

农村税费改革以后，国家在农村社会的选择性治理加剧了农村社会的衰败，导致农村各项事业发展停滞不前。为了有效应对这一困境，借助中央大力抓党建的东风及信息技术发展和普及带来的红利，在农村社会进行整体性治理，进而提升农村各项事业的发展，就成为以基层党建带动社会治理的落脚点。根据希克斯的定义，整体性治理就是以民众需求为治理导向，以信息技术为治理手段，进行有机协调与整合，不断从分散走向集中，从部分走向整体、从破碎走向整合，为民众提供无缝隙的整体性服务。整体性治理借助信息技术使得政府内部的协调与整合在官僚制下更有效率，同时通过整合政府、企业、社会组织以实现更为有效的公共服务供给和社会治理创新，实现公共物品的合力供给与多元社会的协同治理。

湖北省积极从内部协调和外部整合两个方面整体推进农村社会事务的治理。首先是协调完善内部治理体系，大力建设网上党员群众服务中心、基层党组织动态信息管理系统和“网上村村通”信息平台，构建市镇村三级便民服务体系，努力实现党务、政务、商务、农务、财务、医务、法务等“七务合一”，打通服务群众“最后一公里”。同时，湖北省还积极发挥党员先进性，通过党员带头服务的示范引领作用，以服务型党组织建设带动更多社会力量参与到社区服务中来。特别是在湖北省提出的让“农民办事不出村”和“律师进村”等各种创新实践中，不仅激励基层党员干部发挥模范带头作用，也激活和引领了多种社会力量与社会组织参与农村社会治理。而新的社会力量的崛起和新乡贤的发育也成为农村基层党组织培育新生力量的源泉。其次是强化党建主责担当，形成推进农村治理的合力。整合基层党建资源，积极培育各种农村社会组织，并加大在农民合作社、农业企业、农业社会化服务组织中建立党组织的力度，积极探索推行“党建+”的工作方式，引导各类社会组织积极参与基层治理。这样一种整体性的治理模式盘活了农村各种治理资源，激活了农村多元治理主体，可以说不仅使基层党建工作提升到新的水平，也全面促进农村社会各项事业的发展，有力推动了农村社会的振兴。

# 第四节　基层党建带动社会治理创新的发展方向

## 一　推进“互联网 + 党建”融合发展成为以党建带动社会治理的技术方向

“互联网 + 党建”是“互联网 + ”在党建领域运用的新课题，一般包括两个层面：第一层含义是通过把互联网技术引入党建部门，以互联网的信息集成优势提高党的建设工作的信息化水平，为党的各项建设提供信息支持，这是运用“互联网 + 党建”的初级阶段；第二层含义是运用互联网思维和模式加强党的建设，以党的建设创新统领经济社会全面发展。这是运用“互联网 + 党建”的高级阶段。推进“互联网 + 党建”，通过创新党的工作方法，拓展党的工作领域，形成以党建带动社会治理创新就是“互联网 + 党建”的高级阶段的战略选择。

党建和互联网融合的实质，是以党建工作的信息化和互联网思维创新工作方式，来提升基层党组织服务意识和服务水平。为了进一步推动湖北党建工作信息化和服务化相结合，需要加快推进“互联网 + 党建”的信息平台建设，创新“互联网 + ”服务方式和机制。就基层“互联网 + 党建”而言，应该首先通过“县级帮扶，提高乡镇信息化水平。基层党组织受制于技术条件、党员素质等因素，党建和互联网结合程度还很低，这就需要以县级党组织为主体，市级党组织参与，给予基层党组织‘互联网 + 党建’工作技术支持、培训支持”。[①] 其次是加强基层党员干部互联网思维和信息技术能力培训，引导基层党员干部接受互联网、使用互联网、融入互联网，鼓励基层党员干部使用微博、微信等多样化的信息技术手段和群众保持常态化联系，进行有效互动，通过新的技术载体及时把党的大政方针、政府惠民利民信息推送给基层民众，及时回应群众需求，为群众提供便捷服务。通过提高基层党组织信息化水平，用现代信息技术和创新思维武装基层党员干部的头脑，使现代工作方式和工作理念贯穿于基层党组织的领导、服务、管理的全过程。

---

① 陈雯：《基层党建如何用好“互联网 + ”》，《人民论坛》2017 年第 19 期。

青年群体是参与社会管理和服务的积极力量。青年群体作为互联网一代的群体要求我们必须创新党建路径，通过党建的力量激发青年群体参与社会治理的积极性。在信息化时代，要积极推进互联网与青年党建深度融合，建立创新机制和平台，以多方互动、深度互动激发当代青年的参与热情和参与自主性，建立线上和线下的多层次参与机制，满足年青一代多元化的参与需求。总之，要通过提高青年们在党建工作中的参与感，强化青年人在党建工作中的存在感，提升青年党员在党建工作中的获得感，切实优化青年党建工作的方式，提升青年党建工作的效果，使年青一代成为党的坚定支持者和信仰者。

“互联网+党建”为新形势下做好党建工作提供了机遇和挑战，把互联网发展的技术红利应用到新时期的党建工作中是共产党与时俱进、建立学习型政党的重要表征。为了进一步推进“互联网+党建”的深度发展，应加强基层党组织的互联网创新思维教育和互联网党建平台创新，以此加快推进“互联网+”提升党的领导能力建设、强化党的组织能力建设、优化党的服务能力建设，进而推进党的治理能力现代化，并带动社会治理创新发展。

## 二　推动社会治理微创新是以基层党建带动社会治理的发展方向

社会治理内容涉及政治、经济、文化等各个方面，而基层社会治理更是面面俱到、无所不包，只要与人民群众的生活息息相关的事情，很多都需要党和政府的参与和管理。所以要想提升社会治理水平，除了建立健全基础平台网络和创新完善宏观制度体系以外，还需要在工作的方式方法、服务流程和服务技术等微观层面开展创新，也就是以“微创新”推进社会治理的精细化。社会治理微创新是地方党委政府结合工作特点、立足基层实际，以微创新的理念重新审视工作特征和基层实际的内在联系，以微创新的措施和技术来处理社会治理工作中遇到的难题和新题，来优化人民群众的感官体验，切实维护人民群众利益的一项重要探索。“微创新”是“在框架之内、从小处着眼，针对细节、流程、节点、技术等进行改进提高”①，可以分为便民服务措施微创新、技术工具改进微创

① 曹平:《社会治理:“微创新”也给力》,《决策探索》(下半月)2016年第3期。

新、治理主体优化微创新、治理平台构建微创新等类型。在中国迈进现代社会面对日益复杂的治理情景下，以微创新促进整个社会治理水平提升应该是一个可期的发展方向。

各地方党委政府在前期的政府创新实践中，探索出了一批具有微创新特征的社会治理方式，为社会治理微创新积累了丰富的经验。湖北省也通过一些领域的微创新促进了农村社会的发展，下一步地方基层党组织推进社会治理微创新还应该从以下几个方面着手：一是要在基层党组织内部建设进行微创新，通过微培训、微互动打造出充满活力和战斗力的党组织团队；二要在基层党员干部中营造微创新氛围，建立学习型组织，学习和培训微创新的技巧；三是要把精准管理服务、优化治理流程、提高服务效率作为强化微创新的实施方向。

“微创新”虽然是一种微观改变和局部创新，但不应该封闭在某个领域或政府内部，而要激发每个民众的创新热情，激活每一个可以创新的环节，如此才能使具体的治理创新实践更加精准和有效，以点带面，聚沙成塔，进而提升全社会的治理水平。公众参与是推进社会治理的重要因素，包罗万象的社会治理更需要广大民众的支持和参与，这也是形成共建共享全民参与的社会治理格局的内在要求。所以，应鼓励社区居民积极参与到与自身利益密切相关的社会治理实践中去，对政府工作中的任何小问题、小细节乐于提出建设性意见。如果群众的“微创新”意见受到政府重视和采纳，则会进一步提升群众参与社会治理创新的意愿和热情，良性的官民互动将会形成社会治理微创新的良性循环和持续发展。社会治理领域的“微创新”在生活政治不断高涨的情况下，将会成为社会力量参与治理的重要路径，成为改进社会治理状况的重要法宝，所以社会治理微创新将是以基层党建带动社会治理的重要发展方向。

### 三　坚持党对一切工作的领导成为党建带动社会治理创新的政治方向

党的十九大报告明确了习近平新时代中国特色社会主义思想的精神实质和丰富内涵，其中最根本的是坚持党对一切工作的全面领导。中国共产党的领导是中国特色社会主义最本质的特征，是中国特色社会主义制度的最大优势。党政军民学，东西南北中，党是领导一切的。大会还同意把这一重大政治原则写入党章，这不仅有利于实现全党思想上统一、政治上团结、行动上一致，还有利于提高党的创造力、凝聚力、战斗力，确保党总揽全局、协调各方，为做好党和国家各项工作提供根本政治保证。因此坚持党对一切工作的领导也必须是基层党组织工作的政治原则，同时也为基层党建带动农村社会治理创新指明了方向。

基层党建如何贯彻落实党领导一切工作的政治原则呢？首先，坚持党对一切工作的领导，必须要求基层党组织自觉维护党中央权威和集中统一领导。受多种因素影响，一些地方的同志在坚持党对一切工作的领导这个原则问题上产生了疑惑，甚至导致一些地方基层党员干部不敢正大光明地坚持党的领导原则，导致党的领导虚化和弱化。基层党建要把党的政治建设摆在首位，用新时代中国特色社会主义思想武装全党，坚持以习近平同志为核心的党中央的全面领导，坚持和增强“四个意识”，严明党的政治纪律和政治规矩，在思想上、政治上、行动上同党中央保持高度一致，确保党始终总揽全局、协调各方。其次，保证基层社会各个领域、各项工作，都要自觉接受党的领导。党的领导包括政治领导、组织领导、思想领导各个方面，相对于政府有限的行政管理权，党组织可以通过统战工作、群众工作等多种方法实现对社会事务的全覆盖。基层党组织要积极创新工作方式方法，解决各种新情况新问题，确保社会事务的方方面面都自觉接受党的领导。最后，全面增强党领导一切的执政本领，我们党既要政治过硬，也要本领高强，才能担负起领导一切的重任。因此，要推进基层党组织的常态化学习机制的建立，把建设学习型党组织落到实处。不断学习政治理论、法律规范、科学技术、行政本领，积极创新思维，努力提高领导决策水平、依法行政水平、科学行政水平、业务创新水平、群众工作水平。

通过强化农村基层党组织建设，积极贯彻党领导一切的政治原则和工作方针才能实现党建工作与农村具体工作的有机结合，才能把党的政治优势、组织优势转化为管理优势、服务优势和发展优势，真正发挥党组织领头羊的作用。确保基层党组织的全覆盖创建，既可以解决好如何把农民组织起来的问题，也可以解决好由谁来组织农民的问题，真正保障党在农村社会的执政地位。

# 第三章

# 湖北省农村基层政权改革与社会治理

农村基层政权的完备与否是衡量现代国家政权建设的重要指标，中华人民共和国自成立以来多次对农村基层政权体制进行改革，可以说农村基层政权的历次变革都契合了农村社会治理的阶段性特征。集体化时期人民公社是湖北省农村基层政权的基本单位。改革开放后乡镇政府成为农村基层政权的基本单位，村民委员会成为村庄社会治理的重要载体。基层政权改革不是偶然的，仔细梳理发生过程始末可以看出乡镇政权结构功能变迁契合了农村社会治理的阶段性特征。改革开放以来湖北省农村社会结构发生变迁，旧的政权体制已经不能适应变化了的农村社会治理环境和社会结构，亟须进行基层政权体制改革。基层社会治理体制在这个过程中经历了从一元主体管控阶段到多元主体治理阶段的转变，政府职能从全能型向有限型转变。基层政权参与社会治理逐渐摒弃了大包大揽，而是充分发挥社会组织、中介和个人的能动性，因此，多层次、多主体的互动治理逻辑正在发挥积极作用。湖北省基层政府理念、政权体制的创新一方面来自农村、农业的不断发展，农民日益增长的物质和精神需要，对基层政府提出了更高的要求，传统的汲取、管制式的政府模式已经不能满足“三农”发展；另一方面来自基层政府对中国特色社会主义道路探索过程中普遍原理的灵活运用。

## 第一节　乡镇基层政权重建及治理功能发挥

集体化时期，人民公社是湖北省农村基层政权的基本单位。这一时期人民公社不仅是组织经济生产和核算的基本单位，也是组织政治生活、开展政治运动的单位，同时还是社会生活的单位。概而言之，人民公社是一个政社合一的组织。改革开放后，乡镇政府代替人民公社成为农村基层政权的基本单位，新的基层政权体制承担的职能也由全能型向有限型转变，以适应改革开放的进程。

## 一 乡镇政权重建

### （一）人民公社的确立与松动

1958年，湖北农村也卷入农业集体化浪潮之中。从该年的8月28日湖北省第一个人民公社——应城红旗人民公社成立起至10月底，短短两个月时间人民公社体制在湖北省广大农村迅速确立下来。人民公社成为湖北省基层治理重要单位和基本形式，并存续了20余年时间。从其功能上看，具有全能性与复合性特征，集经济功能、政治功能与社会治理功能于一体。从其实施效果看，既有成绩，也有不足。一方面，人民公社体制大规模调动农村资源有效地支援了国家工业化建设，为工业城镇提供了自然资源和人力资源。另一方面，人民公社大而全的结构决定了这种体制缺乏灵活性，很多自然禀赋差的地方长期徘徊在贫困线边缘。1978年，以安徽省凤阳县小岗村十八户农民大包干为起点，全国农村改革迅速开启。家庭经营体制逐渐占据了农业经营主流位置。湖北省农村也身处这场变革之中，到了1982年初，“已有95%以上的生产队实行了各种形式的责任制”①，这些生产责任制类型多样，诸如小段包工定额计酬、专业承包联产计酬、联产到劳/到组、包产到户/到组等。其中，包干到户和联产到劳成为当时的两种主要责任制形式，分别占生产队总数的46.8%和42.1%②。

### （二）责任制推行对人民公社体制的消解

责任制经营的广泛推行是对人民公社集体经营调整。人民公社的经济功能逐渐被一家一户的农户承担起来。新的生产组织方式改变了整齐

① 《中共湖北省委书记黄知真在省农会第一次代表大会上的讲话（节录）》，《湖北日报》1982年2月4、5日。

② 《生产责任制似春风化雨，我省农村充满勃勃生机》，《湖北日报》1982年8月20日。

划一的集体生产经营，激发了农户生产积极性。生产关系的调整、科学技术推广、农业基础设施改善和灵活多样经营等多种因素大大促进了农业的发展和繁荣。湖北省“1982 年同 1978 年相比，粮食总产量增长 14%，油料总产量增长 23%，生猪出栏量增长 12.1%，水产品产量增长 59%，社队企业产量增长 50.26%。农业总产值（按 1980 年不变价格计算）增长 16.07%”①。改革后农业发展迅速与人民公社时期农业徘徊形成了鲜明对比，给广大群众干部以深刻印象。

家庭联产承包责任制的生产组织方式弱化了人民公社集中的经济分配调度功能。“国家与农民的产权关系得以重新调整。农户家庭获得了土地使用权、生产决策权及剩余索取权，国家不再直接控制农业生产，而是以土地出租者和政府的身份收取固定的租金和税收。依宪法性安排，乡镇政权从经济领域抽身而出，不再充当农业生产中的监管人员，其职能转变为代表国家与本社区农民签订合约、监督合约的执行以及保证国家在合约中应得到的各项租税能不折不扣地按时提取。”② 经济功能是人民公社的基础性功能，这一功能从弱化到剥离逐渐勾勒出人民公社解体的路径。农业生产组织方式的改变带来了生产关系的调整。这对基层的上层建筑——人民公社提出了新的要求，需要做出相应调整才能适应变化了的农村。

## 二　乡镇政权确立与建设

### （一）人民公社向乡镇体制过渡

1982 年我国的新宪法否定了人民公社体制，要求政社分开，使政治事务从农村人民公社中分离出来，同时规定在农村中，乡、民族乡、镇是中国基层政权组织。1983 年，中共中央、国务院发布《关于实行政社分开，建立乡政府的通知》，规定在农村建立乡政府，实行政社分开。1984 年人民公社在全国范围内基本废除，各地普遍重建了乡镇政权。此后，“人民公社”作为中国基层行政单位逐渐成为历史记忆。尽管人民公

① 《关于贯彻执行中央〔1983〕一号文件发展我省农村工作新局面的意见》（鄂发〔1983〕17 号）。

② 解冰：《新农村基层政权权责制衡重构》，中国方正出版社 2010 年版，第 144 页。

社已经化为历史的尘埃，但是人民公社所承担的各项政治、经济、社会职能，乡镇政权基本上全盘继承。这为乡镇政权的困境埋下了伏笔，但是总体性的人民公社体制解体仍然在特定时间段内起到了作用。

（二）乡镇政权的建设

总体性体制向分权型体制过渡，释放农村社会的潜力，促进了农村经济活跃以及 20 世纪 90 年代初乡镇企业遍地开花。农产品收购价格的上涨让农民获得切实的实惠，80 年代初期农村社会经历了短暂的繁荣。但是这种繁荣的基础非常不牢固，相比于东部沿海地区，以湖北省为代表的中西部地区工业发展仍然落后，其县乡财政主要靠农业，县乡公益事业主要靠农业的“三提五统”。

## 第二节　基层政权的职能扩张与异化

### 一　农村基层政权职能机构扩张

1984 年始，乡镇政权经历了一轮强镇扩权。乡镇政权重新建立后，乡镇政府成了一级政权，围绕经济发展、社会事务管理等工作运转。但是客观来看，乡镇一级政权的独立性并不强。在行政机构惯性和职能扩展的作用下，乡镇政府的职能机构不断扩张，建立起与上级政府类似的职能部门，形成了“上下对口、左右对齐”的政府体系。这些职能部门更多是隶属上级部门领导，这在事实上形成了对于乡镇政权的分割，可以说“条块问题”“压力体制”问题与乡镇权力伴生。

乡镇政权实践中遵循着特定逻辑——上级政府交办的事项，在乡镇政府工作中居于优先位置。正如人们所言，“上面千条线，下面一根针”，完成上级交办事务往往成为乡镇政府最重要的工作。这无形中减少了乡镇政府对于本乡镇事务的关注，所以有了部分乡镇干部口中念叨的“耕了别家的地，荒了自家的田”的俚语。由于乡镇政府忙于完成上级交办的任务，难免使本应该负起的本辖区的管理和服务职责有所缺失。税费征缴、综治维稳和计划生育等考核权重占比多的工作，占据着乡镇政府绝大多数精力，而其他考核权重相对较轻的工作则缺乏动力和精力去完成。

### 二　基层政权改革与停滞

#### （一）基层政权机构改革

1986 年，中央发布《关于加强农村基层政权建设工作的通知》，重申了乡镇政权的重要性，指出要将“条块分割”所导致的乡镇政权逐渐边缘化的趋势遏制，“凡属可以下放的机构和职权，要下放给乡”。1992 年湖北省省委、省政府发布《关于向乡镇放权加强乡镇政权建设问题的有关通知》（鄂发〔1992〕13 号）后，某种程度上对于加强乡镇政权建设具有积极作用。

通过国家和湖北省层面的举措来看，乡镇政权取代人民公社承担起各项职能，但是建立后却形成了乡镇自身运转的逻辑——逐渐模仿县级政权走向完备的科层体系。但其自身规模和功能也越来越冗余，这也成为乡镇治理中的隐忧。

#### （二）站所职能异化

乡镇政府履行服务职能主要依靠乡镇的站所，诸如“农技推广站”“农机站”“畜牧站”“种子站”“文化站”“工商所”等。这些站所一部分是上级政府的直属单位，另一部分是由乡镇政府自己设立和领导的。绝大多数站所为差额拨款的事业单位，再加上部分地方政府财力所限，对于站所所需经费实行“减奶、断奶”，这些站所在很多专业技术人员眼中已经不是“香饽饽”，而是想要逃离的地方，只留下了一批老弱病残承担着站所的服务职能，而他们的服务能力则很难跟上农村社会快速发展的需要。同时，站所编制管理不规范、变动大，所以不少站所又在相当程度上成为基层干部解决亲友就业的场所。大量非专业人员的涌入，使得站所原本孱弱的服务能力越发不济和下滑。而保运转、维持站所人员工资的发放，就成为站所人员的首要任务。此外，在维持乡镇站所的运转中，协助乡镇政府征收农业税费、“三提五统”以及计划生育工作反而成为不少站所不得不从事的事务。

## 第三节　湖北省乡镇体制改革

2000 年前后，“三农”问题再度严峻起来。尤其是农民负担过重，严重挫伤了农民的生产积极性，也引发不少农村社会问题。全国不少地方开始自发地进行乡镇行政改革，改革乡镇政府的机构和职能。改革的具体内容有：规范农业税费和“三提五统”的征收，减少行政机构冗员，缩减编制。如山东省莱芜市、湖北省谷城县的改革等。这些改革虽都触及了乡镇行政体制的部分要素，但是无法从根本上解决乡镇行政机构膨胀—精简—再膨胀—再精简的悖论。尽管这不是新问题，在封建社会时期早就长期存在，但在改革开放时期如果不能有效解决，也会危及基层政权的稳定。乡镇政府作为国家行政的末梢，究竟应该怎样定位？在税费改革前很长一段时间，乡镇政府的定位延续着传统社会里的汲取、管制的职能定位，只要能够完成上级政府布置的收取农业税以及维持农村社会治安任务就万事大吉了。所以，乡镇不断增加的冗员就是为了完成几项硬性任务。随着农业税在国家总体税收中的比重不断缩小，通过增加乡镇政府人员来汲取资源的边际效用也在不断降低。当供养农业税征收人员所需财政不断接近于征收的农业税额度的时候，农业税是否还值得征收就需要重新考量。同时，随着“三农”问题形势的变化，汲取与管制的基层政权定位与农村社会的发展也已经脱节。而且，随着农村家庭联产承包责任制度的推行，农民已经不是团聚于人民公社之内而是成了一家一户的原子个体。面对此种情势，不论是提供服务还是收集信息，相应的成本都非常高昂。这一阶段，国家集中精力于经济建设的时候，农村公共服务和社会整合很大程度上被放在了不太重要的位置。

20世纪90年代，中国农业人口仍然有七八亿人之多，其中全国80%的县也是以农业为主要经济形式。农村社会的公共服务缺失、农村社会整合不够带来了很大负面效应。改革开放以来，各种偷拐抢骗等恶性事件在这一时期频发，国家甚至发起了“严打”行动，来解决社会治理失序问题。不可否认，这些行动起到了很大的作用，但是并没有触动乡镇不稳定的源头——农村社会治理机制的缺失，乡镇社会治理问题的频现仍然无可避免。

农村社会问题的治理和解决不可能绕开基层政府，湖北省社会治理改革创新中乡镇综合配套改革对湖北省社会治理影响深远。这场改革发端于咸宁市咸安区，2003年在湖北省各地普遍推行。这项改革对乡镇体制进行了重塑，将绝大部分乡镇站所从事业单位转变为社会化服务组织。

将站所收费养人改革为政府购买服务，也就是很多人口中的“以钱养事”。

“以钱养事”改革、推进社会化服务的乡镇政权改革，重塑了湖北省社会治理路径，促进了湖北省公共服务供给模式的转变。咸安区乡镇行政体制改革肇始于1999年，与全国多地进行的乡镇改革有共通之处，都开展“减人减事减支”以应对财政上捉襟见肘的状况，但是剥去这层外衣就会发现咸安区的改革有其独到之处。它很大程度上是主动顺应农村社会发展规律，寻求社会治理优化的行动，尤其是将改革的核心定位于转变政府职能，使政府职能从“管治”走向“服务”。1999年咸安区采取了一系列的组合措施，包括推进民主政治建设、精兵简政、转变政府职能等，其中“以钱养事”力图建立社会化服务体系的改革对于社会治理产生了重要影响。为了全面考察这场改革对于湖北省社会治理产生的影响，我们需要重新梳理这场改革。

## 一　咸安乡镇管理体制改革前的处境与改革目标

### （一）咸安区基本情况

咸安区隶属于湖北省咸宁市，是鄂东南政治、经济和文化中心。距离武汉市仅80公里，京广铁路、武广高铁贯穿其中，处于“十字交叉，双向对流”的优越区位上。至2016年，该区辖9镇1乡3个街道办事处。耕地面积41万亩，总人口59.78万人，其中农村人口39.68万人。2002年下半年，湖北省成为农村税费改革试点省份，随着农村税改深入，乡镇财政收入锐减，乡镇入不敷出问题日益严重，乡镇政府管理功能逐渐弱化、虚化。

### （二）咸安区改革前的处境

2000年前后，乡镇行政体制改革的探索在全国各地时有出现。经过二十多年的改革开放，基层社会环境已经发生较大变迁。可以说，乡镇政府面临的困难是长期以来各种矛盾累积交织的必然结果。从实行家庭联产承包责任制度到废除人民公社，从分税制改革到农村税费改革，从计划经济时代延续下来的乡镇管理制度已经不能适应社会形势发展的需要。

计划经济时期，政府机构设置遵循“上下对口”的原则，上面千条线，下面千根针。每一条线都要垂直对准属于本部门的那个“针眼”，所以基层政府机构不断臃肿，精简—膨胀—再精简—再膨胀似乎成了难以摆脱的死循环。比如，“七站八所”大多是20世纪80年代中后期，按照与上级政府职能部门对口的原则设置起来。农村税费改革前，“七站八所”大部分运转的资金并不是来源于财政拨款，而是来自其经营所获得的收费。一直以来，政府事业单位面向“三农”提供的各项服务包括公益服务中，按规定许多项目可以收取费用，而且弹性还比较大，所以各个站所“八仙过海各显神通”，都有自己的经营手段和生财之道。而这些做法一旦走向异化，就影响了农民对基层政府的评价，甚至损害基层政府的合法性。

20世纪80年代以来，让市场在资源配置中发挥基础性作用已经成为不可逆转的潮流。但是政府与市场之间、政府与社会之间的权责不清问题十分严重，政府仍然包揽着许多自身管不了也管不好的事，市场配置资源的基础性作用难以发挥。通过“条块”分配资源仍是资源下沉的主要途径，上级职能部门都倾向于在基层政府内设立本部门的“站口”。这些为数众多的站口虽然名义上是乡镇政府的组成部分，但是通常向上级部门负责，受到上级部门领导。众多站口的存在也加剧了乡镇政府已存在的机构重叠、职能交叉、权责不清、人浮于事等问题。咸安区改革前财政供养人口居高不下，陈旧的体制和僵化的机制牢牢地禁锢着它的发展。臃肿的机构、庞杂的冗员带来的是严峻的财政供给形势、冲突的干群关系和即将破产的政府。“穷则思变”，唯有深化体制和机制改革才能改变乡镇政府面临的困局。咸安区的乡镇行政管理体制改革就是在这一背景中出现的。

### （三）咸安区改革的目标

咸安区乡镇行政体制改革的迫切目标是摆脱财政困境、恢复社会稳定、整治发展环境、激发经济社会活力。长期的目标则是通过本次改革重新定位政府的职责和功能，调整政府、市场与社会三者之间的关系，形成精干高效的基层政府架构，将政府职能重新定位于加强社会管理与提升公共服务供给。改变传统的以乡镇为单位组织和提供公共服务的状况，重新构建以县域为基础的农村公共服务体系，打破基层行政的分割性、封闭性和分散性。

## 二　咸安区乡镇管理体制改革进程

咸安区的乡镇行政体制改革依赖相互支撑的多项改革措施，形成了改革合力。通过改进乡镇行政制度，对农村社会治理机构的主体进行重构。总之，咸安区的乡镇行政体制改革有效促进了当地农村的发展。

（一）1999—2002 年，化解社会风险

1. 整顿金融。1999 年 8 月 13 日，经过前期大量准备和周密部署，区委、区政府下发《关于开展清理整顿农村合作基金会的决定》，采取果断措施，关闭各种类型的农村基金会 130 余家，化解了咸安区农村社会基金会兑付危机可能引发的社会震荡问题，使得基金会亏损由 3.68 亿元降低到 4957 万元。这一工作在当年 12 月基本完成，化解了迫在眉睫的金融风暴危机，奠定了支持改革的民意基础。

2. 五保合一。1999 年 10 月，宋亚平向区委提出《关于在咸安区全面推行“五保合一”的实施方案》获得通过，区委、区政府在年初制定并下发《关于撤销区劳动局、区劳动就业管理局、区劳动社会保险局和区机关事业单位保险局，组建咸安区劳动和社会保障局的决定》，将分散在各处的和采取不同保障层次的公民保险统合于一处，即劳动和社会保障局。2000 年 6 月 1 日，区委和区政府联合下发《关于全面推行“五保合一”社会保障制度的决定》《咸安区社会保险费征缴暂行办法》《咸安区机关事业单位基本养老保险暂行办法》和《咸安区城镇职工基本医疗保险实施细则》，由此“五保合一”在咸安区全面推开，将原来分散在各家的基本养老保险，基本医疗保险、失业保险、工伤保险和生育保险集中在新成立的劳动和社会保障局，在全区构建起一个覆盖全面、受益广泛的社会保障体系，将绝大多数用工单位的员工纳入进这个体系。由此而始，咸安区逐步建立一个全面覆盖、低门槛、费率适度、城乡一体化的社会保障体系。

3. 精简机构。在推行“五保合一”社会保障制度的同时，2000 年 1 月，咸安区委、区政府制定和下发《关于治理经济环境的若干规定》《咸安区税费收征管理改革试点办法》，优化咸安区经济环境，减少行政规费。2000 年 3 月 1 日，咸安区委、区政府发布《关于在党政机关与事业单位进行人员分流的决定》。2000 年 6 月 1 日，咸安区委、区政府发布

《咸安区人民政府职能转变和机构改革实施意见》，以小政府、大社会作为乡镇改革的基本理念，将管理职能重叠和相近的机构进行合并；把计划经济时代延续下来的工业局改为留守性的“总公司”，人员竞争上岗；并将具有微观服务功能和经营条件的事业单位剥离出来。

4. 干部打工。咸安区的方言比较独特，如果不是本地人很难听懂，这在某种程度上也造成了咸安区的封闭，很多干部思想观念陈旧。2000年11月，区委、区政府下发《关于选派干部到经济发达地区自谋职业打工锻炼的实施方案》，鼓励干部到发达地区“自谋职业，打工锻炼”，更新思想观念，提高适应市场经济的能力和素质。2001年2月15日，第一批打工干部出发，由此开始，直至2009年结束。此举极大地解放了干部队伍僵化的思想，提升了干部适应和驾驭市场经济素质。

5. 撤乡并镇。鉴于过去农村交通不便、通信落后的现实情况，乡镇行政区划早期设置普遍规模较小，乡镇政府设置的密度普遍较大。不过，随着交通通信条件的改善，乡镇政府密度过大的问题就凸显出来了。同时，随着经济社会发展，非政府性质的中介组织成长起来，开始承担起原来由乡镇政府主导的公共服务。为方便管理，将过多过散的乡镇政府进行合并的时机已经具备，2001年4月，咸安区将原来22个乡镇整合成10个乡镇和两个街道办事处。

### （二）乡镇行政体制重构

2002年12月，正值咸安区乡镇党委三年任期届满，准备换届。这为乡镇领导班子成员选拔任用制度改革以及政府机构的改革提供了一个契机。区委、区政府适时发布《咸安区关于开展乡镇综合配套改革的决定》，在横沟桥镇和贺胜桥镇进行试点，推行“两推一选”和“交叉任职”方案，设置“三办”。

“两推一选”是指在乡镇干部候选人的产生上实行候选人由全体民众和党员直接推荐，组织部门审查候选人资格，严格选举监督程序，区委根据得票高低定出正式候选人，然后再依法进行乡镇“党代会”和“人代会”选举，最终产生9名乡镇领导班子成员。

“交叉任职”是指乡镇党委、政府、人大、政协四大家班子成员实现交叉任职。乡镇党委成员定为9名，书记1名，副书记3名，委员5名。政府班子成员全部由党委委员兼任。党委书记原则上兼任乡镇长；3名党委副书记，1 人兼任人大主席团主席，1 人兼任纪委书记，1 人兼任常务副乡镇长；其他党委委员兼任副乡镇长、人武部长、组织宣传委员等职务。

设置“三办”，是指将原来乡镇的不同办公室合并与精简组建“三办”。“党政综合办公室主要承担党委、人大、政府交办的各项日常工作和社会治安综合治理、社会稳定、工青妇及各部门、各方面的综合协调工作，并督促检查有关工作的落实；经济发展办公室主要承担工业、农业、林业、水利和第三产业发展规划、招商引资、公有资产管理等工作，协调经济发展相关的其他工作；社会事务管理办公室主要承担人口计划生育、国土资源管理、村镇规划建设、民政优抚、民族宗教、劳动和社会保障、科教文卫等工作，协调与社会事务相关的其他工作。”①

（三）服务机制转换

1. 全面撤销“七站八所”。对乡镇农技站、水利站、农机站、城建站、房管站、广播站、计划生育服务站等 9 类 102 个直属站所进行“收章、摘牌、改制和人员分流”改革②，相关站所转制为企业和社会中介服务组织，走社会化、市场化和企业化的道路。新型社会化、市场化服务主体与政府脱钩，转为自负盈亏、自主经营、自我发展的社会性组织。站所的行政管理职能收归乡镇相关办公室，原站所承担的行政职能由区直职能部门与乡镇签订相关委托协议，确保国家法律有效实施。

2. 为服务人员办理基本养老保险。咸安区对原有站所人员实行经济补偿，对转制后的站所人员置换身份，办理基本养老保险。乡镇站所所有成员按照全省统一规定，建立起乡镇事业单位养老保险，补充建立从 1995 年 1 月至 2004 年 6 月的个人账户，从而消除了站所干部职工的后顾之忧，确保了离退休人员按时足额领取养老金。咸安区乡镇站所改革，转换了服务机制，改变了站所工作围绕乡镇行政工作的局面，站所人员从此可以专于主业，一心从事专职工作。

3. 乡镇定编定岗。推进乡镇行政机关、区直延派人员定编定岗，分

---

① 吴理财：《科层化治理：乡村治理的一个误区》，《学习月刊》2005 年第 12 期。

② 吴理财：《当前乡镇改革的几种模式》，中国乡村发现网（http：//www. zgxcfx. com/Article/18025. html）。

流冗余人员。严格人员编制管理，实行“一人一编一卡”。将乡镇分为三类，一类乡镇定编39个，二类乡镇定编37个，三类乡镇定编32个。规范延伸派出机构，严格编制管理，经费按照“谁设立谁负担”的原则，由主管部门落实。分流超编人员，清退无编制人员。

自2000年初，咸安区区委、区政府几乎同时推出“五保合一”制度建设、“精兵简政”运动、“工业经济年”和“干部外出打工”等一系列措施，都与化解咸安经济社会风险、巩固咸安社会可持续发展基础有关，形成一个相互配套、相互支持、相互促进的有机整体。可以说改革开展准备充足、组织有力、程序得当、操作细腻，具有系统性和整体性特征，不同的改革措施之间能够相互促进、相得益彰，“精简机构、分流冗员”“党政干部交叉任职”“以钱养事”等改革都达到了预期目标。

## 三　从局部破题到全省推广

咸安乡镇行政体制改革改变了基层政府的行政观念，可以说是对长期以来乡镇制度的一次突围。这场改革的理念和具体做法随后在湖北省进行了全面推广。

2003年11月4日，以咸安区乡镇行政体制改革经验为基础，湖北省省委、省政府联合下发《关于推进乡镇综合配套改革的意见》（鄂发〔2003〕17号），随后又印发了《乡镇综合配套改革财政政策和资金筹措意见》《乡镇综合配套改革加强乡镇领导班子和干部队伍建设意见》等四项配套文件，在监利、老河口、安陆、麻城、洪湖、天门、京山7个地方进行试点。

2005年，在乡镇综合配套改革的试点取得较好成效的基础上，湖北全省展开乡镇综合配套改革，坚持了三项原则。一是精简、统一和效能的原则，压缩机构编制，降低行政成本，提高行政效率。二是坚持市场取向、开拓创新原则，遵循市场规律，引入竞争机制，办好社会事业，变“养人”为“养事”。[①] 三是坚持民主、法制原则，健全政务公开制度，加强群众监督，实现机构编制法定化。改革内容主要集中在以下几

---

① 宋亚平：《政府化与市场化：农村公共服务供给机制变革——湖北省“以钱养事”改革的回顾与评价》，《华中师范大学学报》（人文社会科学版）2011年第3期。

个方面。规范乡镇机构设置；建立刚性约束机制，严格乡镇编制管理；探索社会保障办法，妥善分流富余人员；完善乡镇财政管理体制；大力推进乡镇民主政治建设；进一步规范乡镇干部的职务消费行为。改革的原则与内容都同咸安区乡镇行政体制改革的理念与实践基本一致。

在如火如荼的乡镇综合配套改革进程中，湖北省有70%的县市参与其中。从深度、广度和力度上看，皆远超中国其他省份和地区的同类型改革。湖北省作为传统的农业大省，在税费改革后推行乡镇综合配套改革，实现了对乡镇无限权力的压缩，重塑了基层政府，改变了基层冗员的状况，减轻了农民的负担，重塑了农村社会治理的结构。

## 四　乡镇管理体制改革的体制调适

湖北省乡镇改革创新深刻地改变了乡镇政府的结构和布局。延续几十年的公共服务供给方式、公共事务管理办法被改变。近年来，这一改革的成果开始与国家宏观体制、社会环境进行互动和调适。

1. 调整与完善公共服务购买体系。“以钱养事”提供公共服务从观念到实践上转变了传统的公共服务供给模式，尽管这是这次改革创新重要的突破，却饱受争议。争议大多集中在以下几个方面：首先是在公共服务方面，财政资金投入不足；其次是不同的公共服务领域供给模式存在差异问题；最后是对乡镇能不能形成有效的社会化服务主体存在质疑。湖北省近年对于“以钱养事”机制进行了适当调适，加大财政资金支持力度，调整资金使用结构。以这项改革的发源地咸安区为例，自2004年咸安区乡镇改革基本完成后，用于“以钱养事”的资金不断增加，金额从100多万元上涨到1000多万元。近年来增长幅度更加显著，2012年农村公益性服务经费预算资金总额为840万元，其中省补资金595万元，区级资金200万元，乡镇配套资金45万元。2016年农村公益服务经费已经达到了1037万元，其中省补助585万元，区预算452万元，不再要求乡镇配套。

2. 优化财政资金使用结构。咸安区从两个方面调整了财政预算：一是缩小部门资金占总额的比例，取消物化投入和应急性服务及奖励经费，将农技、畜牧、农机和水产服务经验示范经费直接预算到乡镇。二是合并和分离有关项目，使经费预算更直观明了。将各项服务中心经费及试验示范经费归并到各个服务项目里，将各个项目服务人员的保费分离出来，单独设立服务人员社保经费。

3. 理顺公共事务与购买的关系。在乡镇实施改革前，农村公共服务仅仅依靠政府设置的站所来供给，这产生了很多弊端。在实施站所改革后，公共服务的供给可以通过政府、社会和市场来实现。由此，公共服务供给的方式才真正变得多元起来。实践中不断理顺公共事务与购买的关系，转变购买程序不规范和服务购买“一刀切”的做法，同时将多种公共服务实现方式进行优化组合，提升公共服务的效能。从2014年起，在“以钱养事”购买服务的程序上，咸安区通过公共服务购买的合同签订，进行三权分置：管理权、服务权与执法权（财权、事权与管理权）收归不同部门。服务主体产生程序也有了变化。一种是借鉴干部竞选模式，举办竞选大会，由群众代表打分，竞争上岗。另一种是实现定岗招聘制和定向委托制，对农业技术服务、农村沼气技术服务实行派驻制，即由区级业务主管部门根据岗位设置，公开招考人员，实行竞争上岗、择优录用，并将其派驻到乡镇，与之签订合同，从事公益性服务。此外，在服务考核上也逐渐探索出精细化的管理考核制度，县级相关部门、乡镇政府形成专门的机构，指派人员负责监管公共服务人员，同时还建立了诸如“一志三卡”、考核申报等多种监督和考核机制①。

4. 在“以钱养事”购买服务的项目上，对于市场做不好、不愿做的服务，咸安区政府也在探索托底服务的办法。由于农村社区建设与森林防火服务的持续性和工种特殊性，不适用“以钱养事”，所以开始由改革初被纳入服务购买到重新单列出来。2011年卫生与计划生育系统合并，功能上存在重合，计生服务站并入乡镇卫生院。2013年，水利管护服务工作周期相对特殊，也由购买服务转为购买岗位。有些服务被直属部门上收，比如堤防看护移入水利局。

5. 在服务中心的管理上，行政机关不再干预服务中心的内部事务，注重以结果导向进行考核。对公共服务的考核上，由过程考核向绩效考核转型。在考核中关注服务中心的工作结果和成效，而不是服务人员考

---

① 吴理财、张良：《“以钱养事”何去何从？——基于湖北省咸安区乡镇事业单位改革的调查与思考》，《调研世界》2009年第4期。

勤状况。比如在农业技术服务的考核上，由每万人设置一个服务岗位转变为每亩农田的服务任务是多少钱，按照完成的服务任务提供报酬。

6. 加强社会化服务主体培育。新时期农业发展对于农业社会化服务的需求不断增加。咸安区严格而言仍然是传统的农业县，发展农业需要一大批的农技人员投入到为农服务中来。近年咸安区政府加快扶持专业化、机械化程度高，分工细致的为农服务团体，鼓励各种类型的农业服务组织发展。譬如，2013 年，咸安区马桥镇鼓励农技专业服务人员联合农机大户和种植大户成立祥鑫机械化服务专业合作社。合作社成立后规模由小到大，其成员由最初的 3 人发展到 46 人。社内各类农业机械逐渐齐备，拥有大型拖拉机 16 台，联合收割机 12 台，乘坐式插秧机 4 台，小插秧机 5 台，机动喷雾器 20 台。随着人员和机械配置增强，其服务范围不断扩展，为广大农民提供相关的农业生产信息、技术培训、农业知识咨询和组织农业机械化的生产收割服务等。该合作社在 2015 年全程社会化服务采购项目中中标，被确定为马桥桂花标段成交供应商，完成机械全程化服务面积 2100 亩，农业订单服务面积 15100 亩，机防示范面积 11313 亩。

在湖北省像这样的合作社正在不断涌现，多元竞争的社会化服务主体从无到有，从有到优，顺应着农村生产生活需要，加快了农村生产生活的全程社会化进程。新时期，湖北省也在培育跨地域的农村公共服务市场，鼓励不同乡镇的社会化服务主体多元竞争，在竞争中实现社会化主体的发展，促进农民受益。

7. 乡镇行政管理体制改革新情况。随着经济社会约束条件的变化，湖北省乡镇行政管理体制改革也呈现出多层次的特征，有农业占比大的乡镇，也有工业占比大的乡镇。当前农业的比较效益低，所以在农业占比大的乡镇为了减少不必要的开支，裁撤冗员仍是主流。在工业占比大、工业比较效益高的乡镇，增强政府的管理与服务能力正在成为迫切需要，工业镇亟待扩权。工业乡镇比农业乡镇管理更加复杂，这就对基层政府管理与服务能力提出了更高要求，尤其需要适度扩大乡镇政府的事权。

根据《湖北省委办公厅、省政府办公厅关于开展经济发达镇行政管理体制改革试点的通知》（鄂办发〔2012〕16 号）精神，湖北省各地也启动了经济发达镇行政管理体制改革试点工作，成立经济发达镇行政管理体制改革试点工作领导小组，对乡镇政府进行赋权，提高乡镇一级政府的社会治理与公共服务能力。以咸安区为例，2015 年该区温泉街道办事处内设办公室由 3 个增加到 4 个，增加的一个为社会治安综合治理委员会办公室。为增强乡镇一级政府财政能力，设置温泉街道办事处财政所（挂温泉街道办事处农村合作经济经营管理站牌），为温泉街道办事处直属股级事业单位，核定事业编 7 名。

## 第四节　基层治理问题与困境

### 一　亟待优化的公共服务供给环境

公共服务效能的改善，对公共服务的外部环境具有很高的要求。湖北省乡镇综合配套改革完成至今，公共服务供给的外部环境仍然存在相当多的问题需要解决。

#### （一）公共服务市场体系尚不完善

经过十几年的发展，湖北省“以钱养事”购买公共服务取得了很大的成绩，但也遇到了不少难题，尤其体现在农村公共性服务劳务费标准制定问题。农村公共服务的“价格”基本上由乡镇政府决定，反映市场供需状况的价格杠杆没有充分发挥作用①。如果存在多元竞争主体，民众确实可以得到更多益处，但在缺乏多元社会化服务主体的条件下，公共服务市场难以健康成长，民众得到的服务质量也将难以保障。

目前，农村社会仍呈现着熟人社会的特点，农村服务人员大多来源于原来的“七站八所”。在某些乡镇，甚至有接近 70% 的服务中心的人员仍是原来站所的员工，这些人员并没有完全脱离与乡镇政府的关系。正如调研中一些乡镇干部所讲：“熟人社会，人与人之间总是要讲感情，所以服务中心的人员仍然需要配合乡镇政府的其他工作。同时，乡镇政府也尽量在考核中维持着服务中心的面子，不给他们难堪。”所以在公共服

---

① 吴理财、张良：《“以钱养事”何去何从？——基于湖北省咸安区乡镇事业单位改革的调查与思考》，《调研世界》2009 年第 4 期。

务的招标、监管过程难免受到"人情""关系"的影响[①]，完全的、竞争性的公共服务市场尚未形成。

（二）"条块"关系尚未理顺

"条"与"块"的矛盾，核心在于资源配置权力的纵向化与社会管理责任的横向化所导致的"二元"治理结构上的不平衡。[②] 仅仅依靠县、乡两级政府各部门之间的横向撤并显然是不够的，传统的由"条条"部门配置资源的权力仍然非常强大，"条块分割"导致的职权冲突仍然频繁。

"块"重在执行，"条"重在监管，这本是政府行政的应有之义。但现实情况则不然，一方面，县、乡两级政府承担的公共服务越来越多，领导农民富裕，维护农村社会稳定与进步的责任越来越重；另一方面，县乡的财政保障能力越来越弱，"巧妇难为无米之炊"，这就必然导致责任与权力严重不对等，目标与手段明显脱节。"条块"关系不顺畅，乡镇上面的组织和部门经常会对乡镇形成一种同构化的压力，从而侵蚀乡镇行政体制改革产生的公共服务供给环境优化的成果。

（三）全能政府思维尚未消除

在经济社会环境发生了很大变化后，政府仍然倾向于对社会事务大包大揽。尤其体现在三个方面：一是体制惯性，政府除了做本职工作之外，还要兼顾从小区治保、邻里纠纷到防汛抗旱、对口援助等诸多事项。二是政府考核，全能政府思维与长期以来政府的考核办法密切相关。考核中往往包含着政府无限的责任，比如招商引资、综治维稳、计划生育、群众上访等。近年来，长时间累积的各种矛盾不断凸显，基层社会维稳形势严重，在这种环境下，基层政府维护社会稳定的职能在政绩考核中占了较大权重。三是民众依赖观念，对民众而言，"有事找政府"的观念根深蒂固，基层政府也小心翼翼地维持与民众的关系。当民众遇到需要与部门对接的事务时，往往不去具体负责的部门，而是直接到乡镇政府寻求帮助。乡镇政府为了维护基层稳定，往往要包揽民众很多诉求，而

① 吴理财、张良：《"以钱养事"何去何从？——基于湖北省咸安区乡镇事业单位改革的调查与思考》，《调研世界》2009 年第 4 期。

② 余钊飞：《城市化进程中的县域社会管理研究》，《中国浦东干部学院学报》2013 年第 1 期。

由此造成的全能型政府既难以形成精干高效的行政结构，也难以促进专业化社会服务发展。

### 二　乡镇行政体制改革动能降低

湖北省乡镇行政体制改革已经过去了十多年，促进改革继续的动力也存在转换。从开始的回应财政压力，到回应部门压力，再到回应民主压力，这三种动力贯穿于咸安区乡镇制度创新之中，但在不同时期侧重不同。① 然而，随着农村税费改革成果巩固，从全国来看乡镇改革动能均有所降低。

一方面，乡镇财政压力曾经一度是推动中国中西部省份进行乡镇改革的重要力量。但是近些年来，中西部地区的乡镇经济社会条件发生了很大变化。这突出体现为国家财力改善，从而加大了对基层社会的转移支付力度，以及更加重视“三农”问题，加大了支农惠农力度。所以，随着基层社会财政状况改善，乡镇改革动力持续减弱。另一方面，乡镇行政改革仅仅在县级以下得到实施，在乡镇以上，通过部门进行资源分配仍然是国家目前治理社会的重要途径。“上下同构”现象近年来仍然起着重要影响。高层级的组织和部门会对乡镇形成一种同构化的场域压力。县级政府既倾向于设置与省级同样的事业单位，又千方百计要求在乡镇一级设置与自己对口的部门，为自己找一只“脚”。② 所以，目前乡镇改革的成果虽然仍然保持，但是在回应部门压力时已经力不从心。另外，湖北省农村劳动力大多外出务工，基层社会参与主体流失以及民主参与热情降低，也减轻了乡镇政府的民主参与压力。

## 第五节　乡镇体制改革转变社会治理逻辑

发端于 21 世纪之初的咸安区乡镇行政体制改革从一个县域推广到整

---

① 吴理财：《从“管治”到“服务”——乡镇政府的职能转变研究》，中国社会科学出版社 2009 年版，第 108—116 页。

② 吴理财、张良：《“以钱养事”何去何从？——基于湖北省咸安区乡镇事业单位改革的调查与思考》，《调研世界》2009 年第 4 期。

个湖北省，对于农村基层行政体制与农村社会治理产生了深远的影响，也转变了农村社会治理的逻辑。首先，乡镇政府不再是无限政府，限于财政能力、人力能力、统筹能力以及其他各种要素的配合，它能够提供的公共服务是有限的。所以，乡镇政府的职能必须定位于基本公共服务的供给。其次，作为在地性政府，对于乡土社会具有高度的黏合性，可以在农村社会的整合中有更大作为，尤其是在乡土公共性保存方面。比如，良好传统习俗的传承、公益活动组织、群众组织的领导、微观公共服务协调等，而这些都可以反过来更好地促进农村社会治理。

### 一 系统性转变

社会改革达到社会治理变迁的过程，实际上是一种正式规则、习俗与惯例变迁的共同运动。湖北省乡镇综合改革达成的社会治理优化，是一项系统性工程。这一过程不仅是乡镇政府本身的精简，也涵盖县直部门及事业单位的转型；不仅是政府职能的完善，也是对政府职能和功能的再定位。通过对体制的调适，形成正式的规则。在改革过程中依靠干部群众的广泛持续的参与，坚持用公开化、民主化的方法步步为营改进乡镇行政制度，这也是推动正式规则扩散和内化为民众思想观念的过程，促进了制度的优化和体制的调适。

### 二 持续性调适

乡镇行政体制是国家政治制度的重要组成部分，乡镇行政体制的合法性不仅源于国家政治制度的合法性，也在很大程度上来源于乡镇政府的行政实践效能。制度不是静态的，制度优化不可能一蹴而就。乡镇行政体制改革也是与国家体制持续互动和调适的过程。咸安区的乡镇行政体制改革与国家财政制度、部门体制进行了持续的互动，并在这个过程中不断进行自我调适，既优化了乡镇行政体制又融入到更上层的制度中。湖北省乡镇行政体制改革作为综合性的制度优化工程，除了不断自我调适以适应高位体制外，还不断自我调适以适应不断变化的社会治理环境。

### 三 社会化转向

基层行政创新，简政放权成为改革的趋势。公共服务供给不再大包大揽，换言之，政府正由划桨的角色向掌舵角色转变。这将使政府有限的资源更有效地集中到基本公共服务的供给，而基本公共服务是政府从管治到服务转型的过程中，政府对农村社会治理的重要杠杆。经营性服务组织、公益性服务组织及合作经济组织构成了农村社会化服务的“三驾马车”，为农村提供多元的服务。同时，随着社会化服务在农村的不断深化，为农村沉淀了治理性资源。

如何有效统筹和盘活农村治理性资源，实现对农村社会的治理，是长久以来“三农”学者思考的重点与难点。不少学者探讨了服务与治理的关系，指出服务的内在逻辑是治理。在社会化服务蓬勃发展，进而对农村、农业、农民发挥重要作用甚至改变着农村社会面貌的时候，探讨农村社会治理，就必须直面农村社会化服务存在的问题①。

社会化服务成为农村社会治理的对象。社会化服务的治理包括对社会化服务主体孵化、组织与引导，对不同社会化服务主体的协调以及社会化服务主体的监督。政府通过购买、定向委托、招投标等方式孵化新型农村社会化服务组织；扶持农民专业合作社、涉农企业及专业技术协会等社会力量；引导社会化服务主体积极搭建区域性农业社会化服务综合平台；鼓励社会化服务主体整合资源建设农村综合服务社和服务中心，探索多种服务模式；引导社会化服务市场发育。

完善社会化服务主体间的利益协调机制，加强对社会化服务主体的审核和监督，使社会化服务市场更加健康与稳定，防止部分社会化服务主体在盲目追逐利益时损害农村、农民的利益。

社会化服务是农村社会治理的新路径。社会化服务是对生产生活要素资源的新的配置模式，而生产生活资源的配置将为农村治理转向提供新的路径。不论是农村的经济发展、政治运作、文化生活还是组织方式，都将随着这一路径的转换得到重新建构。“首先，提高了农村社会治理的多元参与。权威的多元化使得参与式治理成为可能，社会化服务以农民需求为导向，以各方‘共同行动’为基础，进行参与式治理。其次，凸显了农村社会治理的协作。农村社会治理主体发育使得协作治理成为可能，促进了社会与市场的发育，社会化服务在不同的主体间穿针引线，

① 彭玮、梁来成:《发展社会化服务 完善乡村社会治理》,《学习月刊》2015年第21期。

促使着农村社会协作的不断出现，开辟农村社会治理的新路径。最后，引导式治理。政府通过购买、定向委托、招投标等方式孵化新型农村社会化服务组织，扶持农民专业合作社、涉农企业及专业技术协会等社会力量，引导社会化服务的发展。”① 政府切实承担起农民解决不了、市场供给不了的基本公共服务，农村社会化服务则提供多样性、个性化及差异化的服务。这种情况下，多方协同治理成了农村社会治理的必经之路。②

## 第六节　改革开放40年来湖北省村民自治发展

某种程度上看，湖北省改革开放40年来农村社会治理领域主要从两个方面进行：一个是农村公共服务的社会化；另一个是村民自治的推行。所谓村民自治即是在国家法律法规许可范围内，广大村民直接行使民主权利，实行自我管理、自我教育、自我服务、自我发展与自我监督，依法处理经济文化社会事务，创造自己的幸福生活。村民自治的主体是村民，自治核心内容是“四个民主”，即民主选举、民主决策、民主管理、民主监督。③ 可以说改革开放40年来的村民自治实践与创新为农村社会治理深度和广度的拓展提供了充沛能源，同时村民自治也是引导群众自发成立组织、重新建立村庄内部连接的重要途径和手段。

广西壮族自治区宜州市屏南乡合寨村被誉为“村民自治第一村”。1980年初，为了对村务实行有效管理，该村125户村民派出85名代表参加了选举，在全国范围内率先组织了村委会选举，这次选举开启了中国农村基层群众自治的新时代。1982年我国修订《宪法》规定村民委员会是基层群众自治性组织。1987年乡镇政权已经普遍确立，农村开始进行村民自治。由此，“乡政村治”格局逐渐形成。农村社会治理新的路径正

① 彭玮、梁来成：《发展社会化服务 完善乡村社会治理》，《学习月刊》2015年第21期。

② 同上。

③ 卢艳齐、刘林涵：《论乡村治理中的宗族治理权威重塑——基于江西省S镇祠堂重修之风的调查》，《湖北行政学院学报》2017年第6期。

在形成，乡镇政府是农村基层的一级政权组织，村民委员会是农村基层的群众性自治组织。乡政和村治的结合使中国农村社会治理有了全新的内容，中国农村社会治理走向数万乡镇政权和90余万个村民委员会的互动模式，其中村民自治是农村社会治理改革的突破口，有人形容“村治乃是乡政的基石”。

1998年《中华人民共和国村民委员会组织法》颁布，农村社会村民自治有了法律依据和可靠依傍。九亿农民有了参与农村社会治理行动的合法性基础与合适途径，农民群众的参政议政能力在村民自治实践中得到提高。湖北省农村在村民自治的道路上根据当地条件进行了相应改革与创新。其中水月庵村实验、“幸福村落”建设取得了良好效应，形成了典型模式。

### 一　水月庵村选举

1997年是湖北省黄梅县村委会换届年。当年由于种种原因，该村领导班子瘫痪，干群关系紧张；企业全部停产，村民悲观失望；县委直接干预，虚报浮夸严重；套用银行贷款，财务管理混乱。因此，由时值华中师范大学中国农村问题研究中心组织人员配合县工作队宣传和发动村民参与选举，村民选举的热情明显提高，逐渐知道了手中选票的分量。正式选举从4月底开始，到5月20日结束。本次选举村委会与村党支部同步进行。在党支部选举中全体党员预选产生6名候选人，再由全体党员选出5名支部委员。在村委会选举中，先由村民通过各种方式推选了28名初步候选人，再由党员、村干部和村民代表采用无记名投票方式，确定8名正式候选人。5月20日，该村召开村民大会直接选举出6名村委会成员。经过第一次选举村民发现选举是真实的，所以随后再次进行选举时，村民热情就比较高了。①

水月庵村的村民选举在当时看是具有典型性的。虽然享有明星村的名头，但是村庄治理在选举前却并不成功。通过选举来产生村干部，提升了村民对于村庄公共事务的参与度，提高了村民的政治素养，促进了

---

① 骆正林：《选举传播与契约精神——中国乡村政治文化的变迁与村民选举中的信息传播之关系》，中国广播电视出版社2011年版，第176—177页。

村庄公共领域的形成，为村庄公共事务、公共服务、公益事业的发展搭建了平台。

不过，也应该看到村民自治不仅是通过选票确立村庄的当家人，而且要在实践发展进程中促进村民自治制度架构的完善与创新。从黄梅县水月庵村的票选村庄当家人，到秭归县重新组织村庄自治架构，都试图将自治的着力点放在自然村层面。村民自治不仅在形式上，同时在内容上均进行了相应改变。

## 二　“幸福村落”建设

秭归县地形条件非常特殊，山高谷深。多数农村位于山区且所辖面积较大，人口量少且分散。特殊的地理条件决定了以行政村为基础的村民自治模式面临着不可避免的困难，诸如开会难、执行难，位于不同山头的村民小组认同感弱等。通常情况下，村民自治是在行政村的层次上发展的，但这也在客观上强化了行政村而弱化了村民小组。

适时根据县情这一社会治理条件调整村民自治单元成为需要。将村民自治实施基本单位由行政村向自然村落下沉，建立“村落自治”，成为秭归县村民自治的实验路径。2012 年 8 月，湖北省秭归县开始选点进行“幸福村落”建设试点，不久在全县推广，“幸福村落”建设是秭归县创新农村社会治理的重要手段。①

所谓“幸福村落”建设，就是当地政府在村落社区中引入一套自治、参与及合作机制，通过村落理事会和“一长八员”的制度设计，激发村落社区居民的公共行动积极性，在公共行动中孕育、生产村落社区公共性，最终实现村落公共产品的自组织生产与供给②。秭归县“幸福村落”建设中，村庄建立起村（“幸福村落”创建工作指导委员会）—社区（理事会）—村落（理事会）的三级组织架构，将村落作为农村村民自治的最小单元，村落理事会由民主选举产生的“一长八员”构成，以义务

① 吴理财：《乡村熟人社会的重构与整合——湖北秭归“幸福村落”社区治理建设模式调研》，《国家治理》2015 年第 11 期。

② 同上。

履职方式参与村民自治[①]。

“幸福村落”可以扩大村民对于村庄治理的参与，尤其是那些能力强、威信高的能人，由于其在村庄治理的实践中得到很好的锻炼，将很快脱颖而出。村庄公共服务和公益事业有了更多能人的参与后，村庄长远发展也将得到关注。“幸福村落”的建设昭示，将村民自治单元下沉到自然村落的做法有助于规避村民自治的形式化，同时在激发村民集体行动潜能、强化村民主体意识以及规范村庄秩序时起到积极作用，有助于建立起多层次、立体式村民自治体系。“幸福村落”建设增强了村民民主决策参与能力，构建起以农村基层党组织为核心，自治组织、经济组织、合作组织间的良性互动关系。从而推进了农村社会治理体系和治理能力现代化，增强了农民群众的归属感[②]，为破解农村社区建设面临的新困局、创新农村社区治理机制提供了有益尝试[③]。

### 三　村干部职业化

村级自治组织运转失灵在湖北省广大农村仍然是非常普遍的问题，2015年湖北省政府出台《关于进一步加强村主职干部队伍建设的若干意见》，将村主职干部的待遇提高到副乡（镇）长待遇。提高村干部待遇问题，看似是个小问题，实际上是个非常重要的信号。村干部一直作为村民自治组织的成员，半耕半工，拥有少部分的补贴。如今，不少地方很难依靠他们的自觉性来为自治组织服务，因此，将其纳入行政统管、逐渐科层化也是被现实所迫。

科层化转向，正成为当前湖北省村干部队伍建设的一个重要趋势。这在某种程度上加强了对村干部的监督与管理，但与此同时科层化也使得村干部与村民的距离更加疏远。当前，农村社会中仍然有许多群众自发组织，诸如各类经济合作社、群体协会、中介机构、红白理事会等，

---

① 吴理财:《乡村熟人社会的重构与整合——湖北秭归“幸福村落”社区治理建设模式调研》,《国家治理》2015年第11期。

② 财政部农业司（国务院农村综合改革办公室）:《2018年工作计划要点》,《当代农村财经》2018年第3期。

③ 吴理财:《乡村熟人社会的重构与整合——湖北秭归“幸福村落”社区治理建设模式调研》,《国家治理》2015年第11期。

但是这些组织往往规模小、诉求单一、结构松散，不容易形成农村社会治理的合力，村庄的组织与整合很多时候继续缺失。如果不能从其他方面发力，农村社会公共性消解将会极大地伤害农村社会发展的潜力与动力。所以对农村群众组织的引导与连接，显得非常紧要和迫切。

## 四　小结

改革开放以来，湖北省农村“乡政村治”的社会治理格局逐渐确立，这一治理格局涉及农村基层政权体制和村民自治体系两大部分。改革开放40年的农村社会治理实践中，农村基层政权体制与村民自治体系运行过程并非一成不变，而是随着实践条件的转换，均进行了改革与适应性调整。

进入新时代社会主义阶段，随着农村社会转型持续进行，城乡融合发展战略开始实施，湖北省农村社会治理也面临重大挑战，不论是政权支配式抑或是自由放任式的农村基层治理格局皆已不能匹配新时代农村治理要求，新型农村社会治理模式亟须建立起来。

乡镇政府“条块分割”与村级自治组织运转失灵仍然是摆在农村社会治理前面的两座大山。“条块分割”体制下，乡镇无法作为一级完备的政府履行其职能，只能遵循和协助上级有关部门才能履行职责，“条条”下来的资源沉淀于各个部门而无法整合利用，造成了资源的极大浪费，也无法形成整合效应。乡镇的职能定位在21世纪的头十年已经为学者广为关注，各种观点都在特定场域有效，但是很少有观点能够得到普遍认同。不仅学界争论不休，行政机关也莫衷一是。尽管乡镇政府职能定位并不是很清晰，仍然跌跌撞撞走到了现在。所以，今后各个地区的乡镇职能定位也很难定下一个统一标准，应该根据当地城乡一体化进程和经济社会发展水平各自厘定。不论是职权上收、县政乡派化，还是职权下放、强镇扩权化，都应该围绕着乡镇的城乡融合战略展开，使乡镇体制机制朝着有利于其履行公共服务及社会整合的职能方向演进。

党的十九大报告指出：中国特色社会主义进入新时代，我国社会主要矛盾已经转化为人民日益增长的美好生活需要和不平衡不充分的发展之间的矛盾。这种矛盾在城乡公共服务方面的表现尤其明显，城乡公共服务水平差别仍然较大。由此，既极大地影响了农村基层政府治理体系社会管理和公共服务职能的发挥，也严重损害了村民自治体系健康良性的发展，对于推进并实现农村基层治理体系和治理能力现代化带来了诸多困难①。

由此可见，农村社会新型治理模式建立的关键在于加快农村公共服务发展。通过乡镇体制和村民自治的耦合与良性互助，逐渐形成协同合作、协作治理的农村社会治理格局，构建起农村公共服务良性供给模式。由一元主导走向“多元协作”的制度化建设，积极推进把乡镇政府、社会化力量、农村社区组织纳入制度化、规范化、程序化轨道。

随着中国工业化、信息化、新型城镇化和农业现代化进程不断加快，基层社会正在被深刻地卷入更开放的市场环境之中。在这样的大背景下，改革基层行政管理体制机制，提升政府治理能力成为不可逆转的趋势。改革需从巩固基层政权合法性、提升公共服务的质量、创新农村社会治理的方式入手，进一步破解乡镇行政体制中不适应社会主义市场经济社会发展的症结。

湖北省乡镇综合配套改革为农村社会治理现代化提供了可资借鉴的经验。湖北省通过乡镇综合配套改革，初步理顺了政府、市场与社会的关系，建立了精干高效的基层行政管理体制，优化了乡镇经济社会环境，完善了市场监管，为辖区内民众和各类实体提供了较为完善的基本公共服务体系和公共服务产品，同时通过培育各类社会化服务机构，全面提升了湖北省乡镇社会管理和公共服务水平。

展望乡镇改革，更加精细化、在地化的改革将会进一步推进和落实。整齐划一的乡镇管理模式将逐渐走向多类型复合的乡镇管理模式。乡镇扩权、乡镇精简、乡镇自治都会找到对应的土壤。乡镇政府将走向全面提升公共服务的水平，创新服务模式，培育多元服务主体的道路。同时，政府基本公共服务的兜底功能将会细化和完善。

进一步提高乡镇管理与服务能力，加强乡镇公共服务能力建设，提升乡镇社会治理能力，成为摆在湖北省农村社会治理面前的一项重大课题。尽管随着城市化进程的推进，湖北省城市化率已经接近60%（意味着城市人口超越农村人口），城市成为治理的主要对象，但是国际经验表

① 胡永保:《中国农村基层互动治理研究》，博士学位论文，东北师范大学，2014年。

明，这一阶段是各种矛盾积累的爆发期。因此，如果不能更好地增强乡镇服务能力和提升管理能力，乡镇就会成为滋生各种犯罪和社会问题的温床，进而成为国家治理的顽疾多发之地。加强乡镇治理，首要的是将改革开放以来基层中个体积极性与集体积极性的发挥结合起来。农村基层不是法外之地，农村社会整合与重构在个体化不断发展的今天是绝不可能绕过去的议题。

经济基础决定上层建筑，农村社会治理现代化的物质基础离不开集体经济的支撑。下一步农村治理重点应放在大力发展农村集体经济上。通过“三产”融合，尽快打通第一、第二、第三产业之间的壁垒，实现农业、工业、服务业有机融合，挖掘潜力，不断延伸产业链，实现三个产业的综合发展，提高农产品附加值，改变一直以来农业弱势产业的地位，使农业发展成为高效益的产业。由此实现农村集体经济的自我积累、自我发展，催生农村现代化的内生动力，进而增强农村党支部和村委会战斗力，增强农民的凝聚力和向心力。

重建农村基层组织。家庭联产承包责任制的推行重塑了农村经济组织的微观基础，使一家一户的农民成为独立的生产经营者，这极大地激发了广大农民追求个人财富的积极性，但是在家庭联产承包责任制的推行过程中，对于“分”的认识和推行往往超过了对于“统”的关注，导致了“分”有余而“统”不足的局面。而一家一户分散生产的模式在走向市场的过程中，同样面临着缺乏长远战略规划、缺乏市场开拓能力、难以抵御各类风险等突出问题。一家一户的农民成为社会参与的主体，虽然这给予了农民自由选择社会组织的空间，但公共事务的协调与解决需要特定的组织来协调，一家一户的农民恰如一盘散沙，他们更加乐于搭便车，致使集体行动往往难以达成，共同体利益往往被忽略，公共利益往往难以发展。一家一户的农民不仅在面对波涛汹涌的大市场和风险诡谲的大社会时显得力不从心，在面对行政机关的组织时也相当困难。分散的农户让行政部门的民意获知、信息收集和科学决策等方面成本变得非常高昂。所以协助农民组织起来，不断提高农民的组织化程度，促进一家一户的农民与市场、社会、政府对接起来，形成充满活力和凝聚力的农村社会组织也是农村社会治理进步的有效路径。

培育新型社会主体。现代化农业的一个方面就是农业的产业化。要培植和壮大一批农产品加工龙头企业或其他类型的产业经济组织，推动广大农民围绕着区域特色和主导产业进行生产经营，形成与龙头企业等新型产业主体紧密联系的“链条”，成建制地进入市场，提高开拓市场、参与市场竞争的能力。

所有这些举措都是有机联系在一起的，不能仅仅关注一方而偏废另一方。城乡要素与产业合理配置、城乡公共服务均等化、城乡互促共进、互利共赢是解决“三农”的有效路径。

抚今追昔，改革开放 40 年来，湖北省农村社会治理的面貌发生了翻天覆地的变化。但是以乡镇为基础的治理格局仍然是当前最重要的形式。2017 年新年伊始，国务院发布《关于加强乡镇政府服务能力建设的实施意见》，旨在对农村社会治理中乡镇政府角色重新进行定位，将乡镇一级政府从留守型政府向服务型政府的定位进行转型。同时，乡镇政府作为基层政权组织，在城乡一体化、公共服务均等化以及农村社会整合过程中将会继续扮演着非常重要的角色。

湖北省“三农”问题的解决，归根结底要依托于农村社会治理现代化，农村治理现代化更是离不开基层政府的现代化，而基层政府现代化则离不开治理理念现代化和政府体制现代化。

# 第四章

# 湖北省农村社区建设与社会治理

党的十六届六中全会明确提出，全面开展城市社区建设，积极推进农村社区建设，健全新型社区管理和服务体制，把社区建设成管理有序、服务完善、文明祥和的社会生活共同体。这是党中央对农村社区建设的目标任务最集中、最完整和最规范的表述。此后，湖北省根据这一精神，对湖北省农村社区建设的工作重点进行了更具体的规划。

湖北省在农村社区建设的进程中，将自身的优越条件和特色资源作为建设基础，从整体上对湖北省的农村社区建设进行规划布局。首先，以“社会生活共同体”为总体目标和发展方向。农村改革开放直接导致农村社会结构急剧分化，在城市化进程的影响下，大量的农村人口流向城市，基于血缘关系的认同纽带不断弱化。如何重建农村社区的认同、增强居民的社区认同和归属感、重建并促进社区的整合和融合，已经成为当前湖北省亟待解决的问题。其次，以健全管理体制来实现有序管理为重要任务。自20世纪80年代以来，随着湖北省农村市场化、城镇化和现代化的快速发展，农村社会利益日益分化、价值观念日趋多元化、社会关系更加复杂化。如何进一步深化改革、建立健全农村社会管理体制，保障人们的合法权益，是湖北省当前推进农村社区建设的重点之一。再次，以完善服务体系来加强社区服务为工作重点。当前湖北省的农村公共服务城乡供给不均衡，城乡二元体制导致城乡之间公共服务资源分配及供给长期不平衡。因此，如何缩小城乡公共服务之间的差距，健全农村基本的公共服务供给，实现公共服务在农村社会的全覆盖，是今后湖北省在推进农村社区建设中的工作重点。最后，以文化建设及社区认同为本质要求。改革开放以来，由于传统的农村社会受到现代化的猛烈冲击，导致农民观念日益多样化和分化，农村优秀文化濒临消失。在此情形下，如何加强、保护和传承传统农村文化，建设一个温馨舒适、文明祥和、和谐稳定的社会生活共同体，是湖北省今后农村社区建设的重中之重。

总的来说，湖北省围绕着三个方向来具体推进农村社区建设：一是注重农村社区的基础建设，尤其是农村社区公共服务的基础设施建设、农村社区环境的整治与改善等；二是推进农村社区的民主建设，通过组织、动员村民的有序参与，为村民提供各种参与渠道，深化农村社区的基层民主建设；三是突出农村社区的精神文明建设，为基层群众提供基本的公共服务，满足不同群众的多样化、差异化需求，丰富基层群众的文化生活，进而促进农村社会的和谐稳定。

## 第一节　改革开放以来湖北省农村社区建设与社会治理的发展历程

进入21世纪，湖北省个别农村便开始了农村社区建设的自我探索。2006年7月，“认真开展农村社区建设试点”的要求在民政系统内第一次被民政部党组提出，此后，“农村社区建设”的概念在十六届六中全会中被完整地提出，并明确要求“全面开展城市社区建设，积极推进农村社区建设”；2007年，为农村社区建设提供普适建设规则，民政部确定了304个“全国农村社区建设实验县（市、区）”，为响应国家政策和实践试点工程，湖北省加快推进农村社区建设试点工作[①]；2010年底审议并通过的国家“十二五”规划纲要进一步强调，积极推进农村社区建设。由此，湖北省农村社区建设进入全面推进的新阶段，农村社区建设成为当前及今后相当长一段时期的重大建设工程。

### 一　改革开放时期湖北省农村社区的发展及特征

党的十一届三中全会之后，湖北省的农村社会普遍实行家庭联产承

① 杨炳珑：《农村社区建设工作形成全面推进态势——全国农村社区建设实验工作经验交流会侧记》，《乡镇论坛》2009年第6期。

包责任制，随着家庭联产承包责任制的深入推进，原来的集体化的生产和生活共同体已经发生改变，农村基层组织与管理体制也发生了深刻的变化，农村社区的孤立性与封闭性亦被打破。这一时期，湖北省农村社区发生了重大变革，也呈现出新的特征。自人民公社体制废除后，人民公社治理体系也不断崩塌，导致许多乡村组织与管理机构陷入瘫痪。为重建农村社会治理体系，湖北省在乡镇和村民委员会的建设过程中探索出了基层社会治理的模式，为农村社区的自我组织和自我管理提供了空间，也为农村社区自治提供了制度建设和组织框架。

（一）家庭联产承包责任制与农村社区变革

人民公社时期，生产大队和小队既是农村基层的经济组织，也是基层治理的单元，同时也是一种农民生产和生活共同体，具有农村社区典型的特征。20 世纪 80 年代初，新出现的家庭联产承包责任制打破了人民公社体制，原来的治理体系和公社结构迅速瓦解，农村集体经济组织以及基层组织与治理体系发生了重大的变革。这一时期，湖北省的农村社区发生了重大变化，呈现出以下新的特征。

1. 农村社区从单一的集体所有制和公有制转向多种所有制并存。在人民公社时期，农村社区的产权由人民公社所有，人民公社是集体化和公有制的直接产物，掌握着农村集体生产资料的所有权。随着湖北省家庭联产承包责任制的普遍实施，农民获得了对土地及生产资料的使用权、受益权和转让权，在不改变生产资料所有权属性的情况下，农民在经济上开始独立，在生产经营上也获得了一定的自主权。这是对人民公社时期的集体所有制和公有制经济基础的改革和创新。

2. 农村社区内部日益分散化。在家庭联产承包责任制时期，农民和农户拥有对土地及生产资料的使用权和自主权，成为独立的经济主体，家庭分散经营成为这一时期的主要经营模式，原来公社时期形成的集中经营、集体劳作和统一分配的管理模式被打破，尤其是家庭联产承包责任制的推行彻底打破了公社时期的治理模式，公社的治理体系、管理功能随之消失，农民逐渐成为经营管理中的主体，农村社区内部逐渐分散化。

3. 农村社区内部逐渐平等化、经济化和非政治化。农村经营管理方式转变之后，也通过家庭联产承包责任制的推行改变了农民与集体之间以及农民之间的关系。农民从公社集体中逐渐解放出来，一方面，农户成为独立的经济主体，不仅农民之间是平等的经济主体，农民与集体之间也逐渐建构了经济实体之间的平等利益关系和承包契约关系；另一方面，高度集中的政治组织基础不断瓦解，湖北省农村社区内部高度政治化、行政化和组织化的关系开始弱化，随着市场化的发展，个人追求平等和权利的意识已经在农村社区日益凸显。

（二）村民自治时期的农村社区变化

随着以人民公社制度为基础的农村集体社区的不断瓦解，为解决如何实现农村社区重新组织和管理的问题，湖北省根据党中央废除人民公社、重建农村社会治理体系的决定，在原有生产队的基础上组建了村民委员会。1998年《村民委员会组织法》确立了“乡政村治”或“乡村分治”的新的治理体系，按照新的治理体系的规定，乡镇作为国家农村基层政权，依法行政；村民委员会作为村民自治组织，依法自治。按照该治理体系的规定，湖北省在乡镇和村民委员会的建设过程中，探索出了基层新型治理模式——大区中乡制，即在原人民公社基础上设区，在原公社之下的管理区的基础上建立乡镇，改生产大队为村民委员会，生产小队改为村民小组。由此，湖北省农村基层形成了区—乡镇—村委会的三级基层建制。

村委会的建立改变了湖北省原有农村社区的治理格局，确定了农村基层治理的权力边界。湖北省农村社区不再是政府高度集中组织和管理的行政区域，而是自我管理、自我教育和自我服务的自治区域。这一时期，政府与社会组织开始分离，乡镇和村委会的关系也进行了重大改革和重新定位，乡镇与村委会之间不再是行政隶属上的“领导与被领导的关系”，而是“指导与被指导的关系”。新时期对村委会的定位，重新划定了国家与社会之间的各自职能权限，也重新构造了农村行政组织和自组织之间的权力边界，事实上也重新划分了政府与农村社区的权力边界。①

同时，湖北省农村社区内部的经济、政治和自治组织也开始分化。自1982年12月，五届全国人大第五次会议通过以宪法废除人民公社体

① 项继权：《中国农村社区建设研究》，经济科学出版社2016年版，第89页。

制、实行政社分开以来，在组织体制建设上，湖北省要求设立乡镇经济组织来行使乡镇集体经济经营管理权，并区分乡经济组织和乡政府的职能权限；在村级组织建设上，也要求在设立村委会自治组织的同时组建村级经济合作组织，以承担集体经济组织的产权及经营管理功能。从此，湖北省农村社区的经济组织与自治组织开始分离。1986 年中央要求农村基层要“明确党政分工、理顺党政关系”，明确基层党支部作为村级组织的领导核心。因此，在党中央大力推动农村基层社区党、政、经、社等组织分离的背景下，湖北省积极响应国家的政策方针推动了农村社区内部的组织分化。

村民自治虽然在农村社会治理中起着显著的成效，但村民委员会制度是由公社制度延续而来，仍然具有很强的行政功能。湖北省的村民委员会及村民小组大都由原生产大队和生产小队转变而来，这种村组体制仍然带有相当程度的国家建构的特性，因而在实行过程中出现了诸多问题，面对村民自治的困境，湖北省新型农村建设和治理方式随之出现。同时，随着农民自主性和独立性的增强以及流动性的扩大，农民的利益需求日益多样化，原来的农村社区并不能满足农民生产和生活的需要，因此推动农村社区建设来创新农村社区组织与管理成为湖北省农村社区建设的现实需求。

## 二　21 世纪以来湖北农村社区建设与社会治理

进入 21 世纪以来，社区化治理成为湖北省农村社区治理的新方向。农村社区建设是改革开放后的一种新型基层社会治理模式探索，是农村基层社会及其管理体制的重建和变革。① 当前出现的农村社区建设中的社区化治理模式即是一种新的治理模式，它是农村社区新型治理众多模式之一。我国的农村社区建设理念是从城市引入农村的，1986 年国家民政部首次将“社区”这一理念引入城市管理；1991 年社区建设的概念被正式提出，并且社区建设活动在全国范围内普遍实行②；2001 年社区建设在全国范围展开；2003 年党的十六届三中全会明确提出“农村社区服务”

---

① 徐勇：《在社会主义新农村建设中推进农村社区建设》，《江汉论坛》2007 年第 4 期。

② 徐勇、陈伟东：《中国城市社区自治》，武汉出版社 2002 年版，第 26 页。

的要求；2006年民政部首次提出“认真开展农村社区建设试点”的要求，自此之后农村社区建设进入快速发展时期。湖北省的农村社区建设也是在这种背景下逐渐诞生，湖北省是最早进行农村社区建设的省份，在国家提出农村社区建设之前就已经开始探索了。

### （一）农村社区建设的自然发展期

湖北省农村社区建设的自然发展阶段一般是从2001年开始一直到2006年。在这段时期内，湖北的农村社会进行了深化改革。随着农村改革的深入发展，传统集体单位逐步解体，农民也大规模地流出农村，长期的二元化结构导致城乡公共服务水平严重失衡，农村社会管理和服务问题非常突出。因此，如何加强农村社区的吸引力和凝聚力，以强化农民群众对农村社区的归属感和认同感，是当前湖北省农村社区建设需要解决的关键问题。在此背景下，湖北省对一些部分农村地区的社区建设进行了有益的初步探索。

从整个社区建设的时间节点来看，我国的农村社区建设起步较晚，最早是从地方自发试点开始。湖北省是农村社区建设起源最早的省份之一，早在2001年，湖北省一些地方就开始尝试建设农村社区的工作。如从2004年开始，湖北省秭归县杨林桥镇就开始撤组建设探索，每个社区一般由30个左右人员组成理事会，所在社区农户“直选”产生社区理事会，设理事长1人，理事2—4人。2004年杨林桥镇模式在全县12个乡镇推广。又如2002年湖北武汉在推进城市社区建设的“883行动计划”后，2005年在农村实施“家园建设行动计划”，选择有条件的农村社区进行实践探索。

农村社区建设的自发试点阶段，既与农村社会发展变化的大背景相关，也与农村社区发展的成长脉络相关联。湖北省农村社区建设是在借鉴城市社区建设的经验基础上，根据农村社区自身优势与资源合理配置的实际中进行的。在农村社区建设的早期探索时期，既为当前的农村社区治理积累经验，也为其他地区的农村社区建设提供了有益的经验借鉴。

### （二）农村社区建设的实验时期

农村社区建设的实验时期是从2006年始直到2008年，这一时期的农村社区建设深受国家政策的深入影响。自2006年民政部第一次提出“开展农村社区建设试点”的要求以来，农村社区建设工作就开始步入正轨。

同时《中共中央关于构建社会主义和谐社会若干重大问题的决定》确定了 304 个全国农村社区建设实验县（市、区），20400 个村作为农村社区实验村，这就标志着农村社区建设工作从自发试点阶段过渡到全国实验阶段。湖北省的农村社区建设也紧跟国家政策的规划步伐，进入农村社区建设的实验时期。

根据中央的决策部署，湖北省民政厅决定用一两年时间，选取 17 个县市区开展农村社区建设实验工作，武汉市东西湖区、蔡甸区、汉南区、江夏区，大冶市、谷城县、松滋市、远安县、宜都市、钟祥市、赤壁市、潜江市被列入全国农村社区建设实验县（市、区），武汉市黄陂区、新洲区、宜城市、孝南区、京山县被列入省级试点。湖北省开展农村社区建设试点工作，旨在提升农村社会服务和管理水平，要求各试点单位结合农村实际和村民实际，按照“管理民主”的要求，进一步健全村党组织领导的充满活力的村民自治机制，进一步完善村委会直接选举制度，规范村民会议、村民代表会议制度，健全村务公开和民主管理制度，保证农民群众的各项民主权利落实到位。同时，利用农村社区服务中心、村级综合服务中心、敬老院、文化站、活动室等各类公共设施，向农民群众提供多种公共服务，引导教育、卫生、文化、体育、科技、法律、社会治安、社会福利、社会保障等公共服务进农村，积极解决农民群众行路、饮水、用电、物资供应、垃圾处理等方面的困难。

### （三）农村社区建设的全面推进时期

湖北省的农村社区建设在经历自然发展和实验探索以后，于 2009 年全面推进。按照国家和湖北省政府对农村社区建设的规划要求，在继续推进农村社区建设实验的基础上，明确制定了建设要求，将确定的 13 个农村社区建设实验试点建成全省具有示范作用的新型农村社区。同时，在实践经验的基础上注重加强农村社区的理论研究，为湖北省的农村社区建设实践提供理论指导，进而促进湖北省农村社区建设的有序发展。

为了加快农村社区建设的步伐，更好地实现农村社区的发展，使广大农民群众享受到改革开放的胜利果实，2009 年 3 月 6 日，民政部出台了《关于开展“农村社区建设实验全覆盖”创建活动的通知》，指出以农村社区建设规划为引领，以农村社区公共服务设施建设为抓手，以提高农村社区管理和服务能力为重点，以完善农村基层社会管理体制为保障，深入推进农村社区建设实验工作，推动各个层面确定的农村社区建设实验单位在较短的时期内尽快实现实验工作全覆盖，让更多的农村居民从中受益。① 湖北省根据此指示，其“农村社区建设实验全覆盖”创建活动正式铺开，同时湖北省根据农村社区建设领导协调机制全覆盖、社区建设规划的全覆盖、社区综合服务设施的全覆盖、社区各项服务的全覆盖和社区各项管理的全覆盖等多项评估标准，对省内达标的县（市、区）进行验收，其中宜昌市宜都市和秭归县的农村社区建设达到了国家级别的农村社区建设验收标准。

湖北省的农村社区建设工作是在国家相关政策的指导下进行的，农村社区建设的进程也是在国家对当前农村社区建设的总体规划中同步进行的，尤其是“农村社区建设实验全覆盖”创建活动进一步推动了湖北省农村社区建设的步伐。

## 第二节　湖北省农村社区建设与社会治理的主要经验

2000年以来，湖北省的部分农村地区就已经开始了农村社区建设的初步尝试，这一时期也是由自然探索时期慢慢过渡到自发试点阶段的。2006年，《中共中央关于构建社会主义和谐社会若干重大问题的决定》做出了“全面开展城市社区建设，积极推进农村社区建设，健全新型社区管理和服务体制，把社区建设成为管理有序、服务完善、文明祥和的社会生活共同体”的重大决策。为了贯彻落实中央关于推进社区建设管理体制和运行机制的政策精神，湖北省积极探索农村社区建设的思路，形成适合湖北省的农村社区发展模式。总体而言，湖北省是在2000年后才开始推动农村社区特色发展的。目前湖北省比较成熟的社区建设经验模式是“杨林桥”模式、“幸福村落”模式和“社区网格化”模式。

---

①《民政部关于开展“农村社区建设实验全覆盖”创建活动的通知》（民发〔2009〕27号），2009年3月6日。

## 一　自然村落社区：湖北秭归“杨林桥”模式

杨林桥镇地处湖北西部，是一个山区农业乡镇，全镇约28300人。合村并组后，村干部的数量急剧减少，但其管辖的范围却变大了，这造成部分工作无法进行。为了破解这一难题，杨林桥镇重组农村社区。最初是出于当地农村“红白理事会”的启示，后来受“凤凰岭事件”启发，镇党委提出了划小村级管理单元、撤销村民小组改建社区的设想。2003年3月，镇党委制定了村民小组改建社区的工作方案，成立了由镇党委书记为组长的工作专班，并在白鹤洞村展开村民小组改建社区试点工作，7月在全镇14个村全面推广。于是，杨林桥社区建设模式逐渐形成。

### （一）“杨林桥”模式经验做法

早在10年前，湖北秭归县探索的“杨林桥”模式就取得了一定的成效。党的十六大召开以来，杨林桥镇以全面建成小康社会为中心任务，实施了“3+1”小康工程，该工程集体实践的成功促使杨林桥镇党政干部产生了撤销村民小组、划分新型的自治单元、建设农村社区的新想法。2003年5月20日，杨林桥镇第一个农村社区在该镇的白鹤洞村建立，其中二五社区成立了全国第一个农村社区理事会，二五社区的29户村民选举产生了全国第一个农村社区理事长。杨林桥镇白鹤洞村社区建设试点的成功，使得镇党委领导班子看到了农村社区建设的潜在力量和发展前景。在此基础上，杨林桥镇党委、镇政府决定，在全镇全面推广农村社区建设。2003年7月1日，杨林桥镇正式开始实行撤组建社，农村社区建设工作就此全面开展起来。

1. 创新组织机构和运行模式。首先按照一定原则划分社区，进一步划分为3—5个互助组，每个互助组5—7户。其次成立社区理事会，设理事长1人，理事成员2—4人。理事会成员由所在的社区村民内部选举产生，互助组组长由社区理事会成员兼任。互助组作为社区的基本活动单位，主要担负科技互学、信息互通、困难互帮、环境互创和利益共享的职能，营造良好的社区氛围。最后落实1名党政领导干部、1名联村干部、1名农技干部、1名金融企业职工和1名村干部搭配联系社区的制度，定期解决社区自治中无法解决的重大难题。

2. 调整党组织设置模式。农村社区成立后，以社区为单位划片联合建立党支部，按照党员特点、主导产业和社区发展的需要成立党小组，在党小组挂牌明确中心户，作为党小组活动阵地，即形成“村党总支—产业党支部—功能党小组—党员中心户—党员”的党组织设置模式。这种将党组织活动和产业发展、功能需求紧密结合在一起的党建模式，充分发挥了党员的先进模范作用。

3. 转变农村工作指导方式。农村社区的建设，要求村党组织和村委会对社区工作的指导方式由传统的对村民小组的管理型转变为对社区的服务型，由传统的下达任务、安排工作等对村民小组的命令式转变为议事恳谈引导型。通过改变传统的自上而下的行政管理模式，建立新型的双向交流的社区服务模式，从而引导社区村民自觉开展自我教育、自我管理、自我服务和自我监督。

4. 整合社会化服务内容。在文化科技方面，组织开展以文化科技信息为主要内容的宣传培训；在治安调解方面，全镇建立治安调解网络体系，为经济发展和社会稳定创造了良好的治安环境和社会秩序；在计划生育方面，社区大力宣传计划生育政策，全面、及时掌握计划生育的信息并宣传相关政策及法律法规等知识，为村民提供优质的信息和服务。

（二）“杨林桥”模式的经验启示

农村社区建设是杨林桥镇改革农村工作的伟大创举。该模式加强和改善了党对农村工作的领导，创新了农村工作的指导方式；加强了党风、政风和民风建设，改善了党群、干群关系；加强了村级干部队伍建设，培养了先进的后备力量；推进了农村基层民主政治建设，促进了村民自治进程；提高了农村的组织化程度，促进了农业结构调整，整合了农村资源；促进了农村社会的和谐稳定，推动了物质文明、政治文明和精神文明的协调发展。该模式有以下几个主要经验启示。

1. 撤组建社，划小自治单元。杨林桥镇有效地提出撤销村民小组、组建农村社区的基层治理思路，形成了村党总支、村委会直接管理社区，村干部分片联系社区，设立社区理事会，成立互助组即“村委会—社区理事会—互助组—基本农户”的运行模式。组建农村社区，设立社区理事会，是落实村民自治、完善基层民主政治建设的一个有效平台和载体。

2. 发挥党员先锋模范作用。杨林桥镇党委针对农村党员的实际情况，提出了凝聚先进力量、培养有为青年、发挥积极作用、支持社区工作为主要内容的农村社区党建“凝聚力”工程，这就为农村党员发挥作用提供了广阔的平台，极大地增强了党组织的执政基础，加强了农村基层党组织的建设，发挥了党员队伍的先进作用。

3. 调动能人的积极性和创造性。在杨林桥镇的农村社区建设中，除了具有“双带”能力和先锋模范作用的党员队伍之外，还有一批退休干部、农村产业大户和经营能人，他们是农村社区建设中的骨干和精英，是社区建设的积极活跃力量。农村社区建设把这些能人网罗在党组织周围，为他们提供了一个能够充分展示各自才能的大舞台，使他们在社区建设和服务中找到了不一样的发展方向，实现了人生价值，增强了公共精神和集体荣誉感，激发出了较大的参与社区事务的热情，从而有利于促进社区的建设和发展，实现村民的权利和利益。

## 二 村落社区化：“幸福村落”模式

在当前农村社区治理中，村落社区化建设思路已在全国范围内逐步推行，但由于不同村落的发展形态、发育程度和动力来源不同，其所产生的社区治理的形塑模式也不同。湖北农村社区治理在经过十几年的探索后，在部分地区形成了由村落发展而来的社区自治模式，其中以秭归县的“幸福村落”建设影响力最大。

湖北省秭归县是全国较早进行农村社区建设并取得显著成效的地域。早在2003年，秭归县就在杨林桥镇开展了农村社区建设的试点工作，经过几年的实践探索，逐步形成“一村多社区”的农村社区建设“杨林桥”模式。然而，当时的秭归县正处于急剧转型的关键阶段，面临着一些新矛盾和新困境。在此时期，秭归县委、县政府结合本县县情，总结前期农村社区建设的经验与不足，根据新时期农村社区建设的现实需要，从2012年8月开始进行“幸福村落”建设的试点探索，次年在全县广泛推行。

### （一）“幸福村落”的经验做法

“幸福村落”建设，是指以自然村落为单元，以村落党小组、理事会为载体，以村落“一长八员”（即党小组长和经济员、宣传员、帮扶员、调解员、维权监督员、管护员、环保员、张罗员）为骨干，以广大农户为对象，以落实大力发展村落经济、努力改善村落民生、积极建设村落设施、不断繁荣村落文化、及时化解村落矛盾、着力解决村落困难、切实保障村落权益7项任务，实现以经济得到发展、民生得到改善、环境得到保护、设施得到建设、乡风得到净化、正义得到伸张、矛盾得到化解、困难得到帮扶、权益得到保障9个“得到”为主要内容，以促进农村和谐稳定、提高群众幸福指数为目标的建设活动。

1. 坚持规模适度，合理划定村落。充分考虑地缘、血缘、亲缘、利缘、文缘等因素，本着“地域相近、产业趋同，利益共享、有利发展，群众自愿、便于组织，尊重习惯、规模适度”的原则，按照50—80户、地域面积在1—2平方公里的规模，在建制村内科学划分若干个自然村落。

2. 坚持党的领导，实行“双线运行”。在“幸福村落”组织建构上，实行“村党支部（总支）—党小组—党员骨干”和“村委会—村落—‘八员’”双线运行模式。凡是村落中有党员3人以上的，同步组建党小组；不足3人的，与邻近村落联合组建党小组。

3. 坚持村民自治，民选“一长八员”。在村落党小组主持下，召开村落群众会，民主推选村落理事长和村落事务员，根据工作能力的大小一人可以兼任多“员”。提倡党小组长兼任村落理事长，推荐党员兼任村落“八员”。在秭归县全县186个村中共推选村落“一长八员”10412人，其中党员2908人，占28%。很多有能力、办事有精力、服务有热情的党员代表、离职干部、退伍军人、产业大户等“名人”骨干被推选为“一长八员”。

4. 坚持制度激励，强化保障落实。县委出台了“幸福村落”章程、管理办法和考核标准等10个工作规范，以指导“幸福村落”创建工作健康有序推进。为了鼓励、支持村落发展，县财政给每个村增加1万元转移支付经费，用来表彰奖励达标的“幸福村落”、工作优秀的“先进村落”，解决村落理事长务工补贴和奖励。县直各部门结合各自职能，通过政策倾斜、项目扶持、“一事一议”等方式，协同支持村落公益事业建设。

（二）“幸福村落”的经验启示

“幸福村落”建设创新了农村社会治理模式，推进了村民自治，促进了农村社会的稳定发展。加强村落建设成为新时期保障和改善民生的切入点，是推进农村社区建设的主要抓手，也是健全基层公共服务和社会管理的网络载体。秭归县“幸福村落”建设有效调动了农村社会精英和广大农民群众参与新农村建设的主动性、积极性。

1. 建立了村落自治模式，完善了农村社会治理体系。“幸福村落”建设建立起了村（“幸福村落”创建工作指导委员会）—社区（理事会）—村落（理事会）的三级组织架构，将村落作为农村村民自治的最小单元，社区划分为若干小单元的村落。将村民自治延伸至村落，不断丰富村民自治内容，建立村落自治模式，是新时期党和政府对农村治理的新探索，在一定程度上将有助于解决基层民主自治低效的难题。同时，创新了村民自治运行机制，建立了社区内自治、社区间联合自治、以村为单位整体自治的三层自治架构。

2. 推动了党小组的作用，强化了党在农村的执政基础。秭归县在开展“幸福村落”建设的过程中，同步推进农村党建工作。许多优秀党员被民主推荐到村落理事会，成为“一长八员”，初步形成了村党支—社区党小组—村落党小组的农村基层党组织架构。将党小组建在村落上的“幸福村落”党建模式是秭归县推进农村党建工作的新思路、新举措。

3. 增强了村落自治能力，减缓了村干部的工作压力。“幸福村落”建设，建立了村落理事会，提供了一个让过去分散在村“两委”、农村社区管理人员以外的农村社会精英充分展示才华与实现自我价值的平台。许多热心公共事务、有抱负、才华的农村优秀人才被民主推选为“一长八员”，充实了村落社会管理、服务队伍，加强了村落自治能力。

以村落为基本单元、以群众为基础、以村民自治为抓手和以党组织建设为保障的“幸福村落”模式是当前农村社区治理的新思路。切实发挥党员先锋模范带头作用是“幸福村落”模式破题的关键，通过设置村落“一长八员”完善组织体系建设，将村落建设成为真正具备自我管理、自我服务能力的社会组织，极大提升了农村社区治理的能力，迅速改善了农村社会发展的面貌。

### 三　农村网格化：“社区网格化”模式

除了村落社区化模式，网格化管理也是当前湖北省社区管理与社会管理中普遍采用的管理模式。网格化管理源于城市，在农村社区建设中，这一方式被引入农村社区。农村社区网格化管理是将农村社区划分为不同的“网格”，配备管理员（网格员），并构建信息平台，对网格内的人口、治安、环卫、服务等各项事物进行信息的采集、反馈、监控、管理和处置。[①] 湖北省宜昌市在借鉴城市网格化管理的经验模式上，推进了农村社区网格化建设。

宜昌市构建了以社区网格化管理为基础的“一本三化”（以人为本，网格化管理、信息化支撑、全程化服务）管理服务体系，将人、房、事、物、组织这些城市管理的要素全部纳入网格管理范畴，构建了全市动态更新、联通共享的社会管理综合信息平台。而农村网格化建设是在借鉴城市社区网格化管理经验的基础上，将工作重点向农村拓展，探索实践“三化四务”（以组织网格化为基础、以自治规范化为动力、以服务综合化为核心，推行电子村务、集成电子学务、拓展电子商务、优化电子服务）工作机制，搭建起基层综合服务管理平台。

（一）农村网格化管理的经验做法

随着农村市场化体制改革的不断发展，农村社会治理结构也在悄然发生变化。目前宜昌市在外务工的农民数量庞大，其户籍与依托组织仍留在农村，这对农村的社会治理提出了挑战；同时，农村体制改革削减了农村社会治理的力量，如宜昌市由过去331个村2382个村民小组合并为现在的123个村828个村民小组，村级“两委”干部由近2000人减少至570人左右，这就使宜昌市陷入了农村公共服务需求无法得到有效保障与农村社会无法实现良好治理的双重困境。自2012年2月开始，宜昌市抢抓全省社会治理创新综合试点、宜昌市农村社会治理创新试点县市的机遇，在借鉴城市社区网格化管理经验的基础上，开启了农村社会网格化管理建设。主要内容如下。

1. 以组织网格化为基础转变农村社会治理结构。首先，科学划分网格，按照“地域相近、产业趋同、组湾为界、无缝覆盖”的原则和“一组一格”标准，在全市10个乡镇街道123个村、15个集镇社区共划分866个网格，平均每个网格覆盖106个农户。划分网格后，全市分两批次

① 项继权：《中国农村社区建设研究》，经济科学出版社2016年版，第188—189页。

采集农村基础信息 46.4 万条。其次，建立网格员队伍，按“一村一员”标准，每村推选一名网格信息管理员，按“一格一员”标准，确定 866 名网格员。市财政足额保障每个村（社区）网格化专项工作经费一年 5000 元。同时，改革基层组织架构。在农村社区设置便民服务中心、综治信访维稳中心、网格管理中心。村（社区）相应设立三站和三支队伍，村党组织书记兼任网格管理站站长，完善基层党建和社会治理组织体系。

2. 以自治规范化为动力壮大基层社会治理力量。一是培育合作经济组织和社会组织。宜昌市设立经合组织和公益服务、社会事务等社会组织 840 余家，以此来提供公共服务，了解社区民众的需求，进而来化解矛盾。此外，招聘 230 名安保巡逻队员，组建城乡安保巡逻队，推选 1820 名综治协管员，充实基层群防群治力量。二是探索多种自治形式和路径。将党代表、人大代表、村（居）民代表，党员、政协委员、村（居）务监督员等“三员三代表”纳入志愿组织，与村干部、网格员构成“三支队伍”，壮大农村基层社会治理力量。三是建立矛盾纠纷排查化解联动机制。市、镇、村统一建立社会矛盾联动化解信息平台，推动矛盾在网格中化解。四是探索农村人口分类服务管理机制。把“三留守”人员以及刑释解教人员、社区矫正对象、不良行为青少年、吸毒人员、易肇事肇祸精神病患者等特殊人群纳入网格，实行跟踪管理、跟进服务。

3. 以服务综合化为核心提升农村社会治理能力。第一，推行电子村务。链接政府专网，公开政府文件、惠农政策、“三资”管理等内容，将地理、人口、农户基础信息全部纳入信息管理范畴，实现网上政务村务公开常态化。第二，集成电子学务。运用农技推广信息库资源，开设农事农情、农技信息、专家咨询等频道，定向采购农业技术资源，引导农民特别是山区农民及时捕捉种养信息、农产品市场信息，实现网上农技培训菜单式服务。第三，拓展电子商务。宜昌市以网格员队伍为依托，建立起农产品销售、溯源等网格化电子商务体系，开通农资直购、农产品销售、工业品下乡、物流配送等业务。

### （二）农村网格化管理的经验启示

宜昌市将城市社区网格化治理机制运用于农村，以先进技术搭建农村社会治理平台，有效解决了基层公共服务“最后一公里”问题，化解了当前农村社会变化带来的基层治理力量弱化与农民服务需求上升的矛盾。组织网格化的治理结构转变、自治规范化的基层治理力量强化、服务综合化的治理能力提升，符合决策科学化、管理程序化、服务便捷化的现代治理原则。通过组织建设，千家万户的分散农民直接成为农村社会治理网络体系中的一环，既是被服务对象，也是基层治理主体，这凸显了现代社会治理的效率特征。农村网格化管理有以下主要经验启示。

1. 加强党的领导与基层民主制度建设。农村基层党组织在农村全部工作中起着重要的引领作用，代表着党对农村工作的指导。因此，农村基层党组织在实现农村社会治理现代化过程中必须居于核心地位。实践证明，我国自实行以民主选举、民主决策、民主管理、民主监督为核心内容的村民自治以来，农村基层民主政治建设得到了长足发展，农村社会治理现代化也离不开村民自治。

2. 整合多方资源与夯实基层治理力量。宜昌市坚持把基层基础建设作为整个社会治理的根基，重心下移，关口前移。通过整合街道、社区以及综治、公安、民政、人力资源和社会保障等基层社会治理资源，组建网格管理员队伍和社会志愿者队伍。同时，引导推动各级职能部门整合基层资源，下沉工作重心，与街道、社区、网格工作力量融合，加强基层基础力量，强化基层社会治理和服务能力。

3. 推动企业参与和实行市场化运作。在农村社区建设中，通过引进科研企业，依托网格化平台，共同搭建以公共服务和农资直购直销为主要内容的农村信息化综合服务平台。通过系统全方位的支持和网格员直接服务农民，推动了农村公共服务项目的发展，并在农资流通中减少中间环节，直接让利于民。同时，吸引供销、邮政、电信等企业分别建立乡村服务站点，实现了政府得民心、农民得实惠、企业得发展的“三赢”目标。

## 第三节　湖北省农村社区建设与社会治理的主要特点

当前湖北省农村社区治理的主要特点是从农村社区建设的具体实践中提炼而来。自步入21世纪以来，湖北省的农村社区建设取得了有效成绩，主要有秭归县“杨林桥”模式、秭归县“幸福村落模式”以及宜昌市“社区网格化模式”。从治理理念来看，随着湖北省农村社区建设的发展和明显成效，各级党政部门及社会公众对于农村社区治理的重要性、必要性和必然性的认识也明显上升，尤其是各级党政领导和民政干部开始确立了湖北省农村社区建设的理论，并从农村社区建设是否有必要向如何推进及如何抓好农村社区建设的理念转变。从湖北省农村社区建设的机制建设来看，随着农村社区建设的力度加大，湖北省在农村社区建设推进中普遍强调“党政领导统一、民政部门牵头、相关部门配合、社会力量参与、层层负责落实”的领导体制和工作机制，一些地区建立了部门对口帮扶、村企共建、城乡社区互助推进机制，并鼓励社会团体、企事业单位和个人捐赠，逐步形成“政府主导、部门支持、社会参与的多元化投入机制”。从湖北省农村社区公共服务供给来看，农村公共服务成为各地农村社区建设的中心内容，湖北省农村社区服务设施建设步伐明显加快，设施数量不断增加，覆盖面不断扩大；服务对象和内容得到拓展；农村社区服务方式和方法得到改进；“一站式”服务不断推广，信息技术逐步应用于社区服务。

## 一　党政主导：农村社区治理的领导力量

在湖北省农村社区建设过程中，党和政府的领导贯穿于农村社区的各个方面。不少农村社区都强调加强党在农村社区治理中的领导力量，积极发挥党的领导作用和政府的核心作用。所以，基层党组织和各级政府成为组织、领导和协调湖北省农村社区建设的重要力量和推进各项工作的领导机构。

### （一）坚持党在农村社区治理中的核心作用

党的十八大报告明确强调：“党的基层组织是团结带领群众贯彻党的理论和路线方针政策、落实党的任务的战斗堡垒。要落实党建工作责任制，强化农村、城市社区党组织建设……扩大党组织和党的工作覆盖面，充分发挥推动发展、服务群众、凝聚人心、促进和谐作用，以党的基层组织建设带动其他各类基层组织建设。”“完善党员干部直接联系群众制度。坚持问政于民、问需于民、问计于民，从人民伟大实践中汲取智慧和力量。坚持实干富民、实干兴邦，敢于开拓，勇于担当，多干让人民满意的好事实事。”①

湖北省在农村社区治理的过程中，同步推进农村社区的党建工作，发挥党在基层组织的先锋模范作用，巩固党在农村的执政基础。许多优秀的基层党员在农村社区治理中发挥着重要作用，无论是在村委会还是村落理事会中，他们都占大多数。在党员人数超过3人的村设立党小组，党员不足的村与其他村联合起来组建党小组，充分发挥基层党员在农村社区治理中的核心作用。如湖北省秭归县“幸福村落”建设深入推进党建工作，将党小组建在村落上，形成了村党支—社区党小组—村落党小组的农村基层党组织架构；鄂州市鄂城区在农村实施“党小组进网格”工程，把党小组建在网格上，激活基层社会组织的“神经末梢”，充分发挥基层党组织和党员服务发展、服务社会、服务群众的作用，巩固了党在农村的执政基础，有效地推动了农村社区各项事业的发展。因此，将党小组建在农村社区上的党建模式是落实党的根本宗旨的新举措，是提高党的执政能力的新形式，是新时期农村社区党建工作的新思路。

### （二）突出政府在农村社区治理中的主导责任

为推动农村社区的有效治理、加快实现农村社区建设试点工作目标，湖北省政府办公厅印发了《湖北省“十三五”农村社区建设试点工作方案》，其中明确提出湖北省农村社区建设试点工作要在省委、省政府统一领导下，建立由省城乡社区建设协调小组牵头负责、相关部门参与、省民政厅协调的农村社区建设试点工作机制。农村社区建设试点要落实县（市、区）主体责任，县级是关键、乡级是基础，县、乡两级政府要把试点作为推进农村改革发展的重要任务，作为加强和改善民生的重点工作内容，列入工作考核目标，同时各地要切实加强对试点工作的组织领导。由此，湖北省的农村社区建设工作上升为政府的重大发展战略，被纳入湖北省建设和发展规划中。

政府在农村社区治理中起着举足轻重的作用。如湖北省房县县委组织部推行的村级重大事务“一会两票”决策制，县委书记亲自参加联系

① 胡锦涛：《坚定不移沿着中国特色社会主义道路前进，为全面建成小康社会而奋斗——在中国共产党第十八次全国代表大会上的报告》，2012年11月8日，人民网（http：//cpc. people. com. cn/n/2012/1118/c64094 - 19612151. html）。

村的民主议事会，县民政局、财政局、经管局、信访局等单位多次参与相关配套制度的调研和制定；县委把“一会两票”决策制列为基层组织工作年度目标考核内容，成立了村级重大事务“一会两票”决策制考核小组。又如宜昌市市委组织部和政法委合力创新的“一本三化”社区管理服务体系，市委、市政府对网格化管理工作高度重视，省委常委、市委书记亲自担任社会服务管理创新综合试点领导小组组长，市长明确要求市财政对网格化管理给予资金补助，宜昌市成立公共管理副县级机构“宜昌市社区网格管理监管中心”，核定事业编制 5 名，隶属于宜昌市综治委。因此，强化政府的主导责任、明确政府的基本职责对于推动农村社区的建设有着重要影响。

## 二　多方参与：农村社区治理的社会基础

党的十七届六中全会明确提出要引导和鼓励社会力量参与农村社区建设，十八届三中全会进一步提出鼓励社会力量、社会资本投入农村社区建设。当前农村社区建设是一个系统复杂的工程，涉及政治、经济、社会、文化等不同内容，仅仅依靠政府部门难以完成，需要动员社会力量共同参与。

### （一）创新社区自治模式

从农村基层治理来看，村民委员会是群众性自治组织，村民自治是农村社区治理的重要内容，强调农村社区自治是当前农村社会深化村民自治的重大举措。湖北省推进的农村社区建设，其目的是通过农村社区这个平台把农民群众组织起来，并通过自治、自助、互助，满足农民群众各方面需求，增强村级组织的吸引力和凝聚力。湖北省在推进农村社区建设的进程中，将基层群众的“自我管理、自我服务、自我教育和自我发展”自治模式作为社区建设的核心工作，实现农村社区的有效治理始终是农村社区建设的重点。

湖北省的农村社区治理是村民自治的延伸和服务，是当前农村基层民主在新的历史条件下的创新和发展。如江汉区唐家墩街西桥社区于 2012 年成立社会管理综合服务部，下设自助物业服务站、新居民服务站、居民咨询调和服务站、爱心驿站、欢乐空间站 5 个服务站，形成了“一部五站”的社区治理新载体，使社区呈现出“平安家园、和谐家园、幸福家园”新气象。房县从发挥基层党组织的核心作用和保障村民的“四权”出发，探索推行了村级重大事务“一会两票”民主管理机制（凡村级要事，都通过召开党员和村民代表参加的民主议事会，提请党员投建议票、村民代表投决策票，进行民主决策、民主管理、民主监督），全面提高了农村社区基层民主政治建设水平。正是如此，在湖北省的农村社区建设中，一些地方在加强社区民主自治建设的同时参照村民自治组织和城市社区自治组织，构建了一套农村社区自治组织体系。

（二）动员社会组织参与治理

湖北省在农村社区治理中，大力培育社会团体，积极支持社会团体参与到农村社区管理中来。这种治理方式意味着管理主体的多元化、社会参与的广泛性及各管理主体间的有效衔接协作。在湖北省农村社区建设实践中，一些地方农村社区设立了理事会，如湖北省武汉市新洲区在农村社区建设中，将武汉市推进“家园建设行动计划”中成立的“村家园建设理事会”和“自然塆家园建设协调小组”更名为农村社区建设的理事会和协调小组，理事会下设互助救助站、矛盾纠纷调解站、环境卫生监督站、公益事业服务站、文体活动联络站和劳务输出服务站，形成“一会六站”的格局。

如果说农村社区理事会是比较正式的社区管理和服务机构的话，那么在湖北省一些地方，农村社区管理和服务则是由各类志愿协会组织承担。如湖北省汉南区在农村社区建设中实行“一会五站”模式，即在中心村成立以“老干部、老党员、老模范、老知识分子、老复员军人”为主体，以及热心农村社区建设的志愿者参加的农村社区志愿者协会，“农村社区志愿者协会”是村民自愿组织的为农村社区内全体村民进行公益服务的组织，它所开展的活动是在农村社区内部，参加活动的人员也是农村社区内的村民。

## 三　组织建设：农村社区治理的基层基础

农村社区是指生活在一定地域范围内的共同体。它不仅仅是一种社会生活共同体，就其本身而言，还是一种社会组织形式。湖北省不同的农村社区地域，有着不同的农村社区组织形态，这些组织建设是农村社区治理的基层基础，并对湖北省的农村社区建设有直接甚至决定性的影响。

（一）建立农村社区组织架构

我国的农村社区建设是受不同的地域属性影响的（如不同地区的经济发展水平、社会结构形式、社会组织状况等），这就形成了我国农村社区多样化的建制模式。在这种情况下，不同社区的组织结构、权力配置及机构设置也就具有明显的差别。根据当前《村民委员会组织法》的规定，政府应该对当前的农村社区建设模式有一定的科学研判，并根据农村社区建设的未来趋势来不断推动农村社会管理创新，同时本着“理顺关系、依法规范、便捷高效”的原则，对农村社区治理组织架构进行重新设计，构建一套农村社区组织治理体系。[①]

从目前湖北省的农村社区建制来看，“一村多社”成为湖北省农村社区建设过程中的主要组织形态，并且通常是以自然村落、村民小组或者村民小组联合组建的，也就是在一个村设立两个或者两个以上的社区。在此状况下，农村社区组织与村委会组织分离，社区成为村委会范围内的下辖组织。如湖北省秭归县的“幸福村落”建设，建构了农村治理网络，村务管理保留“村民委员会—村民小组—村落”三级架构；社会治理实行“工作指导委员会—社区理事会—村落理事会”三级架构，两条组织架构合理分工、相互配合，从而构成“双线”运行、相互支持的农村社区治理组织架构。

（二）构建农村社区治理结构

随着湖北省农村社区建设的全面进行，农村社区越来越朝向多元化、民主化、开放化的趋势发展，农村社区传统的治理结构已经很难面对当前复杂的农村社会环境。因此，湖北省推进了社区管理和服务平台建设，以此来改变以行政村为“单中心”的治理模式以及单一的行政村“两委”治理主体。值得注意的是，治理单元的多极化是湖北省提升村民自治的一种途径和补充，而不是取代既有的村民自治。

湖北省在农村社区建设中普遍设立社区综合服务中心，不过湖北省县（市）中的一些一村多社区，由于是在村组或村落范围内组建，社区

① 吴理财、李山等：《湖北秭归“幸福村落”建设研究》，知识产权出版社 2016 年版，第 17 页。

通常设有服务站，而在村委会层面设立综合服务中心。除了管理和服务平台的多极化，在农村社区治理主体上也实现了治理多元化。如湖北省秭归县“幸福村落”就突破单一的治理方式，将社区理事长、村落理事长、经济员、环保员、管护员、宣传员、调解员、维权员、张罗员和帮扶员纳入农村社区治理中，实现了农村社区治理主体的多元化，有效地推动了农村社区的集体行动，解决了基层社会治理中的一些难题。

## 四 公共服务：农村社会治理的优化路径

建立和完善农村社区服务体系，促进基本公共服务均等化，让农民群众享有丰富和便捷的市场化和社会化服务，是当前湖北省农村社区治理的重点之一。随着国务院办公厅出台《社区服务体系建设规划(2011—2015年)》，湖北省极力强化农村社区服务，积极推动农村社区服务平台建设和农村社区服务体系转变。

### （一）搭建农村社区服务平台

湖北省为实现全面建成小康社会等重要目标，着力构建农村社区公共服务，围绕“扩大公共服务”“促进社会公平正义”“逐步实现基本公共服务均等化发展”的发展目标来推进农村社区建设全面发展。湖北省根据中央要求，加快推进了农村社区发展步伐。2011年湖北省政府出台了《关于进一步加强社区建设的意见》，首次提出了要规范社区公共服务站建设。目前湖北省建成的社区服务设施达7981个，其中社区服务中心552个，社区服务站2027个，其他社区服务设施5402个。

湖北省初步形成了“一村一平台、社区设小区”的建设模式。如将社区设置与建制村合一，在村域中心地段改造和建设一定面积的社区服务大厅和邻里服务中心，完善“村”两委办公、村民议事、文化教育、图书资料、广播和远程教育、社保救助等基础设施建设。同时将村民委员会自治管理服务与社区服务职能合一，以村两委干部为主体，依托服务大厅为社区群众提供公共服务。最后，湖北省按照“地域相近、人员相亲、利益紧密、联系方便、村民自愿”的原则，以自然村落或者以村民小组为单元，在社区设小区，让村民在小区内实行自治，开展社区互助服务。

### （二）完善农村社区服务体系

面对当前农村社区服务平台建设仍处于初级探索阶段的局面，湖北省逐步转变其运作方式与服务流程。针对不同服务项目、服务对象，湖北省在建设农村社区服务平台的同时还制定了与之相适应的规范性运行模式，以利于具体服务工作的有序开展，达到为社区居民提供优质服务的目的。当前湖北省构建的农村社区服务体系主要依托社区服务中心的一站式服务、依托现代信息技术的网络式服务、依托营利组织的政府购买式服务和依托非营利组织的志愿式服务。

湖北省在完善农村社区服务体系的探索中，形成了一些典型经验。如咸安区的白茶社区以深入学习贯彻科学发展观为主题，以党员群众服务中心为依托，以共驻共建为载体，以社区专干和志愿者队伍为主体，推行“45666”（四进、五会、六访、六报、六热线）工作法，打造服务型新社区。为了便于居民记忆，白茶社区特将热线电话改为“8145666”。“45666”工作法的核心就是“服务”二字。此工作法，就像一个“和谐密码”，以服务为准则，架起党和政府与群众之间的沟通桥梁，让居民有了归属感，社区有了凝聚力，当好了转型期的社会稳定剂、减震器、调和剂和经济发展的催化剂，使小社区做出了和谐大文章。

## 第四节　湖北省农村社区治理现代化的发展方向

党的十八大以来，国家对新时期的农村社区发展进行了新的理论阐释和实践部署，提出了新的发展目标。新时期农村社区治理作为提升农村居民生活质量、统筹城乡发展的重要途径，具有很强的实践性。农村社会治理现代化对新时期湖北省农村社区建设提出新要求：第一，从“经济发展”转变为“五位一体”，自党的十八大报告提出生态文明建设、经济建设、政治建设、社会建设和文化建设后，湖北省将经济、社会、政治、文化和生态建设的全面协调可持续发展作为农村社区发展的目标、内容和重点进行建设。第二，从“改造农民”转变为“以人为本”，在新的历史时期，湖北省在社区建设中将居民的基本需求作为社区治理的根本出发点和归宿。第三，从“单一化”转变为“多元化”，新时期的农村社区建设，应积极动员各个层面的社会力量参与农村社区建设，发挥他们在提供服务、反映诉求、规范行为方面的积极作用。

显然，新时期新农村建设和发展具有新的目标、新的内容和新的发展战略，也表明湖北省农村社区建设的重点和战略发生了重大转变。当前农村社区建设已经从传统的经济建设向社会建设转变，更加注重农民民生和社区服务，社区建设也不再仅仅是“村民自治”和农民自我建设，而需要更多地获得国家投入、政府支持和社会参与。如此等等，显示出了新时期湖北省农村社区建设和发展的新的理念、内容、重点和方式。

## 一 促进农村社区管理体制改革

2015年5月，中央办公厅、国务院办公厅出台的《关于深入推进农村社区建设试点工作的指导意见》指出，要“完善在村党组织领导下，以村民自治为基础的农村社区治理机制”。[①] 作为当前农村社区治理提升的重要内容，科学合理地促进农村社区管理体制机制改革的重要性日益凸显。随着当前工业化、城镇化、市场化和信息化的快速发展，农村社会也发生了翻天覆地的变化，因此，推进湖北省农村社区管理体制机制改革需进一步解放思想，深化改革，破除一些旧体制和机制的障碍。

### （一）创新农村社区党建模式

农村社区党支部作为最基层的党组织，是农村社区内部各类组织得以有效运作与各项工作正常开展的领导核心力量，农村社区党组织建设的发展状况与农村社区管理体制机制改革成效密切相关。“党领导下的村民委员会，这是目前中国农村村民自治的一个显著特点。”[②] 因此，加强农村社区党组织建设，充分发挥农村社区党组织的战斗堡垒作用和党员的先锋模范作用，对于实现农村社区的有效治理意义重大。《中华人民共和国村民委员会组织法》第四条规定：“中国共产党在农村的基层组织，

---

① 《中共中央办公厅、国务院办公厅印发〈关于深入推进农村社区建设试点工作的指导意见〉》，中央政府门户网站（http：//www. gov. cn/xinwen/2015 - 05/31/content_2871051. htm）。

② 白钢、赵寿星：《选举与治理》，中国社会科学出版社2001年版，第47页。

按照中国共产党章程进行工作，发挥领导核心作用，领导和支持村民委员会行使职权。”① 党的十八大报告明确指出：“围绕构建中国特色社会主义社会管理体系，加快形成党委领导、政府负责、社会协同、公众参与、法治保障的社会管理体制。”② 因此，党的领导不是包办更不是取代村民自治组织，而是领导和支持村民组织更好地办理社区自治事务。

对于湖北省农村社区管理体制机制改革而言，党委的领导要体现为农村社区党支部对农村社区管理工作的政治领导、思想领导和组织领导，保证农村社区管理工作和农村社区自治工作围绕党的路线、方针、政策有序开展，通过“把握宏观方向、协调各方关系、总揽全局”的方式体现党组织在农村社区管理的核心作用。“在农村社区治理中，监督和保障职能才是农村社区党支部的主要职责：依据村民自治的有关法律规定，社区党支部应该承担监督村民自治的各项工作是否符合法律规范，保障村民自治依法推进的职能。”③ 因此，农村社区党支部不能事无巨细、亲力亲为地代行社区村民自治组织和其他农村社会组织的工作职能。

### （二）推进制度建设促成社区融合

自改革开放以来，大量的农民从人民公社体制的束缚下被解放出来，农民外出务工成为一种新趋势。随着经济的快速发展，城市化和现代化水平的不断提高，农民大规模地进入城市或经济发达的乡镇，从事各种职业工作，这些务工者居住在他乡，成为当地的外来人口，由于户籍原因，无法成为真正的当地人，也不能同当地居民一样行使公共权利、享受公共服务，获取社会福利。因此，户籍制度严重影响了农村社区的有效管理。

湖北省的农村社区治理必须要打破户籍制度所造成的身份资格差异，让包括外来的“新居民”在内的所有农村社区成员都能够参与到本社区

---

① 《中华人民共和国村民委员会组织法》（1998 年 11 月 4 日第九届全国人民代表大会常务委员会第五次会议通过，2010 年 10 月 28 日第十一届全国人民代表大会常务委员会第十七次会议修订），中央政府门户网站（http：//www. gov. cn/flfg/2010 - 10/28/content_1732986. htm）。

② 胡锦涛：《坚定不移沿着中国特色社会主义道路前进，为全面建成小康社会而奋斗——在中国共产党第十八次全国代表大会上的报告》，2012 年 11 月 8 日，人民网（http：//cpc. people. com. cn/n/2012/1118/c64094 - 19612151. html）。

③ 胡维维、吴晓燕：《农村社会管理与新型农村社区管理体制建设》，《新疆财经》2011 年第 1 期。

的公共事务管理中来，享受公共服务，以维护并增进合法权益，推动农村社区认同，实现农村社区和谐有序发展，建立农村社区所有成员“共建共享”的生活共同体。比如，对农村社区居民户籍权益而言，要通过对农村集体资产的经营管理体制进行改革，将村集体资产的经营管理权与农村社区的社会管理权相剥离，并逐步将附属在户籍制度上的身份、职业、公共服务、社会保障等功能剥离开来，消除阻碍外来新居民进入社区的体制障碍。①

## 二　创新农村社区化治理机制

当前农村社区治理需打破现行的体制性障碍，突破村民自治组织的封闭性，构建与农村开放、流动和市场经济发展相适应的社区组织、管理和服务体系，实行社区化的治理。社区化治理是由具有公共性的社区组织对社区公共事务实行自我组织、自我管理和自我服务的治理方式，其核心和本质是社区和社会公共性的重建。② 就其特点而言，社区化治理是一种社区社会化治理，是一种有效的治理模式，其依靠社会内部权力实现自治，是一种社会中的开放性治理形式，同时也是一种独立性公民性治理。湖北省农村社区公共性的建设过程既是人的解放、社区解放和社会解放的过程，同时也是新公民、新社区和新社会建设的过程。

### （一）优化农村社区自治组织架构

改革开放以来，我国农村社会一直实行村民自治制度。我国农村社区的组织和治理体系是“乡镇—村委会—村民小组”，这一组织体系具有半封闭和封闭性特性。随着农村改革开放和农村经济社会迅速地发展，村级组织的封闭性问题越来越突出，主要体现在：（1）与日益开放的农村社会不相适应，造成管理真空；（2）与日益均等化的社会服务体制不相适应，造成公共服务的有限性；（3）与基层民主自治的广泛性和普遍性不相适应，造成村民自治的局限；（4）与产权的独立性和自主性不相适应，制约了集体经济的发展。为此，必须进一步深化改革，推动农村社区治理组织体系的转型和重建。

---

① 项继权：《中国农村社区建设研究》，经济科学出版社2016年版，第203页。

② 同上书，第338页。

在湖北省农村社区组织和治理体系建设中，须建设具有唯一性的社区公共权力主体组织，克服村民委员会的封闭性，保证农村社区公共权力机构的统一性和权威性，避免管理主体的重复、分散和混同。积极推进农村社区居民自治机构及运行机制建设，完善居民自治体系，形成由全体居民参与的开放的自治模式，进而保障广大居民的自治权利。构建开放性和地域性的基层党组织体系，实现党组织和党的工作在农村社区的全覆盖，以充分发挥党组织在农村基层中的治理作用。同时，逐步构建“乡镇综合服务中心—社区综合服务大厅—便民服务点”三级服务管理组织体系，将涉及民众切身利益的养老、医疗、社会治安等职能下沉到社区。

### （二）完善社区化治理的运行机制

在推进社区治理组织体系建设时，需要完善社区治理中的运行机制。首先，构建党委领导下的“政府、社区、社会”多方参与和合作治理机制。从当前农村社区的发展来看，农村社区的发展涉及多方利益主体，企业、各类单位、社区居民及社会力量都需要参与社区治理，以便更好地解决各类社会矛盾。同时，从基层社会治理来看，保障多元主体的参与也是未来基层治理发展的趋势。其次，构建政府行政管理与社区自我治理、各自负责又相互衔接的运行机制。农村社区既是一个自治组织，也是国家在基层的基本单元，因此，在当前的农村社区治理中，需要政府与社区的合作治理。同时设立社区服务中心承接政府的服务性工作，建立政府行政管理与社区自治的有效衔接机制。再次，建立和完善社区居民广泛参与农村社区自我管理、自我服务的自治机制。自我治理机制建设是农村社区治理的核心所在，也是农村社区群众自治的根本体现。最后，建立政府引导、多元筹资和资源整合的农村社区治理经费筹措和保障机制。加大政府公共事务的投入，提高资金的使用效率和效益，进一步拓宽民资进入渠道，鼓励引导社会资本投入社会服务管理，形成社区服务多样化投入和多元化供给机制。

## 三　动员社会力量参与农村社区协同治理

当前湖北省农村社区管理体制机制改革的目标，就是要通过对现行管理体制进行改革来实现对湖北农村社区合法、科学、合理、有序的治理。自家庭联产承包责任制瓦解人民公社的治理体系后，村民自治推动了农村社区管理主体的多样化发展，这就无形中催生了农村社区民主化治理方式的转变。尤其是党的十八大报告明确提出“要形成党委领导、政府负责、公众参与、法治保障的社会管理体制”。这就为我国农村社区治理权责地位的确定、职能边界的界定、运作方式的明晰指明了方向。

（一）扩大社会组织服务供给

在目前湖北农村社区民主治理已初具雏形的条件下，要确保农村社区内部各管理主体的有效行动，促使农村社区各主体协同合作推进农村社区社会管理的良好发展，除了乡镇党和政府的统一领导、村两委的有效配合外，还需转变政府的职能，将一些职能交由社会组织去承担。根据农村社区发展的实际状况，将乡镇政府和村两委管不了的、做不好的改革事务和社区公共服务事项交由社会组织、公民团体去做。

2012年3月19日的第十三次全国民政会议上，国务院总理温家宝在会议上明确提出“政府的事务性管理工作、适合通过市场和社会提供的公共服务，可以以适当的方式交给社会组织、中介机构、社区等基层组织承担，降低服务成本，提高服务效率和质量”。这就意味着乡镇政府和村两委可以以政府购买和项目外包的方式将没必要管的、管不了的或做不好的社区公共事务管理和社区公共服务供给职能交给社会组织或社会团体去履行，乡镇政府和村两委只需承担好管理和监督责任，防止农村社区公共事务管理行为的扭曲和公共服务质量的下降。同时，在农村社区治理的过程中，要积极拓宽民主渠道，大力推动民主选举、民主决策、民主管理和民主监督协调发展。乡镇政府和村两委只需做好农村社区治理中的政治领导、宏观管理和政务公开工作，将一些由社会组织和社会团体做得更好、效率更高的事项交由他们去做，从而促进农村社区的有效治理。

（二）推动村社合作化治理

党的十七届五中全会通过的“十二五”规划建议中明确提出：“发挥群众组织和社会组织作用，形成社会管理和服务合力”，并强调，“培育扶持和依法管理社会组织，支持、引导其参与社会组织管理和服务”。[①] 在农村社区治理中，动员农村社会组织和社会团体参与农村社区社会管理，能够很好地弥补社区党支部和社区委员会两个村级组织由于资金、技术、能力等方面的缺乏而难以有效履行农村社区社会管理职能的不足。同时，还可以为农村社区的居民提供更专业、更优质的公共事务，对农村社区公益事业的良性发展和农村社区社会秩序的和谐稳定发挥重要的推动作用。[②]

随着湖北省农村社会的快速发展和村民素质的不断提高，不少农村社区逐渐出现了一些社会组织和社会团体，其中部分是农村社区内村民自发组建的各类组织和协会，部分是从外界进入农村社区内部从事相关专业性工作的社会组织和社会团体。在长期的农村社区治理中，这些社会组织逐渐地参与到农村社区内部管理的过程中，在调节矛盾纠纷和促进农村社区安全、和谐、稳定方面发挥了重要的作用，同时这些社会组织的广泛参与，实际上也使他们成为农村社区治理主体的一部分。随着越来越多的社会组织和社会团体参与到农村社区建设和社会治理的过程中，需要厘清社会组织和社区党支部和委员会的权力范围和责任边界，并在推进农村社区治理的过程中建立合作化机制，以此来促进农村社区治理体制合法运转、合理运转、科学运转、良性运转和高效运转。

### 四　加强农村社区认同和文化建设

文化是社会的黏合剂，也是农村社区认同的基础。文化是人们共同认知和精神的纽带，它是农村社区共同体得以存在、延续和发展的精神基础。随着湖北省农村城镇化进程的加快以及现代化的发展进程对传统农村社区的不断冲击，导致农村社区传统文化逐渐消解；农民大量地外出务工或外来人口的入驻，也进一步瓦解了农民对传统农村社区的认同，许多异质因素的增加给农村社区的治理造成了困难。在这种状况下，湖

---

① 何增科主编：《中国社会管理体制改革路线图》，国家行政学院出版社 2009 年版，第 35 页。

② 项继权：《中国农村社区建设研究》，经济科学出版社 2016 年版，第 199—200 页。

北省的农村社区文化正在发生深刻变化，农村社区治理中面临着如何保护、传承和发展农村社区文化，如何建设和创新农村社区文化，如何塑造农民对农村社区的认同感等问题。

（一）加强农村社区认同感和归属感

农村社区认同与农村社区文化是紧密相连的关系。当前，农村社区文化主要体现为社区内生的公共性，农村社区的公共性则进一步培育着农村社区认同。在传统的中国农村社区里，农民的社区认同较强，因为公共性强化了农民的社区认同，而当下个体化、私有化的倾向则在一定程度上消解了农民既有的社区认同。因此，对农村社区公共性的建设、公共精神的培育则有助于强化农民对本社区的认同感和归属感。

对农村社会资本的利用会加强社区群众对农村社区的认同感。正如帕特南而言，社会资本“包括互惠规范和公民参与的网络”，“它能够通过促进合作来提高社会的效率，有助于解决集体行动的问题”①。农村社区的社会资本越高，越有利于社区成员之间的互惠和合作，共同的利益促成共同行动，强化了人们的社区认同。强化社区的记忆是加强农村社区认同感和归属感的方式之一，社区记忆是社区长期累积的传统②，是关于社区过去的表征。社区记忆是社区认同的一个重要方面，共同的社区记忆为社区群众带来共同的实践体现，尤其是社区生活的连续性和经常的互动实质更容易使社区群众对社区形成高度的认同感和归属感。即使社区群众离开了当地社区，但社区居民长期的互动行为却无法割断社区居民的在地感。

（二）构建农村社区公共文化服务体系

就湖北省目前而言，农村社区文化整体上呈现衰落状态，而当前基层组织又无力推动农村社区文化建设，因此，政府应该成为农村社区文化建设的主导力量。通过加强农村社区公共文化服务体系建设，重建农村社区文化，促进农村社区有效治理。

---

① ［美］罗伯特·D. 帕特南：《使民主运转起来》，王列、赖海榕译，江西人民出版社2001年版，第195页。

② ［加］史密斯：《宗教的意义与终结》，董江阳译，中国人民大学出版社2005年版，第346页。

建设农村社区公共文化服务设施及其网络体系。加强农村社区公共文化设施建设，健全和完善农村公共文化基础设施网络，要从农民的实际需求出发，将农村社区的文化设施建设与群众具体要求相结合，实现“送文化”与“种文化”结合。支持农村社区文化能人的培养，加强地方基层文化队伍建设，奖励和补贴农村基层文化培训项目，同时鼓励和支持农村社区自办文化。整合体制内资源，整体提升农村公共文化服务。整合各部门资源，将分散在文化、广电、新闻出版、教育、科技等系统的文化资源统筹协调和集中分配，同时要整合农村社区现有的文化资源，包括社会上零散的文化资源，通过盘活文化资源存量的做法使农村公共文化的有限资源实现效益最大化。

# 第五章

# 湖北省农村社会矛盾纠纷治理

自改革开放以来，伴随着从计划经济向市场经济的转型，湖北省农村社会结构发生了显著变化，农村社会的个体化导致了“熟人社会”的逐步解体，农民群众的主体意识开始觉醒，农村治理形式开始呈现新的态势。党的十八届三中全会通过的《中共中央关于全面深化改革若干重大问题的决定》首次使用“社会治理”这一概念之后，推动了农村社会矛盾纠纷治理机制中治理主体的变化。党的十九大报告又明确指出：“加强社会治理制度建设，完善党委领导、政府负责、社会协同、公众参与、法治保障的社会治理体制，提高社会治理社会化、法治化、智能化、专业化水平，加强预防和化解社会矛盾机制建设，正确处理人民内部矛盾。”在社会转型的时代背景下，各种农村社会矛盾和利益纠纷不断涌现，已成为影响湖北省改革、发展、稳定大局不可忽视的重要因素。如何推进湖北省农村社会矛盾纠纷治理现代化，成为当前湖北省农村社会治理现代化的一项重要课题。本章主要在社会治理现代化的视野下，对改革开放以来湖北省农村矛盾纠纷治理的新态势及典型经验进行总结，并就加快湖北省农村社会矛盾纠纷治理现代化进行探讨。

## 第一节　湖北省农村社会矛盾纠纷的新态势及成因

农村社会矛盾纠纷治理，是指农村基层政府和村级组织等以维护农村社会的和谐稳定和保障农民权益为目的，妥善处理农民日常生活及生产过程中的矛盾纠纷。从本质上来看，农村社会矛盾纠纷治理是政府保障农民基本权益，维护农村社会公平正义，实现农村社会长治久安的一项农村社会治理行为。从广义上来讲，农村社会矛盾纠纷治理主要涉及社区治安、公共安全等领域，是一项重要的农村基本公共服务项目，也是农村基层政权的一项重要职责。对于农村社会矛盾纠纷治理的评估，可以从如下维度进行衡量：社会矛盾的暴力程度、矛盾主体的组织性、矛盾类型和矛盾的政治性程度。[①] 在改革开放的时代背景下，伴随着农村治理体系的变革及市场话语的影响，湖北省农村社会矛盾纠纷日益呈现新的态势。

### 一　从对象来看，矛盾纠纷主客体呈现多元化趋势

在社会转型的大背景下，湖北省农村社会生活性纠纷的成因不再是过去单一的构成模式，而呈现出复杂化的“爆发”的态势。在改革开放初期，在家庭联产承包责任制的影响下，农村社会矛盾纠纷主要发生在邻里村民之间，在类型上主要涉及婚姻、日常生产生活、债权债务、土地和宅基地权属等方面的矛盾纠纷。进入新时期以后，农村矛盾纠纷已不再仅仅是个人或者单个家庭的纠葛，开始发展为利益团体之间的纠纷。自进入21世纪以来，伴随着湖北省农村税费改革配套进行的“合村并组”，导致农村社会治理单元的不断扩大，村级组织无法有效推动村庄公共事务的有效运转，原有的农村社会矛盾纠纷治理体系和机制逐渐无法适应农村社会的变迁，村庄矛盾纠纷也开始日益增多。同时，由于农村社会日益从封闭走向开放，农村熟人社会关系网络开始瓦解，农村社会的个体化导致了农民思想观念的变化，少数村民为了追求个人利益，使原本单一的矛盾转变为团体行动，导致了农村群体性事件频发，农村社会维稳呈现日益复杂化的格局。从纠纷产生的主体来看，农村社会矛盾纠纷不断从家庭等私人领域向外延伸，涉及村委会、社会组织、企事业单位乃至基层政府。矛盾纠纷类型也日趋多元化，矛盾纠纷涵盖了社会生活的各个领域，如村民自治、干群关系、环境污染、劳动权益、交通治安等涉及农村社会领域的方方面面，并且逐步拓展到社会经济生活和

---

① 夏金梅：《后农业税时代中国农村社会矛盾问题研究：一个综合的考察》，载王来法主编《思想政治理论教育新探索（2013）》，浙江工商大学出版社2013年版，第177—191页。

政治生活的各个领域，矛盾纠纷开始涉及村民与村干部、村民与非公经济组织、村民与政府及其职能部门等，矛盾纠纷主体日益呈现多元化的趋势。

## 二 从类型上来看，逐步从结构性矛盾向生活性纠纷转型

从类型上来看，农村社会矛盾纠纷主要包括两种基本类型：生活性矛盾纠纷和结构性矛盾纠纷。生活性矛盾纠纷是指农村社会生活场域中农民个体之间的矛盾，结构性矛盾纠纷是指乡村社会转型过程中的结构性矛盾，特别是涉及农民与基层政府之间的矛盾纠纷。尽管自改革开放以来湖北省农村社会矛盾纠纷呈现日趋多元化的趋势，但从总体上来看，湖北省农村社会结构性矛盾纠纷具有两个特征：一是结构性矛盾纠纷的发生率总体上低于生活性矛盾纠纷，即农村社会结构性矛盾纠纷尚未占主导地位。但不容忽视的是，由于结构性矛盾纠纷不同于个体间的恩怨情仇，而是涉及阶层群体间的利益分化与矛盾，所以这种结构性矛盾纠纷却能产生较大的消极社会影响。二是在农村结构性矛盾纠纷中，体制性的结构性矛盾纠纷有缓和趋势，而资源性的结构性矛盾纠纷则有上升和激化之趋势，土地、水资源和环境纠纷将可能变得更加突出。“后税费”时代农民与基层政权之间的关系得到明显改善，原来因为强制性执行农村税费征收和计划生育政策而导致的干群之间的紧张和冲突，由于农村税费改革和计划生育政策的调整而缓解乃至消除，从而缓和了农民的利益诉求与政策目标之间的结构性分歧。[①] 在农村税费改革之前，较为多发的结构性矛盾纠纷依次是土地纠纷、干群纠纷、计划生育纠纷、用水方面纠纷和环境纠纷。其中，因为征收税费和执行计划生育政策导致干群之间的矛盾纠纷，以往是农村最为突出和多发的两种结构性矛盾纠纷。但在农村税费改革以后，如今已演化为相对缓和的矛盾，虽然也有少数以群体性事件为表征的高烈度的社会冲突，但这并不是当前农村社会矛盾纠纷的主流。目前湖北省农村社会较为多发的五种生活性矛盾纠纷依次是邻里纠纷、婚姻家庭纠纷、医疗纠纷、财产纠纷、债权债务纠纷。

---

① 陆益龙：《乡村社会变迁与转型性矛盾纠纷及其演化态势》，《社会科学研究》2013年第4期。

### 三　从性质上来看，经济矛盾纠纷的数量不断增加

自改革开放以来，伴随着家庭联产承包责任制在农村社会的普遍实施以及市场经济的快速发展，加剧了农村社会结构个体化转型，农民的利益诉求日益多元化，农民日常生产生活的利益纠纷不断增加。加之，农民权利意识不断觉醒，农村社会矛盾纠纷呈现日趋复杂的趋势。与此同时，快速城镇化也给农村社会矛盾纠纷治理带来新问题。截至 2016 年年底，湖北省城镇人口 3419. 19 万人，比 2015 年增加了 92. 61 万人，湖北省城镇人口的比重达到 58. 1%。在快速城镇化的背景下，许多农民开始跳出农业生产的束缚，在职业上分化为不同职业群体，分化的农村社会利益结构导致了农村利益纠纷不断增多。多样化的利益需要协调，多样化的资源需要整合，多样化的思想观念需要包容。然而以政府为单一主体、以单位管理为主要载体、以行政办法为主要手段、以管控为主要目的的传统社会治理体制已基本不适应多样化社会的要求。通过实地调研发现，当前湖北省农村社会矛盾纠纷背后所反映的问题及 80% 以上的上访事件与经济利益紧密相关。特别是在快速城镇化的背景下，随着农村土地产权制度的不断变革，产生了诸多土地权益矛盾纠纷。由于经济矛盾纠纷的复杂性，同时由于信息沟通的不畅通，一些地方政府不但对于农村社会经济矛盾纠纷没有引起高度重视，而且囿于传统的农村社会矛盾调处机制，很容易因为拆迁安置、征地补偿、医疗纠纷等新问题导致群体性事件发生。

## 第二节　湖北省农村社会矛盾纠纷治理的典型经验

自改革开放以来，伴随着民主法治的发展以及治理理念被引入农村社会，湖北省一些地方政府在农村社会矛盾纠纷治理方面探索出值得深入总结与广泛推广的成功经验。经过多年的探索与实践，在农村社会矛盾纠纷治理技术手段上，通过整合科层化的政府体系，合理协调各种体制资源，有效搭建群众的参与体系，从而激活农村社会的活力；在治理格局层面，凸显着党委领导和政府主导综合治理、源头治理、系统治理、

依法治理工作的开放格局。在各地的实践中，罗田县“法务前沿工程”、宜昌市网格化管理、恩施州法治下乡工程及石首市调关镇的“大调解”工作，是湖北省农村矛盾纠纷治理实践探索中的典型经验，对于加快湖北省农村社会矛盾纠纷治理现代化具有重要的借鉴意义。

## 一　罗田县“法务前沿工程”

罗田县作为典型的山区农业县，隶属于湖北省黄冈市，人口总数大概有63万人，下辖12个乡镇、413个行政村。自步入21世纪以来，罗田县将农村公共法律服务有效地向乡村社会延伸，依托“法务前沿工程”这一新型农村社会治理平台，将传统的农村社会维稳机制有效转变为以权利保障为导向的农村社会治理机制，建立了一条基于保障农民基本权益的农村综合治理体系，推动了农村社会矛盾纠纷治理体制的重构，实现了农村社会矛盾纠纷治理从“管制”到“服务”的转变。

所谓“法务前沿工程”，它是指“在县委、县政府的统一规划与指导下，在乡镇党委、政府与基层司法服务机关的共同合作下，以村（居）服务组织为载体，整合司法服务部门、村民自治组织及社会志愿者等多种力量，在村（居）一级建立司法前沿工作站，在村落社区建立法务前沿工作小组，建立农村公共法律服务村社服务体系，建构起面向农民全面开展基层法律服务的村（居）综合服务体系”①。“法务前沿工程”是农村社会发展倒逼的产物。罗田县顺应时代发展的要求，改革农村基层司法体制，进而实现了农村公共法律服务体系的创新。2005年，罗田县针对农村基层司法机关职能低效的困境，通过实施化被动维稳为主动调解、创新农村公共法律服务的模式，将传统的“小司法”转变为多部门共同参与的联动服务，并主动向村社延伸，着力解决农村公共法律服务“最后一公里”的问题，极大地提升了农村公共法律服务的可及性。

### （一）构建工作网络，搭建工作平台

为加快“法务前沿工程”在全县的实施，罗田县加快政府公共法律服务的体制资源的整合，将法务工作体系向农村基层延伸。为保障“法

---

① 《和声——湖北省党建与社会治理现代创新案例》，湖北人民出版社2014年版，第21—22页。

务前沿工程”的实施效率，罗田县成立了法务前沿工程领导小组：由县委县政府主要领导任领导小组组长，各县直部门及乡镇一把手担任领导小组成员。同时，在乡镇层面，在整合现有的基层法律服务机构的基础上，也成立了乡镇司法前沿工程领导小组，通过以乡镇司法所为中心，以人民调解委员会、法律服务援助中心及社区矫正帮教中心为补充，整合了各种公共法律服务资源，建立了“一所三中心”的组织框架，形成了农村基层法律服务部门协同参与的公共法律服务机制，有效拓展了基层司法服务的工作空间。村庄层面，在依托人民调解委员会与村民委员会的基础上，将村干部、司法干警和社会志愿者等进行有效整合，在行政村设立法律服务前沿工作站——“村（居）法律诊所”，以此为基础开展法律工作者送法下村活动，为村民开展农村公共法律服务。在县、乡、村三级组织框架的基础上，驻村法律服务工作者定期下村进行“法律义诊”，为村民提供各种法律服务，定期开展座谈会来宣传法制知识，在调解村庄社会矛盾纠纷过程中让农民享受法律服务。同时，人民调解委员会、乡镇司法所及派出所采用部门联动的方式，在村落（自然村）社区组建“社区法律服务顾问团”，通过包片负责的形式，由政府出资为村民购买法律服务，将各村庄、社区公共法律服务工作经费纳入各级政府财政预算予以保障，建立了县、乡、村、村落四级公共法律服务网络体系，有效地将农村社会矛盾纠纷化解在村落社会，提升了农村矛盾纠纷治理能力。

### （二）构建“情理法”相结合的矛盾调解机制

“法务前沿工程”作为保障农民基本司法权益的一项创新工程，核心是要建立一种权威性、高效化的制度体系和相应的机制，以此提升农村社会矛盾纠纷治理的效能。罗田县在实际的探索过程中，构建了“情理法”相结合的矛盾调解机制。罗田县针对基层法律服务人才队伍不足的困境，充分发挥农村熟人社会关系网络的治理功能，在推动农村矛盾纠纷治理现代化的过程中，将国家正式制度与非正式制度有效耦合，在农村社会矛盾纠纷治理过程中充分调动农村社会精英或新乡贤的积极性，在调解过程中“动之以情”，提升农村社会矛盾纠纷治理机制在农村社会的契合性。在具体的调解过程中，通过情景的变化而改变调解策略，通过充分尊重村落冲突社会结构，发挥农村公共人在矛盾纠纷治理中的作用，依托“明白人”以理服人，在法律规范的基础上，以“地方性知识”和道德、舆论化解矛盾为补充，将农村社会矛盾纠纷化解在源头。[①] 依托情理法并重的矛盾调处机制的运用，有效调动了农村社会精英参与农村社会矛盾纠纷治理的积极性，解决农民日常生产生活的纠纷，较好地摆脱了基层矛盾调处力量不足的困境，也为农村社会精英参与农村社会治理提供了平台和机制。同时，在调解中让法治的理念有效嵌入村庄共同体，改变了以往“被动维稳”的农村社会矛盾纠纷治理格局，将农村公共法律服务的触角有效延伸到基层社会之中。

（三）加快农村公共法律服务标准化建设

标准化作为推动农村公共法律服务的重要机制，也是加快农村社会矛盾纠纷治理现代化的重要工具和手段。在“法务前沿工程”实施的后期，为增强农村社会矛盾纠纷治理的可持续性，罗田县加快了农村公共法律服务标准化建设。在公共设施、人才队伍、财政投入及服务流程等方面，都制定了操作规范和统一标准。罗田县司法局制定了《农村法律服务内容与流程标准》，在服务内容、服务对象及服务流程等方面，作了统一规定。为了保障农民的知情权，在网上公开了相关的服务标准，接受社会的监督及考评。在服务设施建设方面，根据现有服务设施状况，县委、县政府按照村庄大小及人口数量进行经费预算，由公共财政投资建设基层法律服务场所。在农村矛盾纠纷治理的流程上，严格按照矛盾纠纷治理流程标准，制定农村社会矛盾纠纷治理内容清单，对人民调解、社区矫正、普法宣传、司法援助等内容进行全程监督，并在政府服务网站上进行公开，确保农村社会矛盾纠纷治理流程的标准化与规范化。为提升农村公共法律服务的质量，罗田县政法委制定了《“法务前沿工程”监督与评价条例》及《综治工作与乡（镇）干部工资挂钩实施细则》，从组织权责、机构载体及责任监督等方面落实服务监督评价机制，将农村矛盾纠纷治理纳入农村社会治安综合治理目标考核和乡镇政府及村委会两级干部绩效考核，从而实现了农村社会矛盾纠纷治理的制度化、标准化。

---

① 徐炜、陈民洋：《农村社会治理案例比较与难题：政策话语转变的视角》，《武汉大学学报》（哲学社会科学版）2015年第5期。

“法务前沿工程”在推动农村依法治村、维护乡村社会和谐稳定等方面都发挥了十分重要的作用。自“法务前沿工程”开展以来，罗田县农村社会矛盾纠纷调解率达到97%以上，将农村社会的矛盾有效化解在村社共同体之内，实现了“小事不出村、大事不出镇、矛盾不上交”的目标。“法务前沿工程”将农村法律服务与农村社会矛盾纠纷治理有效结合在一起，从而将各级政府的“送法下乡”与乡村社会的调解体系有效耦合起来，不但提升了政府治理效能，而且增强了农民群众对政府的公信力和亲近感，不失为推动农村社会治理现代化、制度化的一项重要制度创新。

## 二　宜昌市网格化管理

自2011年始，宜昌市开始在城市社区探索网格化管理的经验，并从2012年开始在农村进行网格化管理的试点，探索网格化管理的农村社会矛盾纠纷治理模式。依托农村社会网格化管理这一机制，实现了“社情全掌握、矛盾全化解、服务全方位”，真正做到服务基层、服务群众、关爱民生，从根本上增强了居民群众的安全感、幸福感，维护了农村社会的和谐稳定。

### （一）创新体制机制，着力构建“一本三化”新体系

宜昌市以农村社区网格化管理为基础的“一本三化”（以人为本，网格化管理、信息化支撑、全程化服务）管理服务体系，将农村社会治理的要素全部纳入网格化管理的范畴，构建了全市动态更新、联通共享的社会管理综合信息平台。通过创新农村社治理形式，按照“街巷定界、规模适度、无缝覆盖、动态调整”的原则，加强农村网格化治理的机制建设，为农村社会治理的重心下移、力量下沉、保障下倾提供了有力的组织保障。（1）组织网格化：宜昌市在结合本地实际情况的基础上，充分尊重农村社会的历史传统及关系网络，确立了“地域相近、产业趋同、组塆为界、无缝覆盖”的网格划分原则，以村庄为单位，将农村社会划分为若干个网格，分别形成行政村及网格双向互动的治理单元，建立一支相互配合、共同协作的农村社会矛盾纠纷调解队伍，在每个网格配备一名农村网格员，在行政村则设立一名网格信息管理员。（2）自治规范化：为有效发挥网格化管理在农村社会矛盾纠纷治理中的作用，宜昌市

加快了制度化建设。在探索农村自治规范化的同时，建立健全村民自治章程以及村规民约等自治规章，保障农村社会矛盾纠纷治理及村民自治的制度化发展，并积极引导社会力量参与农村纠纷治理，培育及发展农村民间组织，加快农村矛盾纠纷治理的社会化发展。（3）服务网络化：在农村社会矛盾纠纷治理的过程中，充分发挥网格的作用，并在信息化技术的基础上推进农村社会矛盾纠纷治理网络的建设。建立政府信息服务网络平台，将每个行政村及网格纳入信息平台之中，形成农村社会矛盾纠纷治理信息库，将全区域的信息有效联结、共享。

（二）整体联动融合，着力营造齐抓共管新局面

在体制机制创新的基础上，宜昌市加快了部门之间的整合与联动，加快无缝隙政府的建设。一是在整合信息资源的基础上，建立无缝隙的信息收集体系，通过"网格员与志愿者的有效结合"，实现各个部门之间的联动与信息互享，推动网络化的信息采集及部门联动制度。网格员深入农村社区，对农村社区各个方面的信息进行采集录入，相关服务部门则进行梳理对比，并与治安信息管理系统对接，建立全方位信息体系，确保农村社会矛盾纠纷治理信息的准确化。二是加强联动体制创新，加强部门联动。针对农村基层治理体制不顺的局面，宜昌市加快街办体制创新，设立便民服务中心、综治信访维稳中心、网格管理中心"三个中心"，社区建立便民服务站、综治信访维稳站、网格管理站"三个站"，打造社区专职工作者、网格管理员、志愿者"三支队伍"，街办社区实现从过去的多科室体制向综合整合、多位一体的"三个三"基层服务管理新体制转变。大力推进职能部门、网格管理员、社会力量融合，初步形成了由各职能部门、1203名网格管理员、10.8万名志愿者共同组成的，力量层层倍增的服务管理新格局。三是加强部门联合工作流程建设，切实提升农村社会矛盾纠纷治理效能。各个部门通过社会管理综合治理这一信息平台，加强人口信息体系建设，将管理和服务的触角有效延伸到基层。宜昌市通过将农村社会矛盾纠纷调处与社会综合治理创新有效融合，逐渐改变了以往单向度、多层级的治理模式，建构扁平式联动治理体系，将各类社会矛盾纠纷有效化解在基层，进而促进农村社会矛盾纠纷治理现代化。

### （三）依托信息化资源，构建“四务”联动机制

为进一步加强农村社会矛盾纠纷治理体系的建设，宜昌市通过深化网格化管理体系改革，切实提升农村社会事务管理与服务水平，充分利用现代信息技术加强农村公共服务体系创新，以农村网格员、经济合作组织、民间组织为纽带创新公共服务方式，推行“四务”联动服务：（1）推行电子村务。实现农村公共服务网络体系与政府网络平台有效对接，政府政策信息、政策优惠等相关信息在网上全部公开，并通过手机短信将相关信息有效传递给农民，同时将农村基础信息全部输入到信息管理系统，加强政务公开、村务公开。（2）集成电子学务。在借助网络信息资源基础上，专门开设相关频道，通过政府购买的形式，采购农村技术相关信息，让农民学习现代农业知识，并将市场需求有效反馈给农民，进而最大限度满足农民多元化需求。（3）拓展电子商务。以农村网格员为人才枢纽，实现农村与城市物流系统的有效连接，进而推动电子商务下乡与农产品进城：一方面，通过互联网这一平台，将农村社会紧缺的物品通过电商的形式输送到农村，让农民享受网购的便捷性；另一方面，通过整合多方面的资源，将农产品信息打包进入电子平台，为农民提供农产品销售的市场信息，进而建立无缝隙的农产品销售网络体系。（4）优化电子服务。针对农村信息化水平较低、农民网络技术较弱的困境，宜昌市通过专门设立电子商务窗口，为农民提供相关技术信息，进而提升网络服务水平。

自宜昌市实施网格化管理以来，社会治安状况进一步优化，群众安全感和生活幸福感进一步提升。2013 年，宜昌获得全国社会管理综合治理工作的最高奖项“长安杯”，并受到中央综治委的通报表彰。2013 年 9 月，中央政治局委员、原政法委书记孟建柱在观看宜昌市网格化管理监管中心综合服务平台演示后称赞，“水平很高，非常管用、实用、有效，要把社会化治理创新的成果惠及更多民生”。

## 三 恩施州法治下乡工程

恩施州法治下乡工程，是从恩施农村社会实际出发，对农村社会治理进行的一项创新。一是立足于时代大背景。随着经济社会的迅速发展，农村社会日益呈现出利益关系多元化、复杂化的趋势。一方面，单一务

农的传统逐步走向瓦解，农民的职业选择越发多元，且跨区域流动频繁，社会活动场域不断扩大。由此导致社会矛盾涉及的领域更加宽泛，专业性也更加明显。另一方面，现代农村由传统的“人情社会”过渡到“利益社会”，市场化模式下人们的利益观念日益深化，热衷于维护权益、追求利益。二是根植于地方小背景。恩施州山大人稀，法治资源较为稀缺。依托于政府推动的法治建设成本高、效益低，法治力量悬空，恩施州长期陷入“一间房、一个人，管七八万人，一年调解上百件矛盾”的困境。

（一）充分挖掘社会资源，拓展社会路径

在法治建设主体上，恩施州弱化行政主体色彩，致力于建设开放式、多主体的社会参与平台。一是引入多元化社会主体。为破除政府一元化治理困境，恩施州打造了“政府引导、社会介入、乡贤带动、农民主体”的多元互动格局，搭建了社会参与的广阔平台。通过开放性的制度设计，主体间建立了接连有序的合作关系，为人民调解的纵深发展提供了空间，有效推进了基层法治的现代化进程。二是构建多层次组织网络。在县市层面，成立专业联合调解委员会，吸纳公检法司等部门的退休干部担任调解员，如利川市专业调解委员会、交通事故调解委员会、医疗纠纷调解委员会；在乡镇层面，设立乡贤调解委员会，依托乡土能人资源，灵活化解民间纠纷，如利川市柏杨坝镇乡贤调解中心、建南镇调解委员会；在村组层面，设立民间性、公益性调解组织，以本土退休干部、老党员、经济能人等为主体，构筑基层矛盾调处的第一道防线，如宣恩县“和事佬”协会、“帮理郎”组织。三是完善多形式的激励机制。各级政府立足本地实际，创立了形式多样的激励机制，既考虑经济利益，也兼顾精神鼓励。如利川市专调委在固定的1200元公益性岗位工资外，额外实行阶梯形的“以奖代补”，普通矛盾调解每件100元，疑难纠纷每件300元。

（二）引入专业路径，提升法治水平

与社会化路径相辅助，恩施州为专业人员、专业组织参与法治建设铺平了道路。一是打造专业服务团队。首先，通过单列预算，以政府购买的形式聘请专业律师、志愿者，为基层调解员进行法律知识培训，为基层群众提供专业性法律咨询服务，在基层社会为法治落地打下桩脚。其次，建立律师团、专家库。目前，恩施州已建立律师顾问团100余个，调处纠纷5400余起。利川市专业调解委员会将法学、心理学、社会工作等领域的35位专家纳入调解队伍，组建了人民调解专家库。涉及专业性问题的矛盾纠纷，可依据具体需要有针对性地选取专家进行咨询或介入调解。二是建立专业调解组织。2011年，利川市成立了医疗纠纷调解委员会，通过联合卫计委、引入专业律师，大大提高了医疗纠纷调解的专业性。借助医调委平台，不仅化解了医患矛盾导致的多年积案，还通过这一第三方的制度设计，改变了纠纷中患者一方与医院直接接触的旧模式，维护了正常的医疗秩序。三是立足第三方定位。过度的政府参与往往会给基层矛盾化解贴上强行政色彩，恩施州大力培育各类调解组织，一方面依托政府，赋予其权威和公信力；另一方面，强化其自主性身份，立足于第三方定位，“非官非民”，让调解更接地气，更能获得民众认可。

### （三）探索五级基层法治体系，有效将服务向村社延伸

为推进农村法治建设，恩施州根据本地山区散居的特性，按照“地域相近、利益相关、规模适度”的原则，重新划分农村治理单元，将法治建设的单元界定为村民小组。以“户—组—院—片—村”为链条建设五级农村法治体系，打通农村基层法治建设的“最后一公里”。在重构农村法治建设单元、建设农村法治五级农村法治体系的同时，大力开展“律师进村、法律便民”活动，有力地推动了乡村法治化。

恩施州革新基层治理模式，引入专业力量，开放参与平台，建立了由党政引导，专业化、社会化支撑的立体式、网络式的法治大格局。“律师进村”与“人民调解”是恩施州依法治州战略的两大核心。一方面，以“律师进村”为载体，推进专业化。借助市场化手段购买公共服务，为乡镇、村组聘请法律顾问，让农民有处问法、遇事找法，矛盾化解得以规范化、专业化；另一方面，以“人民调解”为依托，助推社会化。通过打造专业团队、成立调解组织，吸收社会力量进入人民调解平台，弥补基层法治资源不足的困境，让大量民间矛盾得到及时、稳妥的调解。

## 四　石首市调关镇开展“大调解”工作

自21世纪以来，由于各种利益冲突和摩擦，历史包袱与新型矛盾纠纷交织，曾以镇区面积大、镇办企业多、集体职工多著称的调关镇一度面临发展“瓶颈”：企业改制、劳资纠纷、征地拆迁、土地承包、邻里纠纷、下放返城知青闹待遇等。特别是经媒体曝光、曾惊动国务院总理的

移民建镇房屋质量问题，使调关镇的声誉一度跌入谷底。而“三多”（围困镇政府、村部和企业的群体性事件多，上荆赴省进京越级上访多，因民事纠纷引发的刑事案件多），则使调关“抬不起头”。当时的镇、村两级组织频频忙于“灭火”，根本无法集中精力抓经济促发展。现实使镇委、镇政府深刻地认识到：没有和谐稳定的社会环境，发展就是一句空话。自2007年以来，调关镇探索建立以“社会矛盾纠纷大调解中心”为平台，以“常态化的关注民生机制、超前化的滚动排查预警机制、多元化的矛盾纠纷化解机制、畅通化的民情诉求表达机制”四大机制为重点，集人民调解、行政调解、司法调解为一体的多元化“大调解”工作体系，全方位开展矛盾纠纷排查化解工作，使社会矛盾重重的调关镇变成了繁荣稳定的新调关，探索形成了农村社会矛盾纠纷治理的“调关模式”。

（一）从源头抓起，建立常态化的关注民生机制

在镇村两级组织的日常工作中，在招商引资、工业园建设及项目实施等举措中，切实将人民群众的意愿作为决策的重要依据。在建设中，涉及群众利益是否会引起矛盾纠纷？对此，镇委、镇政府紧紧依靠大调解中心，与相关单位一起，事先对工程可能引发的社会矛盾进行评估，制定相应预案，从源头上做好预防工作。建立超前化的滚动排查预警机制。在党委的领导下，由镇综治办牵头、司法所具体组织指导，常年坚持镇、村、组三级排查制度；组织相关职能单位重点对矛盾纠纷多发领域、行业和群体排查；通过工作例会、信访、群众评议、网络舆情、案件分析等形式，收集一切有价值的线索，从中进行挖掘排查。建立多元化的矛盾纠纷化解机制。调关镇坚持“三早”（早发现、早介入、早化解）理念，按照“发现得早、化解得了、控制得住、处置得好”的要求，从“信息共享、部门联手、上下联动、条块结合”等方面入手，建立了化解矛盾纠纷的“层级化”管理机制。

（二）依托体制机制创新，建立畅通化的民情诉求表达机制

一是有效整合资源，搭建“大调解”平台。搭建群众来访接待、矛盾纠纷集中受理、分流处理“一站式”服务的工作平台，建立了“党委政府统一领导、政法综治牵头协调、调处中心具体负责、司法部门业务指导、职能部门共同参与、社会各方整体联动”的社会矛盾纠纷大调解机制，既畅通了群众的诉求渠道，也为及时有效地化解重大矛盾纠纷奠

定了基础。二是配强专班队伍，确保有效运行。首先配齐配强“大调解”中心专兼职工作人员，现有专兼职工作人员 12 名。其次充实村、社区和辖区单位调解员、信访员队伍。按照“四懂四会”的基本要求，从镇村干部中选配一批政治素质好、业务能力强、群众威信高的同志担任调解员、信息员。目前，全镇已建立调解委员会 30 个，调解小组 212 个，覆盖率达 100%；聘用矛盾纠纷信息员 884 人。三是畅通诉求渠道，规范接访流程。调关镇制定了《社会矛盾纠纷大调解工作细则》，凡涉及投诉、举报、来信、来访等社会矛盾纠纷，一律实行一个窗口接待、一站式办理，由接待人员和在大调解中心值班的镇委领导共同接待，再对受理的各类矛盾纠纷及时进行梳理，并区别案件的不同性质、涉及范围、难易程度、轻重缓急等情况，分流指派给各部门依法履职，限时办理。

（三）着力长效机制建设，确保农村矛盾纠纷治理的常态化

首先推行社会矛盾纠纷“首问负责”的“层级管理”办法，确保有人管事。镇有大调解中心，村、社区和辖区单位有调解委员会，村民小组有调解小组，户设调解信息员，责任落实到人，确保一旦出现矛盾纠纷，各级各部门都能按照权限范围和职责进行整体联动，全力疏导和组织化解。其次健全完善规章制度和基本工作台账，确保有章理事。在调解过程中，坚持属地管理原则，强化矛盾纠纷发生地的责任，并明确调委会的“一把手”为调解工作的第一责任人，不仅挂帅，而且出征，努力做到“小纠纷不出村，大纠纷不出镇，复杂疑难纠纷不出市”的目标。再次完善经费保障机制，确保有钱办事。大调解中心成立之初，镇委、镇政府按照“五有六统一”的要求，从十分紧张的镇级财力中挤出资金 50 万元，在办公设施、工作制度等软硬件方面进行完善、规范，营造了良好的工作环境。将大调解经费按总人口每人每年 2 元的标准列入预算，发生大的矛盾纠纷，费用另计，实报实销。最后建立完善奖惩机制，确保办得好事。一是将矛盾排查和调解作为各单位负责人年终、任期考核的重要内容，对调处工作不力引起重大矛盾激化的予以责任追究。二是加强对调解员、调解信息员开展矛盾纠纷排查调处工作的绩效考核，将考核结果与职务晋升、岗位津贴、福利待遇挂钩。

经过多年的探索与实践，目前调关镇已基本形成了“党政领导、综治协调、司法指导、部门联动，工作网络全覆盖、社情民意全掌控、矛

盾纠纷全化解”的工作格局。自2007年以来，累计调解各类矛盾纠纷1347起，其中防止民转刑案件182起，非正常死亡纠纷16起，长期积累的信访案件6起，调处率、办结率、回复率均为100%，无一例越级上访、无一例集体上访、无一例赴省进京非正常上访。全镇由以前的“三多”转化为“三升三降”，即社会公众满意度、民事案件调解结案率和诉前调解成功率上升，矛盾纠纷总量、群体性事件和派出所接警数下降，真正形成了“小事不出组、大事不出村、难事不出镇、矛盾不上交”的治理格局。

## 第三节　当前湖北省农村社会矛盾纠纷治理的特点

自改革开放以来，经过各级政府的积极探索与实践，各地的农村社会矛盾纠纷治理模式也都取得了一定的成功，形成了独具特色的经验与特点。通过对湖北省农村社会矛盾纠纷治理典型实践的发掘可以看出，自改革开放以来，湖北省农村社会矛盾纠纷治理呈现以下特性。

### 一　在治理机制层面，建立了多元化的治理机制

在乡村社会转型的时代背景下，面对农村社会日趋复杂且多样化的农村社会矛盾纠纷，湖北省加强农村社会矛盾纠纷治理的机制建设，建立多样化的矛盾纠纷治理机制。针对农村社会传统矛盾纠纷调解的优势及不足，各地不断创新矛盾纠纷调解机制。尤其是运用大调解工作思维，积极推动农村社会矛盾纠纷调解的社会化及联动机制建设。农村社会矛盾纠纷治理机制从以前单向度的政府管控向行政化、社会化和市场化三种机制相结合的方式转型，政府、农村社会组织、村社集体及村民开始成为农村社会矛盾纠纷治理的主体。

在农村社会矛盾纠纷排查调处主体方面，以农村社会党组织、村委会、社区服务站、社区民间组织为主要力量和以志愿者、社区民警、社区协管、社区安保队等协助力量相互配合、有序互动，通过组建行业性质的第三方调解协会，专门化解该领域的矛盾纠纷，减少乡镇政府对农村社会治理的直接干预，强化了村民自治、自我管理与自我服务的力度，

为搭建农村社会矛盾纠纷排查调处的安全治理体系夯实了必要基础。在基层党组织的领导下，激发并调动社会活力以有序维护更广大社区居民的合法利益诉求，以集合更多元力量的互动方式缓和社区矛盾纠纷。与此同时，农村社会矛盾纠纷治理形式开始发生明显的变化，逐步从管制向服务转变，特别是农村社会服务队伍作为社会治理的重要场域和依靠力量，在提供公共服务、解决社会问题、缓解社会矛盾、维护社会稳定等方面都发挥着独特的作用。在这种情况下，乡镇政府逐渐改变了在社会生活中的地位和职能，弱化以往对经济社会生活的直接干预，改变对各项社会事业全面包揽的状况，逐渐发育和形成以政府、市场、社会三大主体为合力的农村社会矛盾多元化治理格局。

农村社会矛盾纠纷治理多元化体系的建构，一方面，解决了当前农村社会矛盾纠纷治理场域中政府力量不足的困境，同时也有效整合了农村社会传统资源，实现了政府与社会的有效联动；另一方面，政府在农村社会矛盾纠纷治理过程仍然发挥着重要作用，有效维护了农村社会秩序，进而提升了农村社会矛盾纠纷治理的效能。

### 二　在治理流程层面，建立“常态化”的制度体系

所谓“常态化”解纷是指将信息搜集、纠纷排查、协商调处等工作列入农村社会矛盾纠纷治理的日常工作之中，改变以往农村社区干部等着纠纷当事人找上门来寻求解纷的工作模式，逐渐形成一套“常态化”的排查调处机制。① 坚持“事后控制不如事中控制，事中控制不如事前预防”的理念，对涉及经济发展、社会事业、拆迁、承包、分配等群众重大利益的相关事宜，及时宣传解释并征求意见，预防矛盾发生；针对新情况、新问题，多角度、多层面分析矛盾纠纷产生的成因，进而找准调解工作的切入点和结合点，将矛盾化解在萌芽状态。通过坚持“事前预防”的理念，使农村社会矛盾纠纷解决的成本最小化，最大限度维护农民的利益。针对已经显现出来的农村社会矛盾纠纷，政府开始按照常态化的治理机制进行调处，改变了过去农村社会组织被动消极参与农村社

---

① 马皓：《转型期湖北省农村社区矛盾纠纷化解机制研究》，硕士学位论文，华中师范大学，2015 年。

会矛盾纠纷治理的格局，将农村社会矛盾纠纷治理的重心转向预防与排查，力求在萌芽阶段消解农村社会矛盾纠纷。农村社会矛盾纠纷治理的效能，在很大程度上取决于纠纷主体之间的调解认同。如果单靠行政化的调解方式进行强行调解，将会削弱调解的公平性，最终影响调解功效的有效发挥，甚至使农村社会矛盾纠纷调解陷入无效化均衡状态。为建立常态化的农村社会矛盾纠纷治理机制，湖北省将农村纠纷治理与公共服务体系建设有效结合起来，通过积极策划文体活动、加强公共服务设施建设、完善公共服务等途径，推进农村社会矛盾纠纷治理常态化发展，减少乃至消除农村社会矛盾纠纷的发生。同时，通过整合与优化服务资源，把农村社会矛盾纠纷治理向村社共同体延伸，在没有增加政府成本及财政资金的背景下，拓展和延伸了农村公共服务的空间范围，既践行了政府简政放权的理念，增强了政府服务能力，实现了“无缝隙政府服务”的再造，又激发了农民法治意识，为农村依法治村及建设社会主义新农村提供了良好的条件。

### 三　从治理路径来看，以社会型救济解决为主而法治型解决不足

从当前湖北省农村社会矛盾纠纷解决的路径来看，尽管在农村社会矛盾纠纷产生以后，纠纷主体可能会借助法律路径进行解决，但更多的是依托社会型救济来解决，即以和解、调解、仲裁、诉讼与信访等方式为主，特别是一些以集体上访为代表的形式开始增加。“礼法合治，德主刑辅”是中国传统国家治理的精髓，数千年来，人们所形成的反映“礼”与“德”的社会习惯很多属于化解矛盾纠纷可资利用的制度资源。长期以来，人们一旦发生纠纷第一反应就是对方的行为是否符合“常理”，符合常理则可以接受，不符合常理则不能接受，这种反应就是思维方式。① 当农村社会矛盾纠纷出现以后，由于农村社会长期的历史传统影响，加之法律途径成本过高，大部分农民不愿意采用法律路径进行解决，仍然希望政府用行政调解方式进行解决，而在政府调解无效或者缺位的情况，纠纷主体可能会采取上访的方式，希望上级政府出来主持公道。特别是由于人民调解与信访及诉讼相比具有更高的可及性和低成本性，成为大

① 卢明威、李图仁:《农村社会纠纷化解：从传统到法治》,《学术论坛》2015 年第 5 期。

部分农民的行为选择。部分上访群众抱有“法不责众、大闹大解决、小闹小解决、不闹不解决”的错误心理，认为上访的人越多，政府越重视，更有利于问题的解决，因此，动辄就组织集体上访，以此向政府施压，提出不合理要求。

## 第四节 改善农村社会矛盾纠纷治理的政策建议

尽管湖北省农村社会矛盾纠纷治理取得了较大的成就，但其中也存在一些与农村社会治理现代化不相符合的问题。从实践层面而言，当前农村综合治理体制的组织资源、制度资源薄弱，农村社会矛盾纠纷治理机制背后存在着诸多的制约因素，如政府行政权力对社会资源的过度嵌入，传统政策工具主导的“维稳”观念与现代治理理念的背离等，导致了农村社会矛盾治理机制和结构面临着诸多的困境和问题。如农村社区网格化管理效率弱化、农村社会组织发育尚不健全、农村社会矛盾纠纷治理制度建设相对滞后等。农村社会矛盾纠纷治理作为一项系统的社会工程，必须通过优化农村社会矛盾纠纷治理体系，提升农村社会矛盾纠纷治理能力，不断改善农村社会矛盾纠纷治理水平。

### 一 加强矛盾纠纷治理机制建设，提升基层治理能力

农村社会矛盾的化解需要整合农村社会的利益使其达到均衡，需要借鉴“社会安全阀”理论构建科学的预警和处理机制，强化民主协商和宣传教育机制的作用，在探求农村矛盾替代性纠纷解决机制过程中，构建均衡有效的农村社会矛盾治理机制。[①] 党的十八届四中全会明确指出，要健全依法维权和化解纠纷机制，建立健全社会矛盾预警机制、利益表达机制、协商沟通机制、救济救助机制，畅通群众利益协调、权益保障法律渠道。由于当前农村社会矛盾呈现日趋复杂化的趋势，各种社会矛盾纠葛在一起，调解不当可能会导致群体性事件的发生。在这种背景下，

① 吴春梅、刘晓杰：《转型期的农村矛盾及其化解机制》，《云南行政学院学报》2009 年第 6 期。

农村社会矛盾纠纷治理需要加强政府各个部门之间的联动与配合，实现协同治理。若政府过度强调分工和职能分开，将不可避免地造成部门间政策目标与手段的冲突，在社会综合治理中，政府部门难以建立长效的联动机制，条块分割的碎片化治理导致政府部门间资源共享和互赖程度低。[①] 在具体的实践过程中，需要坚持社会公平正义的原则，按照政府与社会的权责划分，进行农村社会矛盾纠纷体制机制的创新，提升基层治理能力。

同时，进一步理顺基层治理体制，建立健全大调解体系。充分发挥党的领导作用，切实激发政府的活力，同时将各种社会组织有效地纳入进来，构建农村社会矛盾纠纷治理的“第一道安全线”，形成以综治维稳中心为平台，人民调解、行政调解、司法调解、信访工作四种职能各负其责、相互补充的治理体系，进而形成“党委领导、政府负责、社会协作”的农村社会矛盾纠纷治理机制。为有效提升农村社会矛盾纠纷治理能力，需要综合运用法律、政策、经济、行政等手段和教育、协商、疏导等方法，切实提升农村社会矛盾纠纷治理的效能。同时，应该加强农村社会矛盾纠纷应急管理体制的建设，提升矛盾预警的能力及水平。针对重大事件的发生，推行风险评估机制，在科学决策的基础上，制定可行性应对方案，杜绝农村适合矛盾纠纷治理的盲目决策，从源头上预防和减少矛盾纠纷的发生，探索农村矛盾纠纷治理无缝隙对接机制。

## 二　加快农村矛盾纠纷治理人才队伍建设

专业化的人才队伍建设，是推动农村社会矛盾纠纷治理现代化的基础。为加强农村社会矛盾纠纷治理多层次人才队伍建设，需要加快农村社会人才队伍管理机制创新，建立一支契合当前农村社会发展的人才队伍。

一是加强社会人才的培育与发展。首先，重视专业人才队伍建设，发挥专业人士影响力。基层政府必须建立专家库，实现全域专家库内人员互通、数据共享。其次，建立调解员培育机制与选拔机制，充分发挥

---

① 余亚梅、唐贤兴：《政府部门间合作与中国公共管理的变革——对“运动式治理”的再解释》，《江西社会科学》2012年第9期。

社会力量作用。以老年干部协会、老年兴趣协会等为平台，普及法治知识、宣传调解文化，动员有威望、有文化、有经验、有时间的城乡贤达加入人民调解组织。最后，设立有经费保障的公益性岗位，向社会招募中青年调解工作者，增强调解工作的生机与活力。

二是提高专业素养。首先，加强业务培训，提升调解技能。建立培训考核机制，将年度培训与年度考核挂钩，提升培训主动性与有效性。其次，建立健全“老带新”机制，实现调解员之间的代际更替。通过举办讲座、现场观摩、案例研讨等形式，让老调解员为新调解员讲解业务知识、传递调解技能。再次，规范调解行为，建立调解约束机制。避免熟人社会调解碍于情面以及因亲疏而失去公正的弊端，使调解员明确“第三方”立场，严守中立态度。最后，统筹绩效考核，建立清晰化、立体化、系统化的调解绩效考核机制。规范人民调解过程的同时，加强对调解员的激励与引导。例如，建立调解员数据库，动态收录个人调解效果、案件类型、当事人反馈等，确立社会工作专业人才培养、职业水平评价体系，打造“金牌”人民调解员制度。同时，建立调解员退出机制，结合培训效果、评价体系等指标，对履职不当的调解员予以警告、惩罚或解聘。

### 三　建立健全社会力量参与机制

农村社会矛盾纠纷治理作为政府与社会共同合作的场域，在当前社会转型的时代背景下，应该加快农村社会矛盾纠纷治理社会化发展，建立健全农村社会矛盾纠纷治理过程中的社会力量参与机制，进而提升农村社会矛盾纠纷治理能力。

加快农村社会矛盾纠纷治理社会化发展，既要加快农村社会组织的培育与发展，又要建立健全农村民主协商机制和村规民约。社会力量作为农村社会矛盾纠纷治理的重要主体，要求政府在加强自身体系建设的同时，应积极探索社会力量参与的多元化渠道，为社会力量参与农村社会矛盾纠纷治理提供平台和有效机制。

同时，政府应加强政府购买服务的力度，加快制定农村社会矛盾纠纷治理政府购买清单，明确购买主体、购买内容及目录、承接主体的资质要求，完善政府采购农村矛盾纠纷治理招标制度，确保政府购买公共法律服务的公开公正，为社会力量参与公共服务提供平台。

### 四 以现代法治理念加快依法治理

党的十九大报告指出，建设法治政府，推进依法行政，严格规范公正文明执法。深化司法体制综合配套改革，全面落实司法责任制，努力让人民群众在每一个司法案件中感受到公平正义。但在农村法律服务实践逻辑的影响下，在过去很长一段时间里，基层政府在进行农村矛盾纠纷治理的过程中，大多存在一个通病，即有赖于习惯或特定的执行目的，会在实践过程中一味地压制或处置农村社会各类矛盾纠纷，甚至偏好于针对某特定事件而启动以维护社区稳定秩序为目标的“专项治理”，以强硬的治理手段发挥政府的治理能力。依法治理就是对社会治理应当依据什么来治理这一基础性问题的回应，明确了社会治理的合法根据与治理手段。农村社会矛盾治理作为农村社会治理的重要内容，相应也被要求以法治的思维行动逻辑来全方位地保障和推进。通过法治理念的引导，加快农村社会矛盾纠纷治理的法制化、规范化发展，进而推动农村社会矛盾纠纷治理的现代化。

同时，在加强农村社会矛盾治理机制的建设过程中，需要注重增加具备法律专业服务能力的主体数量，构建多元化、法制化的治理体系。通过法治思维的引导，需要有效地调动多方积极性，在调解过程中博取各家之所长，从而使矛盾调解过程化繁为简、化冗长为高效。通过建立健全行政机关、司法机关和社会组织以及村民多元治理机制，形成人民调解、行政调解和司法调解三大调解机制相互渗透、相互补充和相互合作的关系①。在处理具体矛盾纠纷的实践中，依托社区服务人员、司法机关和行政机关共同协调配合解决问题：社区网格员搜集易导致矛盾纠纷的问题并反馈到职能部门，由职能部门妥善处理解决；基层工作人员在重大敏感时期内发现村民违规上访的意图，联合相关行政部门予以劝导和调解；在涉及法律专业知识的矛盾纠纷中，社区服务人员建议矛盾主体向社区律师求助，并联络司法部门协助解决矛盾纠

① 陈荣卓、颜慧娟：《民生法治视域下农村社区矛盾纠纷治理之道》，《华中农业大学学报》（社会科学版）2016年第1期。

纷。在化解农村社区矛盾纠纷的过程中，要以法治化、民主化为价值导向，依托联动调解、民事代理、民主说事、民情走访、心理疏导、救助帮扶等机制形成一系列柔性治理机制，推动农村社会矛盾纠纷治理主体的多元化、协同化和整合化，更加凸显农村社会矛盾纠纷治理的法治色彩。

# 第六章

# 湖北省农村文化治理

文化作为现代社会的价值内核，也是一个社会精神和意义的重要表征。农村文化作为社会生活的有机组成部分，作为建成社会主义小康社会的重要内容，更是推进农村经济社会良性发展的重要动力。自改革开放以来，“由于乡村社会的个体化导致了农民拥有的私性文化资源日益丰富，农民个体式的日常文化生活日趋活跃。但与之相比较，农民的公共文化生活却严重式微，特别是一些健康、文明的公共文化形式更是走向衰微”①。如何重构农村公共文化生活，既是农村文化建设的内在要求，也是完善国家文化治理运作场域的内在推动力。自党的十八届三中全会提出“国家治理现代化”这一时代命题以后，文化治理成为国家治理体系的重要组成部分，农村文化建设作为加强基层文化治理的重要载体，对于推动国家治理体系及治理能力的现代化具有重要意义。党的十九大报告提出“乡村振兴”这一时代性命题以后，文化振兴成为乡村振兴的题中之义。在乡村文化振兴的新时代背景下，如何建构现代乡村文化治理体系，成为今后农村社会治理的一个重要探索议题。本章在总结湖北省农村文化治理体制变迁的基础上，对湖北省农村文化治理的典型实践进行了梳理，并就改进湖北省农村文化治理进行了探讨。

① 吴理财、夏国锋：《农民的文化生活：兴衰与重建——以安徽省为例》，《中国农村观察》2007 年第 2 期。

## 第一节 改革开放以来湖北省农村文化治理的历史变迁

无论是在官方的政策文件中，还是学界的研究中，“文化治理”作为一个新型概念，尚没有形成一个统一的内涵界定。所谓文化治理，王志弘认为：“文化治理就是经由文化来治理，可能以文化本身为对象，但也经常以经济发展或政治秩序稳定为目标。”[①] 在王志弘关于文化治理的定义中，文化治理内含政治功能、经济功能、社会功能三种不同的功能。文化作为权力运作的载体，它能达到美化政治、发展经济、促进社会发展的效果。文化治理在现实中常常呈现三张面孔，即政治面孔、经济面孔、社会面孔，但在不同历史阶段，文化治理的主要表现形式往往是不一样的[②]。农村文化治理作为文化治理的重要组成部分，其内涵主要包括如下几个方面：“一是在治理主体方面，治理的主体不仅仅是政府，还要求社会参与，国家、社会组织和公民是乡村文化治理中的三个重要的行动者。二是文化治理是对文化管理的创新和超越，具有不同于文化管理的价值理念和实现途径，乡村文化治理的目标是实现由文化管理向文化善治转变。三是乡村文化治理具有治理的工具性，是乡村现代化建设的重要途径，同时，乡村文化也是乡村社会治理的对象，是国家文化治理的重要内容。”[③] 在不同的历史阶段，国家与社会关系不同，也导致我国农村文化治理呈现出不同形态。

### 一 市场话语下的农村文化治理

改革开放以后，随着市场经济的发展，市场话语日渐在农村文化建设领域流行起来，导致农村文化治理的市场面孔不断显现，文化的市场化、部门化成为这一时期农村文化治理的重要特点，农村文化建设逐渐

---

① 王志弘：《文化治理与空间政治》，群学出版社 2011 年版，第 11 页。

② 吴理财：《文化治理的三张面孔》，《华中师范大学学报》（人文社会科学版）2014 年第 1 期。

③ 徐艳芳、仇文静：《我国乡村文化治理研究的回顾与展望》，《中国文化产业评论》2015 年第 2 期。

沦为地方政府经济发展的配角。这一时期，湖北省农村文化治理主要有以下特征。

（一）部门化的文化供给方式

在改革开放初期，为加强农村基层文化事业建设，农村文化机构在条块体系的结构框架内得到重建，农村文化建设开始焕发新的活力。1982年11月30日，“第六个五年计划的报告”中提出实现“县县有图书馆和文化馆，乡乡有文化站”的建设目标。1986年以来，湖北省财政每年下拨200万元用于扶持乡、镇、街道文化站建设，1000多个文化站在这种背景下得到新建、改建。为重建农村文化秩序，充实农村文化建设、人才队伍建设，湖北省文化厅、省计委、省人事厅先后于1984年、1991年、1992年共招录1663名基层文化专干。1995年2月湖北省编办、省文化厅联合下发了《湖北省乡、镇、街道文化站编制标准》。通过一系列体制机制建设，各级政府加大对农村文化建设的资金投入，农村基层文化设施得到很大程度改善，乡镇文化站在农村文化建设领域发挥着越来越重要的作用。同时，为更好地适应市场经济的发展，湖北省加快了农村文化机构的改革，按照“精简机构、逐步放权”的原则，乡镇文化站由县市文化部门主管改为乡镇党委与政府领导、县市文化部门对其进行业务指导的管理体制。在条块结构行政管理体制的影响下，以文化部门为主体的部门化供给方式，是改革开放初期基层文化治理的重要特性。这种供给方式在加强基层文化治理的同时，由于排斥了其他治理主体的参与，对于农村文化治理能力的提升产生了一些不利影响。

（二）“经济决定论”盛行

随着市场话语的不断兴起，国家开始有选择性地退出农村文化建设领域，农村文化治理主要以经济面孔呈现——“文化搭台，经济唱戏”，体现出很强的“经济决定论”色彩。1987年2月2日文化部发布《文化事业单位开展有偿服务和经营活动的暂行办法》，强调文化事业单位在符合法律法规和社会效益优先的基础上，可以适当开展有偿服务，保障资金收入来源。于是，湖北省文化建设开始呈现明显的非均衡性，城乡文化事业发展差距不断扩大。在经济较为发达的农村地区，农村文化建设政府资金投入较大，农村公共设施相对较为完善，农村文化人才队伍建设也相对健全，而经济欠发达和不发达地区，农村文化建设投入较少，农村公共文化设施匮乏，农村文化人才队伍不但薄弱而且不稳定。在经济建设为中心的行政主导下，许多地方政府“重经济、轻文化”，农村文化建设逐渐被边缘化。

（三）农村文化治理能力减弱

改革开放以后，由于湖北省“政经合一”的人民公社体制被“乡政村治”模式所取代，家庭联产承包责任制开始在农村社会施行，但由于统分结合的双层经营管理体制在实践中发展了“分”却忽略了“统”，从集体中脱嵌的农民与集体的联系开始减弱，原来在人民公社时期具有政治色彩的集体性文娱活动开始减少，代之而起的是农民私人文化需求的迅猛扩张。伴随着市场经济的发展，乡村社会日趋个体化，农民的个体意识不断觉醒，而其公共意识却未得到同步发展，导致农村公共文化不断衰落。加之在这个时期，受文化市场化的驱动，农村文化建设不但受到严重削弱，而且导致农村文化阵地失守，农村文化治理功能不断消解。

## 二 服务话语下的农村文化治理

在“公共文化服务”及“文化强国”理念提出以后，以保障人民的文化权益为导向的公共文化服务体系建设正成为当前我国文化治理的生动实践。在这一时期，湖北省农村文化治理主要以公共文化服务的形式呈现，“通过公共文化服务，达到‘文化引导社会、教育人民、推动发展的功能’”[①]。农村文化治理在强调政府主导的同时，也注重社会参与机制的建设，农村文化治理社会化趋向不断显现。

（一）农村公共文化服务“以钱养事”新机制的推行

早在2003年，湖北省咸宁市咸安区等地就在农村税费改革的同时配套开展乡镇综合体制改革。在这次改革中，咸安区撤销了乡镇“七站八所”，并对原有乡镇站所进行“改制”，按照“行政职能收归政府、经营职能走向市场、服务职能转给社会”的总体思路，进行“收章、摘牌、转制、人员整体分流”。其中，为了满足公共文化服务的需要，每个乡镇新建了文化广播服务中心，实行社会化运营，主要进行农村文化、广播、

① 吴理财：《把治理引入公共文化服务》，《探索与争鸣》2012年第6期。

有线电视等方面的公共服务和有关经营活动。在乡镇文化站改制以后，探索了新型的农村公共文化服务“以钱养事”机制，即“项目量化、公开招标、合同管理、农民签单、政府埋单、奖惩兑现”。咸安区“以钱养事”新机制得到湖北省委、省政府的肯定，并在全省范围内推广这一改革经验。2004年在全省选择7个县（市、区）首先进行试点，2005年以后在试点、完善的基础上逐步将“以钱养事”新机制推广到全省，公共文化服务“以钱养事”式社会化运营，成为湖北省农村公共文化服务和文化治理的一项重要运行机制。

（二）农村公共文化服务体系的建设

步入21世纪以来，由于湖北省各级政府大力发展农村公共文化服务体系建设，覆盖城乡的公共文化服务设施网络不断健全，农村文化建设开始呈现良好势头。在党的十六大报告中，首次提出文化事业与文化产业的概念。党的十七大报告又指出：“加强公共文化服务是实现人民基本文化权益的主要途径。要以公共财政为支撑，以公益性文化单位为骨干，以全体人民为服务对象，以保障人民群众看电视、听广播、读书看报、进行公共文化鉴赏、参与公共文化活动等基本文化权益为主要内容，完善覆盖城乡、结构合理、功能健全、实用高效的公共文化服务体系。”① 从党的一些方针政策来看，从文化事业与文化产业的提出，到公共文化服务体系的建立与基本文化权益提出，政府与市场在公共文化权益保障中的责任开始逐步得到明晰。2005年10月，中共十六届五中全会《关于“十一五”规划的建议》明确提出，“加大政府对文化事业的投入，逐步形成覆盖全社会的比较完备的公共文化服务体系”。2007年，《政府工作报告》进一步强调：“着眼于满足人民群众文化需求，保障人民文化权益，逐步建立覆盖全社会的公共文化服务体系。”2011年国家又对文化站公共文化服务的具体免费开放做出了政策安排，并加大了对于文化站经费上的支持。在这种背景下，湖北省通过加快农村公共文化服务体系建设，有效实现了基于服务为导向的农村文化治理路径。以国家、省级公共文化服务体系示范区（项目）创建为抓手，形成工作先导机制。积极

---

① 《中共中央关于深化文化体制改革、推动社会主义文化大发展大繁荣若干重大问题的决定》，中国共产党新闻网（http：//theory. people. com. cn/GB/16018040. html）。

组织示范区（项目）创建，推动各地探索公共文化服务体系建设规律。2011 年以来，黄石、武汉、荆州大力推进第一批国家公共文化服务体系示范区（项目）创建，顺利通过国家验收。襄阳、孝感、黄冈成功获得第二批国家示范区（项目）创建资格。2013 年，湖北省又公布了第一批省级公共文化服务体系示范区 10 个创建县市名单，2015 年又公布了第二批省级公共文化服务体系示范区 10 个创建县市名单，将文化体制改革导向性问题的破解情况作为国家、省级示范区创建验收前置条件，要求各地先行先试，争取形成可供推广的经验和模式，带动全省发展。为有效发挥公共文化服务体系建设的治理效应，自 2012 年以来，湖北省共有 21 个县市区获评省级公共文化服务体系示范区创建资格，在农村公共文化服务体系建设方面取得巨大成就。

在公民话语觉醒的背景下，湖北省通过农村公共文化服务体系的建设，有效保障了农民的基本文化权益，很好地满足了农民日益增长的文化需求，符合广大人民群众对美好生活的新期待。并且，通过探索建立农民文化参与机制，让农民有效参与到各种文化活动中来，使他们重新联结起来、组织起来，从中生发出新的公共性，在一定意义上消解了个体化对于乡村社会及其治理的消极影响。

## 第二节　湖北省农村文化治理的典型经验

自改革开放以来，湖北省各级政府通过制定一系列的政策来指导和保障农村文化治理体系的重要运转。农村文化治理实践中也逐渐探索出一些典型做法和经验。在各地的实践中，竹山县“十星级文明户”、秭归县“六小”村落文化建设及嘉鱼县综合性文化服务中心建设，是湖北省农村文化治理实践探索中的典型经验，对于加快湖北省农村文化治理现代化具有重要的促进作用。

### 一　竹山县“十星级文明户”创建

竹山县“十星级文明户”的创建，作为精神文明建设的典型实践，也是社会转型背景下农村文化治理的重要探索。自 20 世纪 90 年代兴起以后，从其产生到现在经历了 24 年的历程，并在国家政策的影响下经历了从试点探索阶段到巩固提升阶段再到创新拓展阶段的历史变迁。

（一）试点探索阶段：农民集体意识的重构

1979年，党的十一届四中全会首次提出："在建设高度物质文明的同时……建设高度的社会主义精神文明"，物质文明与精神文明建设成为中国特色社会主义体系的重要组成部分。竹山县罗家坡村作为全国"十星级文明户"创建的发祥地，在改革开放的背景下，罗家坡村村民因为开采丰富的矿石资源而快速致富，然而许多村民在经济生活得到改善的同时，其精神"贫困"、道德"荒芜"等问题却随之而来。在市场话语的洗礼下，一些村民开始只注重自我利益而忽视集体利益，村庄公共事务无人管理，村集体一穷二白，村级组织也日益涣散，干群矛盾日益突出，村两委3年更换了11任村干部。村庄每年发生治安案件上百起，维稳形势异常复杂，竟然发生了兄弟之间为了争夺矿山互相残杀的事件。1989年，人民日报发表了《腰缠万贯的精神乞丐村》一文，深刻描述了改革开放以后罗家坡村生活水平不断提高但精神生活荒芜的尴尬局面。

如何帮助富裕的农民重建"精神家园"，在抓物质文明的同时又不忽视精神文明建设？为此，竹山县委宣传部在罗家坡村点燃了"十星级文明户"① 的火种，探索了以"十星级文明农户"为纽带的农村精神文明建设新路径，在取得良好效果以后，逐步在全县推广"十星级文明户"的经验。1993年，竹山县下发了《关于在竹山县农村开展创建"十星级村组、文明农户"活动的通知》，针对当时农民利己主义的风气盛行，结合农村治理的现实需要，将农村精神文明建设细化、量化为"十颗星"，即五爱星、致富星、法纪星、计生星、科技星、文教星、新风星、义务星、团结星、卫生星。按照平时争创、集中评选的原则，遵循自报自评—群众评议—评审委员会审定—张榜公布—星牌定星的步骤，每年对"十星级文明农户"进行年中、年末两次集中评选。为了增强农民的集体主义观念，竹山县通过赋予每颗星不同的内涵，并给予十星户优先招工、转干、入伍、三提五统减免等政策优惠，强化"十星"的道德约束力，让农民重新树立集体主义的价值理念。

① "十星"的种类在不同的时间段，有一定的调整，限于文章篇幅，后文不再单独指出。

（二）巩固提升阶段：社会主义新型农民的培育

“十星级文明户”的创建是计划经济背景下农村精神文明建设的延续。进入21世纪初期，由于市场经济的发展导致了农村社会发生了激烈的变革，农民群众的利益开始趋于多元化，农村精神文明建设开始面临新的挑战。同时，由于农村税费改革的深入推进，农村精神文明建设原有的政策激励机制逐渐丧失作用，“十星级文明户”创建活动面临动力弱化的困境。为了适应市场经济的发展，让农村精神文明建设有效内化为群众的自我约束力，竹山县委县政府开始了以培育社会主义新型农民为主旨的“十星级文明户”创建新探索。

2001年，竹山县文明委印发了《二〇〇一年全县精神文明建设工作要点》，提出在竹山县创办10个“两个文明建设”综合示范村；并在2002年又以县委县政府的名义印发了《开展强强共建农村两个文明综合示范村活动的实施方案》，在竹山县23个综合示范村开展城乡强强共建小康村活动，“十星级文明户”创建工作进入了一个探索创新的新阶段。在文明建设综合示范村的引领下，竹山县将致富星放到首位，将生态星、道德星、信用星、科技星等作为重点，形成“一星带九星”格局，引导农民牢固树立既争荣誉又受教育的理念。通过这样的文明创建，让农民在市场经济背景下，逐渐向有文化、讲道德、守法纪、善经营的社会主义新型农民转变。

（三）创新拓展阶段：以服务为导向的农村精神文明建设

由于农村税费改革导致了国家与农民的关系从资源汲取向公共服务的形式转变，公共服务下乡成为重构国家与农民关系的新机制。针对农民日益增长的服务需求，竹山县委、县政府适时提出了建设富裕和谐文明幸福家园的发展战略，保障民生及提升人民群众幸福感成为精神文明建设的重要任务，公共服务下乡成为竹山县“十星级文明户”创建的新路径。

为加快社会主义新农村建设，竹山县在2003年下发了《关于深化“十星级”文明户创建工作的决定》，正式启动了扶贫、信用、生态、文化、平安、健康“六大工程”建设，将“十星”创建与公共服务下乡有效结合，以此为载体来巩固和深化“十星级文明户”创建活动，让农村精神文明建设焕发出新的生机与活力。在创建过程中，将文教星、新风星、健康星、生态星摆上突出位置，并将服务星放在首位，通过树立“十星标准就是幸福指数”的创建理念，在创建过程中为农民营造更好的生产、生活环境，将“十星级文明户”创建的过程与新农村建设及公共服务下乡相融合。2005年，竹山县在借鉴东部沿海地区先进经验的基础上，又正式启动了绿色小康村创建活动，并以此进一步丰富了“十星级文明户”创建的思路：以实施“六大工程”为载体，以绿色小康村建设为主干，以“六大工程”建设和“十星级文明农户”创评为两翼，全面推进农村精神文明建设和社会主义新农村建设，各具特色的社会主义新农村建设典型也在探索中不断涌现，让农民在建设美丽村庄的同时又分享了精神文明创建的成果。同时，在快速城镇化的背景下，为了有效破解拆迁安置中的移民难题，竹山县委县政府又于2010年印发了《在移民安置区深入开展“十星级”系列文明创建活动实施方案》，启动了在移民安置区大力开展“十星级”文明乡镇、文明村、文明社区、文明户等系列创建活动，重建了城镇化背景下的村民共同体，竹山县农村精神文明创建开始呈现新的亮点。

### 二 秭归县“六小”村落文化建设

秭归县位于湖北省宜昌市，是湖北省较早开始探索地方治理创新的县市之一，早在十年前就曾进行“杨林桥”模式的农村社区建设探索，自进入21世纪以来，秭归县委加快了农村基层文化建设，依托“幸福村落”打造县域文化品牌。秭归县为了进一步落小、落细、落实基层文化建设，变“大水漫灌”为“涓滴细流”，不断满足农民群众的文化需求，在宜昌市创建国家公共文化服务体系示范区之际，结合已有的“幸福村落”创建，探索开展“六小”村落文化建设。2015年，县委宣传部牵头并组织县财政局、县民政局、县文旅局、县广电局、县文联、县体育局等相关部门商讨出台了《秭归县“六小”村落文化建设实施方案》。该方案旨在进一步整合各种资源、挖掘地域文化、调动群众热情，细化和充实村落文化建设，在贴近居民生活的小范围内实现小场所大作用、小活动大舞台、小队伍大服务、小村落大文化的建设目标，体现了“幸福村落”“文化秭归”建设的要义。

### （一）加强基层文化治理的体制机制创新

秭归县是典型的山区县，农村人口居住较为分散。秭归县地处长江西陵峡两岸，县境内群山相峙，形成广大起伏的山冈丘陵和纵横交错的河谷地带，大片平地少，多为分散河谷阶地、槽冲小坝和梯田坡地，农村人口居住较为分散，多是以一个小坝和阶地为一个聚居区域，从这一个聚居区域走到另一个聚居区域要花费较长时间。在这样一种大山环绕的地理环境下，单纯地以一个行政村为单位供给公共文化服务显得十分局限，这也就决定了秭归县的公共文化服务供给需要结合地方地理和人文实际，依托本土资源在地提供群众喜闻乐见的公共文化，进一步提升农村地区公共文化服务的可及性。

在实际的探索过程中，秭归县充分结合本地特性，探索形成“六小”村落文化建设模式：（1）建设小院坝。在村落中选取或新建一个水泥硬化、平整开阔，能容纳百人左右的小院坝，以供村落群众在院坝里开展体育锻炼、广场舞蹈等娱乐休闲活动。（2）配备小设施。以村落为单位，配备一定数量的小音响、民间乐器、健身器材、科技图书，满足村落群众看书、跳舞、健身等基本文化需求。（3）设立小场所。以村落为单位，在村落固定一个议事场所，方便村落群众在一起商议经济发展、商讨项目建设、商量活动开展，并在此解决村落群众之间的矛盾纠纷，就发生在大家身边的人和事进行以案说法、以事明理，宣讲政策理论，开展思想教育，倡导文明新风。（4）开辟小墙壁。在村落相对集中、人流较多的区域，固定一块小墙壁，作为村落宣传文化墙，就社会主义核心价值观、孝道礼仪、村规民约、政策法规等进行宣传，由村落宣传员具体负责，做到变更及时、内容实在、图文并茂。（5）组织小活动。以村落为单位，组织开展“十星级文明户”“好公婆好媳妇”评选，“身边好人”、道德模范推荐等文明创建活动，广场舞比赛、传统文艺展演、农民运动会等文化体育活动，教育引导群众崇德向善、见贤思齐、修身养性。（6）培育小队伍。以村落为单位，培育及挖掘村落“乡土文人”，带领群众开展文化活动，自娱自乐；组织群众开展文明创建活动，净化民风。确保村落群众议事有场所，娱乐有地方，健身有器材，宣传有阵地，活动有组织，指导有人才。

秭归县“六小”村落文化建设的最大亮点，在于突破现有的以村为单位供给公共文化服务的模式，依托本土资源探索以村落为更小供给单位的文化服务在地供给模式，将国家公共文化服务体系建设下沉到农村社区，推进了农村地区公共文化服务供给的落地，大大提升了农村地区公共文化服务的可及性与普惠性，为居民参与营造了适度可及的文化空间，保障了农村广大农民群众的文化权利。秭归县突破了在行政村层面供给服务的固有思维，围绕小村落提供便利可及的公共文化服务。农村的公共文化服务供给需要依据地方实情来进行有目的、有需要的精准实施，农村地区特别是偏远山区以及管辖区域较大的行政村受地域环境的限制，人口居住较为分散，仅仅是在行政村层面供给文化服务显然不能满足全部居民的需求，而如何突破地域限制在农村地区进行有效的公共文化服务供给是一大难题。在这种背景下，秭归县通过划小区域、缩小范围、集中人群，围绕村落范围的“小”来提供便利可及的文化服务，让传统的文化因子得到延续，在村落文化建设进行互动与交流，满足了村民日益增长的文化需求，在公共文化服务的供给思维上有所创新。

（二）强化基层文化治理资源的整合与共享

随着农村物质生活的日益充裕，农民群众对精神文化的需求日益强烈，希望在家门口有便捷的文体设施和文化阵地，可以在劳作之余听听歌、跳跳舞、看看书，加之村落区域范围较小，村落群众相对集中，彼此之间有着共同的文化习俗、精神信仰和生活习惯，使同一村落的群众对文化的需求更加强烈，他们更加盼望有条件共聚一起自娱自乐。秭归县在农村公共文化服务供给的内容中，结合村内的微小治理单元进行文化供给，将服务农村的各方资源和力量下沉到村落层面，把文化阵地建到村落，把文化设施配到村落，把文化活动开展到村落，进一步延伸农村公共文化服务的供给链，逐步构建了以乡镇“一站一场”（综合文化站、文体广场）、行政村“七个一”文化建设［每村一个村级综合文化服务中心、一个文体广场（百姓舞台）、一套文化体育广播设施设备、一批群众自主开展的文体娱乐活动、培训建设一支文化队伍、打造一个特色文化品牌、建立健全一套管理运行机制］和村落层面的“六小”文化建设为体系的三级公共文化服务网络，实现农村公共文化服务供给的三级联动，有效解决农村山区无场所、无设施、无活动的局面。秭归县在“六小”村落文化建设的具体做法中，依托“幸福村落”创建的已有基础，在2012年按照“地域相近、产业趋同、利益共享、有利发展、群众自愿、便于组织、尊重习惯、规模适度”的原则，在行政村内合理界定村落范围，将全县193个村（居）划分为2055个村落，每个村落30—50人，以村落为单位开展“六小”村落文化建设。

### （三）将基层文化治理与村民生活相结合

在农村基层公共文化服务的供给内容上从“小”处着手，秭归县围绕“小”的理念提供居民需要的文化服务，展现出“小”的美与好。在村落层面建设小院坝、配备小设施、设立小场所、开辟小墙壁、组织小活动、培育小队伍，不需要很大的资源投入，可就近依托村落现有的场地设施等资源进行在地供给。另外，也结合农村社会实际供给规模适度、契合居民实际文化需要的产品和服务。

其一，布局和建设村落层面的文化活动场地及设施，让公共文化服务硬件资源触手可及。活动的小院坝也就是村落中心户门前较大的一块场地，或是就地选取，或是新建，活动的小场所就是村落议事的室内场所，就近选在中心户的家里，满足群众开展室内外公共活动的场地需求。在选好活动场地的基础上，文化部门配备一些跳舞的小音箱、健身器材、科技图书等，满足群众跳舞、健身和看书的需求，以及在相对集中的区域固定一块小墙壁，宣传社会主义核心价值观、孝道礼仪、村规民约、政策法规等知识。在村落层面布局和新建这些文化场地和设施，缩小服务半径，让聚居在村落的村民不用出远门就能在地享受便利的文化服务，体现了公共文化服务供给中“送文化”的要义。其二，聚居在一起的居民就地开展自娱自乐的文化活动，让本土的文化资源“活”起来。村落里的几户人家居住相隔很近，聚在一起开展一些自娱自乐的文化活动显得十分方便，如聊聊天、跳跳广场舞等，大大丰富了居民的日常精神文化生活。并且，村落里的“非遗”文化传承人还会号召跳舞的队员一起排练文化节目，同时还会参加市里的文化表演比赛，让本土的优秀文化“活”起来。在此基础之上，文化站以村落文体队伍中的文化能人为抓手，选优培优，进一步提升了他们的文化水准，引导居民学在其中、玩在其中、乐在其中，久而久之，农民群众的文化需求得到满足，文明素质得到提升，村风民俗得以转变，体现了公共文化服务供给中“种文化”的内涵。其三，在村落开展小范围的文化活动，推进农村“幸福村落”

生活共同体建设。村落既是居民生活的天然场所，也是居民日常活动的共同区域，同一村落的居民有着相同的地缘文化、产业文化、习俗文化和亲情文化，具有很强的内在凝聚力，在村落内将“六小”文化融合到一起，为居民在房前屋后开展各种活动提供了场所和设施便利，大大满足了居民聚居在一起开展公共活动的需求。同时，每一个跳舞的人，就代表一个户，和他们在一起时说点事，就相当于开了场村民代表大会，将个体化的居民关联到村庄公共事务中来，营造了“我为人人，人人为我”的集体荣誉感。这种经常性的文化活动不仅丰富了居民的日常精神文化生活，而且进一步推进了村庄内的生活共同体的建设。

## 三　嘉鱼县基层综合性文化服务中心建设

为满足人民群众日益增长的文化需求，提升基层公共文化服务水平，嘉鱼县坚持实施文化先行战略，切实加强基层公共文化服务体系建设。2016年2月13日，县委办公室、县政府办公室印发了《嘉鱼县创建湖北省公共文化服务体系示范区实施方案》（嘉办发〔2016〕4号），提出要“建立和完善结构合理、发展均衡、网络健全、运行有效、惠及全民的公共文化服务体系”。为加强村（社区）级公共文化服务设施建设，增强基层文化活力，嘉鱼县文体新局制定了《关于加强基层公共文化服务设施建设的实施方案》，统一规划基层综合性文化服务中心的建设，探索了较好的管理与利用模式，逐步形成了以村（社区）综合性文化服务中心建设为平台来加强基层文化治理的“嘉鱼模式”。

### （一）多元化的建设路径

为加快村（社区）综合性文化服务中心建设，嘉鱼县通过整合利用基层现有文化资源，统筹党委、政府各职能部门资源，在强调功能配置标准化的同时又不追求千篇一律，加快了村（社区）综合性文化服务中心建设。根据《湖北省人民政府办公厅关于推进基层综合性文化服务中心建设的实施意见》及《湖北省文化厅关于进一步推进全省农村文化广场建设的意见》等文件精神，逐步在全县建设“五个一批”百姓舞台工程及文化服务中心，进而形成了以文化服务中心、文化广场及儒家文化墙为代表的多样化的综合性文化服务中心建设模式。嘉鱼县按照人口规模和服务半径，在每个村、社区建设选址适中、与地域条件相协调、符合省级建设标准的文化服务中心、文体广场及儒家文化墙，并将村（社区）文化设施建设纳入当地城乡建设总体规划、村镇建设规划，发挥公共财政在农村公共文化设施建设中的主导作用，积极吸收社会各方面的力量参与建设，探索实施符合本地实际的建设路径。

为加快基层公共文化服务资源的整合与共享，县委、县政府印发了《关于县领导联镇联社区联企业联村工作安排的通知》，将全县各村及社区划片，采取县委、县政府主要领导联镇、联社区、联企业、联村工作机制，有序推动村（社区）综合性文化服务中心建设。在县委、县政府的协调下，通过统筹基层宣传文化、党员教育、科学普及、体育健身、青少年阵地等部门资金，集中扶持基层公共文化设施建设，鼓励个人投资建设公共文化设施。嘉鱼县文体新局通过整合多方资金，投入150余万元用于村（社区）综合性文化服务中心建设，通过“以奖代补”的形式，切实发挥财政资金的激励引导作用，引导各个村（社区）建设综合性文化服务中心。在加强资源整合与共享的同时，嘉鱼县也大力推动村（社区）综合性文化服务中心标准化与特色化建设。规定各村庄、社区综合性文化服务中心面积不少于150平方米，并要求全部达到“五个一”标准：1间多功能文体活动室、1间阅览室（整合综合性文化服务中心和文化信息资源共享工程基层服务点统筹建设）、1套群众体育活动器材、1套简易灯光音响设备和1个文化广场。在推动标准化建设的同时，也鼓励各地根据现实条件和资源禀赋，扩展服务功能、安排个性设施、彰显地方特色。在加强资源整合共享的同时，嘉鱼县根据本地集体经济较为发达的特性，积极探索企业参与基层公共文化服务设施的建设的新路径。嘉鱼县通过创新投入方式，采取“财政支持一点、村（社区）自筹一点、联系单位帮助一点、群众投入一点、社会捐献一点”的办法，多渠道筹措资金，加快社会力量参与村（社区）综合性文化服务中心建设。同时，为突出地域文化特色，充分整合村（社区）文化资源，嘉鱼县加快了儒家文化墙及宗祠文化空间的改建工作。早在2006年新农村建设开始，嘉鱼县就将目光投向分布在各村庄及村落的宗祠，开始实施宗祠改建农村文化服务平台工程。县文体新局通过投入资金，购置文体设施，改造宗祠布局，转换宗祠功能，在农村文化阵地建设上寻找新的突破。

通过探索资源整合型、村企共建型及宗祠改建型为代表的建设路径，大力推进村（社区）文化服务中心建设、文化广场建设及儒家文化墙建设，有效推动了嘉鱼县村（社区）综合性文化服务中心建设的标准化和特色化发展。到2016年12月，全县82个行政村、23个社区基本建成了不低于150平方米的文化活动室和室外活动场地，全面落实了“五有”（即有一个文化广场、有一批文化中心户、有一组文化墙、有一支文体队、有一个文化志愿者队伍），村（社区）公共文化服务体系建设成效显著，既满足了群众日常文化活动需求，又起到了很好的示范作用。

（二）社会化的管理与运营模式

为推动村（社区）综合性文化服务中心正常运转，嘉鱼县在设立专职化的管理岗位的同时，也在积极探索社会化的管理与运营模式。

为解决村（社区）文化人才相对不足的困境，嘉鱼县文体新局制定了《关于成立村（社区）文化指导员队伍的通知》，在镇、村层面逐步设立文化指导员岗位，村（社区）“两委”班子里要求有1人专管文化建设。目前嘉鱼县村（社区）综合性文化服务中心都建立起了工作队伍，基本都配备了专（兼）职管理人员，保障了综合性文化服务中心的正常运转，为激发村（社区）文化管理人员的工作积极性，县文体新局每年给予补助3000元。同时，全县共建立47户县级文化科技中心户，每个社区至少有1户文化科技中心户及1名文化信息员，参与村（社区）综合性文化服务中心的日常管理与运营。为规范基层公共文化服务的管理体系，嘉鱼县文体新局派出300余个文化体育指导员，常年指导村（社区）群众体育和文化活动的开展，并坚持从有限的经费中给予资助支持，加强文化管理人员的业务培训和指导。

在推动基层文化管理员专职化的同时，嘉鱼县也通过发挥文艺队伍及志愿者的作用，加快了村（社区）文化服务中心社会化运营。为加快基层文化志愿者队伍的建设，嘉鱼县文体新局制定了《关于招募成立文化志愿者队伍的通知》，要求每镇文化志愿者不少于100人。嘉鱼县共有体育协会12家，大型文艺协会、团体超过了55家，每个村（社区）基本都成立了不少于2支的文化队伍，村（社区）通过为文艺队伍提供场地，政府通过对各个文艺队伍提供一定的财政补助，为文艺队伍的发展提供政策支持。通过以设施场馆为载体，将分散在各地的文艺团队整合进综合性文化服务中心，而文艺团队则将群众有效整合，将业余文艺骨干、老党员、老干部、专业文化工作者和热爱文化事业的社会人士纳入进来，壮大文化志愿者队伍，开展公益性文化服务，推动村（社区）综合性文化服务中心社会化运营，向村（社区）居民开放，让广大居民在参与活动中共享文化资源。如北街社区综合性文化服务中心建成以后，通过制定社区公约及服务设施管理条例，依托群星合唱团、民乐艺术团、文庙山健身队、太极拳健身协会、戏迷协会、书法协会等多支文艺团队，组建了一支包括30位志愿者的队伍，参与综合性文化服务的日常管理与运营，探索出了一条由村（社区）文体团队自我创作、自我管理、自我服务的社会化新路径。

通过不断探索与实践，嘉鱼县村（社区）综合性文化服务中心管理运行机制不断健全，形成了综合性文化服务中心日常管理的“馆团互动”模式：以村、社区两委为主导，社会组织和群众参与运作的“馆团互动”管理模式。其中，村（社区）党组织和委员会为综合性文化服务中心把方向、强保障，通过社会组织整合社会力量，特别是文化志愿者队伍，提升了综合性文化服务中心的专业化和常态化服务能力。

（三）“送文化”与“种文化”相结合的服务形式

为发挥村（社区）综合性文化服务中心的治理平台效应，嘉鱼县通过加强先进文化的宣传、“一村（社区）文化品牌建设”及加强乡土文化的传承等路径，探索了“送文化”与“种文化”相结合的综合性文化服务中心利用模式。

1. 加强先进文化的宣传

嘉鱼县在立足于大文化的理念下，积极开展宣传文化、党员教育、科学普及等先进文化的植入，使村（社区）综合性文化服务中心成为基层文化治理的阵地。根据《咸宁市关于实施基层精神文明建设“一五一十”工程的意见》，嘉鱼县通过创新文化下基层的形式，以村（社区）综合性文化服务中心、文化科技中心户为载体，发挥大型文化活动的示范引领作用，激发基层文化治理的新活力。以村（社区）综合性文化服务中心为载体，定期开展社会主义核心价值观学习教育和中国梦主题实践教育，大力宣传传统儒家文化（如孝悌忠信、礼义廉耻）及社会主义核心价值观，有效加强了对基层先进文化的引导作用。

为充分发挥综合性文化服务中心的阵地作用，各级文化部门重点实施了“五个一”工程，即一首歌、一句话、一套书、一部影视剧、一个精品节目，定期开展“书香鱼岳·全民读书”活动，加强了基层文化活动的开展。以2015年为例，各镇至少举办了一文一体两次以上的示范性群众文体活动。送戏下乡150多次，组织文体培训10次以上，创作各类文艺作品40件以上，搜集整理民间文艺作品100件以上，举办各类文艺演出、展览16次以上，扶持建立文化科技中心户30个。农民自办的民间艺术活动长年不断。通过积极开展各种文化文艺活动，点燃了村民读书激情，让村民形成全民阅读、终生学习的习惯，丰富了农民群众的精神文化生活，通过积极探索形成了社区居家文化养老的新模式。

2. “一村一文化品牌”建设

文化活动的开展既是满足人民群众文化需求的重要手段，也是基层文化治理的润滑剂。通过传承和发展民间传统体育，广泛开展形式多样的群众性文体活动，将健身与娱乐、文化相结合，推动村（社区）文化品牌建设。各镇、各部门组织开展了一系列具有示范性，引领性和带动性的群众文化活动，逐渐形成了一村一文化品牌的格局，吸引了广大群众积极参加。通过特色文化村（社区）创建工作，全县500余名文化体育指导员扎根基层，引导农民群众、社区居民开展群众体育活动，每个镇都创建了2个以上特色文化村，如陆溪镇连续三年举办农民趣味运动会，陆溪镇藕塘村成立了金泉农民艺术团，潘家湾镇的农民欢庆锣鼓队，新街镇的马鞍楚剧团等。每个社区都基本创建了2个以上特色文化小区，全县共建立30多个体育特色村和20多个体育特色小区，“篮球村”“健身舞蹈村”“武术村”“龙舟村”遍及全县广大农村，极大地丰富了城乡群众文化生活，对镇村两级的群众文化体育活动起到积极的带领和示范作用。通过文化品牌的打造，形成了群众广泛参与广场文化和文体健身的潮流，各种民间文艺协会、团体活跃在广场、社区、村组，自发组织丰富多彩自娱自乐的文艺活动。开展村（社区）特色文化创建，打造农村特色文化品牌，对推动农民群众广泛参与公共文化活动，提高公共文化服务影响力和吸引力有着重要作用。

3. 加强乡土文化的传承

乡土文化作为维系村社共同体的纽带，也是村社发展的根基。嘉鱼县通过发挥村（社区）综合性文化服务中心的作用，推动了乡土文化的传承与发展。乡土文化根植于农村，涵盖了农村地区的民俗风情、传说故事、古建遗存、名人传记、村规民约、家族族谱、传统技艺、古树名木等诸多领域。通过乡土文化的传承，充分利用农村公共文化空间，培养群众健康的生活方式和高尚的道德情操，引领社会文明风尚。如新街镇港东村作为咸宁市唯一的“省级孝德文化”示范村，大力开展孝廉文化活动，依托孝德文化长廊、农民文化广场等文化空间，开展“好婆媳”及“十大孝子”“十星级文明户”“最美家庭”及“最美媳妇”评选活动，通过树孝风、定孝制、传孝道、做孝事，营造了浓厚的文化治理氛围，村民的思想观念、行为习惯得到转变和改善，整村的文明程度都大幅提升。

## 第三节　加快湖北省农村文化治理现代化的路径

自改革开放以来，经过各级政府的积极探索与实践，湖北省各地区的农村文化治理都取得了较好的成效，并形成了独具特色的经验与特点。但总体来看，湖北省农村文化治理存在着现代文化治理理念扎根不牢，政府、市场及社会三者之间尚未形成良性互动机制，乡镇文化运行体制亟待完善等问题。特别是在农村文化治理这一场域，国家、农村精英和农民作为农村文化治理的三个主要行动者，在压力型体制的影响下，农村文化治理未能有效调动基层文化治理主体的主动性，同时也忽视了农民的参与，农村文化总体上处于一种混杂状态。如何构建均衡有效的农村文化建设体系，成为当前农村文化治理的重要课题。[①] 在当前农村文化振兴的时代背景下，为有效加快湖北省农村文化治理现代化，可以从以下几个方面做起。

---

① 陈楚洁、袁梦倩：《文化传播与农村文化治理：问题与路径——基于江苏省 J 市农村文化建设的实证分析》，《中国农村观察》2011 年第 3 期。

## 一 以共享发展理念加强农村文化生态的包容性

在时代转型的背景下，乡风文明及治理有效作为农村文化振兴的两个重要层面，也是加快农村文化治理现代化的重要路径。国家权力对于基层社会的嵌入及运行需要相应的文化网络为支撑，如果国家权力的嵌入忽视了地方性知识，将会导致基层治理的失败。在当前农村文化振兴的时代背景下，压力型体制下的农村文化治理的一大弊端是社会大众脱嵌于治理过程，这就要求治理的公众再嵌入。要实现农村文化的繁荣与发展，必须改变当前基于行政供给的农村文化建设路径，在共享发展的理念下探索农村文化治理现代化的有效路径。

在共享发展的理念下，农村文化建设的核心是构建包容性的农村文化生态，探索“德治、法治及自治”协调发展的农村文化振兴路径。正如威廉斯所言:“文化是一种生活方式，文化霸权的构建需要各个阶层的参与，而不应该仅仅是上层精英的活动，在整合残余文化、新型文化基础上，把各个阶层的思想整合、收编到主导文化中，创造一种属于各个阶层的共同文化。”① 为解决农村文化治理过程中话语与行动分离的局面，需要加快构建共享发展的农村文化秩序，提升农村文化生态的开放性及包容性。首先，在农村文化治理的过程中，应该坚持“文化重建”的理念，改变城乡文化二元对立的思维，通过现代文化与乡土文化的融合来重构农村社会秩序，提升农村文化建设的内生性。其次，充分尊重农村社会“家户制”的传统底蕴，让农村文化治理有效体现乡土社会的特性及农民日常交往的逻辑及价值归属。通过加强农村公共文化建设及开展移风易俗行动等路径，探索送文化与种文化相耦合的农村文化治理路径。在国家通过顶层制度设计把握文化建设总体方向的基础上，依托教育引导、实践养成、制度保障等形式，将传统文化与现代文化有效融合，让社会各个阶层、各个主体充分参与，才能真正实现农村文化振兴，促进农村文化生态的现代化转型。

## 二 以“合作共治”来优化农村文化治理体系

农村文化治理作为一项面向农村基层社会的系统工程，根本目的是

---

① ［英］雷蒙·威廉斯:《马克思主义与文学》，河南大学出版社2008年版，第180页。

通过满足农民的基本文化生活需求来达到农村社会的和谐稳定，而“合作共治”的民主治理机制是其有效运转的基础。为改变当前压力型体制下政治消解行政的悖论，需要从基层权力配置、制度设计、资源输入及村民自治等层面进行整体性变革，实现农村文化治理从单向度的嵌入向耦合性治理的实践转型。农村文化治理的过程，首先是政府对农村文化的一种外部输入，同时也是农村社会内部的一种自我建构过程。外部嵌入与自我建构的有效耦合，是加快农村文化治理现代化的现实路径。只有把传统文化与现代文化有效融合，农村文化建设才能作为政府重构基层社会秩序的现实体现。在现有的“压力型”体制之下，也要预防农村文化治理成为地方政府的“面子工程”，在现实执行中成为一纸空文，这需要转换文化下乡的路径，探索自上而下及自下而上相互耦合的治理路径，在农村文化治理的过程中将农民的话语有效融合，进而推动我国农村文化治理的现代化。在当前农村文化治理的路径中，应该坚持“文化重建”的理念，通过现代文化与乡土文化的融合来重构农村社会秩序。

从基层政权运作的微观视角来说，应该改变政府主导的文化嵌入路径，真正实现运动式治理向常态化治理转型，提升农村文化治理过程中农民的主动性，通过农民的有效参与来重塑农民的文化认同。在实际的探索过程中，应该给予基层政权相应的自主权，通过加强公共文化服务资源的整合与共享，依托组织体系的创新加强农村文化人才体系建设，建立农村文化治理的立体化网络体系。同时，应建立健全政府主导、社会多元参与的文化治理机制，加强农村文化组织的培育及发展来重建农村社会共同体，拓宽农民参与农村文化治理的路径，进而推动农村文化治理的自主化、社会化发展，让农村文化治理体系从政府主导的内循环向社会多元参与的大循环转换。再次，从制度上改变压力型体制的影响，推动农村基层民主的发展，加快乡镇服务型政府的建构，优化农村文化治理的考核体系，加强基层公共文化服务产品的供给，将农民的满意度作为农村文化治理的重要考核标准，提升农村文化治理过程中政府公共服务的水平及效率，进而实现政府与农村社会的良性互动。

通过建立政府扶植、群众参与、以组织为载体、社会力量多元参与的基层文化治理体系，加快农村文化队伍的培育与发展，将会逐步推动农村文化治理体系由文化事业单位内循环到全社会大循环的转变，从而开创农村文化治理的新局面。基层政府作为农村文化治理的核心主体，也是农村文化建设的责任供给者，应该进一步发挥其不可替代的作用。对此，在充实基层政府和文化管理站的人力和财力，确保其责权与资源相匹配的基础上，将基层政府真正转变为服务型政府并将治理重心调整到提供高效、优质的公共文化服务上来。农村文化建设的关键在于加快农村基层文化组织的培育与发展，将具有相同爱好和需求的村民组织起来，组建自娱自乐的公益性组织，发挥农村自组织的文化治理效应。

### 三 以公共性重建来提升农村文化治理能力

农村文化治理是一项面向农村社会的柔性治理工程，除了要改革、创新农村文化治理体系，还要以公共性重建为主旨努力提升农村文化治理能力。从宏观层面来看，农村文化治理的良性运行，需要依托一整套功能高效的制度安排，通过制度体系创新来推动农村文化治理体系和治理能力的现代化，让不同层次的文化治理体系相互协同，不断优化农村文化治理制度的运行逻辑。文化治理所凭借的制度安排也要从治理困境出发，建立能够克服这种困境的一系列制度安排，并因此让农村文化治理的制度安排遵循治理制度化的一般过程，逐渐通过治理制度的形成、完善、调试来促进文化治理制度的渐进成熟，营造法治化、规范化的文化生态环境。[①] 就现阶段来说，亟须打破传统的政府统管一切的部门化的文化治理模式，依托乡村振兴战略，建立健全农村文化治理多元化路径，形成政府、集体、企业、民间社会组织和个人共同参与农村文化治理的格局。总之，坚持以重构农村公共文化为目标，切实提升农村文化治理能力，以此化解农村公共人衰落所带来的农村治理危机，引导农民成为积极作为的农村新公共人，整合个体化的农村社会，从而实现农村社会治理的目标。

农村文化治理的过程中，要不断拓展农村文化治理的传播渠道，增强农村公共文化要素的覆盖面。首先，在农村社会转型的时代背景下，应该坚持“三贴近”原则：即贴近当地实际、贴近群众需求及贴近主流

---

① 蔡文成、赵洪良:《结构·价值·路径：文化治理的内在逻辑与实践选择》,《长白学刊》2016年第4期。

价值，加快先进文化的传播机制建设，借助互联网等信息平台，增强农村文化治理的传播面及“可及性”，进而提升农村文化治理的传播效率。其次，可以充分利用现有的文化阵地，把核心价值观的宣传及发展有机融入各种文化活动之中，将社会公德教育有效融入农村文化建设的过程中，确保社会主义先进文化在农村社会找到合适的土壤。最后，从农民的日常生活出发创新利益牵引等政策激励机制，增强协商对话与宣传教育机制的效能，加快农村公共性的培育，充分挖掘农民喜闻乐见的乡土文化，为公共理性和协商意识的提升创造良好的社会环境。

# 第七章

## 改革开放40年来湖北省农村社会治理变迁及展望

40年前的1978年，我国拉开了农村改革的序幕。伴随着农村改革的不断发展和深入推进，农村社会治理发生了重大历史变革。

改革开放40年来，其中尤为瞩目的农村改革，分别是以农村土地经营为核心内容的农村家庭联产承包责任制的普遍推行和以农村税费为主要对象的农村税费体制改革。通过前一项改革，不仅释放了农民种粮的积极性，而且促进了农民从土地上解放出来，从而掀起农民“离土不离乡”和“离土又离乡”的务工、经商或创业的热潮，造就了20世纪80年代中期乡镇企业的辉煌成就，形成了巨大规模的流动于城乡之间的、以“农民工”为标签的独特社会群体，他们构成了20世纪八九十年代一道特别的历史景观。通过后一项改革，破解了积重难返的农民负担不断加重的难题，消解了因此而引致的越发密集且日渐加剧的干群冲突（有的甚至升级为大规模的群体性事件）以及由此而引发的农村社会治理危机。但是，这项改革的一个意外后果则是，加剧了农民个体与村庄集体乃至农村基层政府的疏离：除了土地在名义上仍然属于集体以外，农民跟村集体几乎没有任何其他实质性联系。村庄的公共事务乏人问津，甚至无人参与，农村公益事业建设少有人关心、热心。农民跟基层政府的联系更加稀疏，由于农民与基层政府之间缺乏应有的制度性关联，农村基层政府身陷“悬浮型治理”之中①，

---

① 周飞舟：《从汲取型政权到“悬浮型”政权——税费改革对国家与农民关系之影响》，《社会学研究》2006年第3期；吴理财：《从网格化管理转向网络化治理：农村基层治理的“在村模式”》，《国家治理》2015年第1期。

以致“空心化”“个体化”成为当下农村社会的突出特色，它们又给农村社会治理提出了新命题。

与这两项农村改革相伴随的是，农村社会治理大致经历了两波重大变迁：第一波变迁发生在农村土地家庭经营改革之后，农村土地经营制度的变革促使人民公社体制的最终解体，并在“公社”一级建立了乡镇政府，在村（生产大队）一级推行村民自治制度，最终确立了一种“乡政村治”的新型治理结构①；第二波变迁发生在农村税费改革之后，农村税费改革一开始似乎是以减轻农民负担为主旨的农村分配关系的一种调整，但是，这项改革所引起的反应远远超出了农村分配关系的范畴，波及农村社会结构和价值领域。

如果说前一波变迁主要发生在“国家”与农村社会之间，其主要成果是“政社分开”，最终形成了“乡政村治”农村治理体制。那么，可以说后一波主要发生在农村社会之内，触及农村社会自身结构及其“灵魂”，其主要表征是“个体化”②。当前的因应之策便是在村民自治的基础上引入德治和法治，企望通过自治、德治、法治相结合，构建党委领导、政府负责、社会协同、公众参与、法治保障的现代农村社会治理体制。

## 第一节　农村土地经营制度改革与“乡政村治”体制建构

1978年12月18—22日，中共中央召开了具有深远历史意义的十一届三中全会，决定把党的工作重点转移到社会主义现代化建设上来，并为此做出了改革开放的伟大决策。党的十一届三中全会十分重视并深入讨论了我国农业问题，指出必须集中主要精力把农业尽快搞上去，把调

① “乡政村治”这一概念最早由张厚安提出来。他认为，“‘乡政村治’，乃是在治理乡村过程中形成的一种格局”。“乡政”与“村治”的结合，“就形成了当今有中国特色的农村政治模式，现在，我们治理有80%的人口生产、生活在其中的中国农村，就是靠5万多个乡镇政权和100多万个村民委员会，就是靠这两者的结合”。参见张厚安《乡政村治——中国特色的农村政治模式》，《政策》1996年第8期。

② 吴理财：《论个体化乡村社会的公共性建设》，《探索与争鸣》2014年第1期。

动农民积极性作为农业工作的指导思想。根据这个指导思想，全会通过的《中共中央关于加快农业发展若干问题的决定（草案）》提出了发展农业生产的一系列政策措施。在十一届三中全会精神的指引下，一些农村干部和农民群众开始冲破长期以来“左”的束缚，对农村经济体制进行大胆改革探索，从而揭开了我国农村改革的伟大序幕。

湖北省农村改革经历了一年半的徘徊后，也逐渐汇入这场改革大潮之中。从1979年秋开始，湖北农村主要推行定额计酬，对联产到组没有积极推行，更不用说包产到户和“大包干”。直到1980年10月，全省只有28.7%的生产队实行联产到组，实行定额计酬的生产队则占63.9%，而实行包产到户的仅0.3%。从1980年下半年起，湖北省先贫困山区后平原丘陵地区、先旱地后水田、先农田后山林水面、先包产到组后大包干、先间接联产计酬后直接联产计酬，在全省广泛推行各种形式的农业生产责任制。到1982年，全省实行“大包干”的生产队发展到75.3%。1983年以后，“包”字上“山”（山林）下“水”（水面），从种植业扩展到林业、水产养殖业及其他行业。到1984年年底，全省普遍实行了水产承包责任制和山林承包责任制。经过改革，湖北农业得到快速发展，1979—1984年，农业总产值年均递增率达6.8%，比1953—1978年农业总产值年均递增率3.7%高出3.1个百分点。①

农村土地经营制度改革势必导致农村上层建筑做出相应的变革，以适应农村经济发展的需要。从1983年开始，湖北省试行“政社分开，建立乡政权”。是年1月，首先在武昌县②进行试点。同年年底，建乡工作在全省展开，于1984年完成。1984年，重建乡政权时，湖北省人民政府对乡设置的标准未作明确规定，由各地酌情自定，有的地区实行1社1乡，有的地区采取1社分建数乡，鄂西及鄂西北的山区大都采用小乡制（1社分数乡），江汉平原的乡通常较大些。③ 这时，大部分县（市）在县（市）乡之间设立了区公所（作为县级政府的派出机构），少数县（市）

---

① 中共湖北省委党史研究室：《中国新时期农村的变革（湖北卷）》，中共党史出版社1998年版，第40—41、42、45、46、47页。

② 1995年3月28日，国务院批复撤销武昌县，设立武汉市江夏区。

③ 湖北省地方志编纂委员会编：《湖北省志·政权》，湖北人民出版社1996年版，第443页。

设立县辖乡政府。到1985年年底，全省设区公所621个、乡政府3906个，其中县辖乡185个、镇政府803个（在镇政府中，区级镇301个）；村委会3.24万个、村民小组25.85万个。①

在“政社分开”之前，湖北省一如全国其他地区一样，在农村基层实行的是人民公社体制。这一体制从1958年正式建立到1983年开始废除，前后持续达25年之久。1958年8月28日，湖北省首个人民公社在应城县②成立③。到当年年底，湖北全省农村实行了人民公社化④。人民公社经历了由小变大再变小的过程：初建时，基本上为一乡一社；1959年，全省4000多个人民公社减至688个；1961年又改组为4560个人民公社⑤；到1982年年底，全省人民公社为1295个⑥。

这一变革，还与县与乡或者乡与村之间所设置的管理层级变动有关。中华人民共和国成立初期，湖北省农村实行小乡制（即乡域规模较小），在县与乡之间设置有“区公所”。区公所名义上是县政府的派出机构，实为一级政权实体，其机构设置远比当时的乡为完善，人员配备也较齐全，其职能与一级政府已无多大差异。1959年建立的公社，基本上是一个区的范围，规模较大；1961年恢复区，同时把公社划小；1975年撤区并社，这时的公社比1959年的大公社小一点⑦；1976年，为便于领导，又在公社之下设立管理区；1984年改社建乡时，采取的是大区中乡制，即

---

① 《湖北农村经济（1949—1989）》，中国统计出版社1990年版，第3页。

② 1986年6月，撤销应城县，设立应城市。

③ 宜城县红旗人民公社是湖北省建立的第一个人民公社。参见王家吉《热烈祝贺红旗人民公社的诞生》，《湖北日报》1958年8月31日。

④ “从八月下旬起到九月三十日止，全省除武汉、黄石、沙市、宜昌、襄樊五个市区外，已建立起人民公社770个，占计划建立829个公社的93%。入社户数达617万户，占总户数的96%（其中以国有农场为核心建立全民所有制的公社有34个）。全省实现了人民公社化。”参见亦农《全省农村实现公社化》，《湖北日报》1958年10月1日。

⑤ 湖北省地方志编纂委员会编：《湖北省志·政权》，湖北人民出版社1996年版，第28页。

⑥ 同上书，第443页。

⑦ 这次“撤区并社”提出，“公社一般以二、三、四万人为宜。少数地广人稀、交通不便的地区可少于二万人，一些人口集中的地区也可多于四万人”。参见《中共湖北省委关于撤区并乡几个问题的通知》（1975年8月5日），载《湖北省农业合作经济史料》（下册），湖北人民出版社1985年版，第174页。

以原公社为区，原管理区为乡，原大队为村[①]。在实际运行中，依然是区实乡虚、头重脚轻、层次多、效率低。1986年，湖北省委办公厅、省政府办公厅联合下发《关于进行区、乡体制改革的通知》，要求对当时的区乡体制进行改革，进行撤区并乡：第一，平原和交通方便的县（市），由县（市）直接领导乡，乡的规模也要作适当调整；第二，边远山区、交通不便的地区可以保留区的建制，但要成为名副其实的派出机构；乡的规模过小的，应适当合并；第三，符合建镇条件的，可以建镇，由镇直接指导村（居）委会；第四，撤区并乡和减少区的编制名额及富余干部，充实加强乡镇[②]。这一次，除鄂西州[③]外全省农村都进行了撤区并乡（镇）改革。到1989年，全省共有乡政府1127个、镇政府843个；村委会32727个、村民小组260577个[④]。经过这次撤区并乡，各地乡镇规模并不统一。譬如，随州市淅河镇面积达202平方公里，人口共97743人；通山县三源乡面积仅53平方公里，人口共2400人。1991年后，这些乡镇普遍设立了党委、政府、人大、政协四大家[⑤]。

在撤区并乡之时，许多农村又在乡镇之下设立了“管理区”（非正式管理层级），直至农村税费改革之时湖北省才废除管理区层级，大规模进行乡村合并，如今的乡镇规模大致与原来的区公所管辖的范围相近。

众所周知，人民公社“是政社合一的组织，是我国社会主义社会在农村中的基层单位，又是我国社会主义政权在农村中的基层单位”[⑥]，实行“三级所有、队为基础”的管理体制。在人民公社时期，人民公社组织“取代了一切的行政和非行政组织。除此以外，不再有任何民间的生

① 张厚安、王克安：《大力加强农村基层政权建设——红安、大悟两县调查》，《社会主义研究》1987年第4期。

② 中共湖北省委党史研究室：《中国新时期农村的变革（湖北卷）》，中共党史出版社1998年版，第373—374页。

③ 1993年4月4日，将“鄂西土家族苗族自治州”更名为“恩施土家族苗族自治州”。

④ 《湖北农村经济（1949—1989）》，中国统计出版社1990年版，第3页。

⑤ 中共湖北省委党史研究室：《中国新时期农村的变革（湖北卷）》，中共党史出版社1998年版，第374页。

⑥ 《农村人民公社工作条例修正草案》（1962年9月27日经中共八届十中全会通过）。

产、生活、娱乐组织，农村社会几乎就是一个军事化的社会”①，究其实质，乃是组成一个“政治吸纳社会”或政治社会一体化的体系。除了直接满足政治整合的需要以外，还便于从农村社会隐蔽地汲取资源，以服务于国家工业化和现代化建设的需要。据张象枢等计算，在1952—1986年，国家通过粮食和农副产品与工业产品的“剪刀差”从农业中隐蔽地抽走了5823.74亿元的巨额资金，加上农业税收1044.38亿元，两项合计6868.12亿元，相当于同期全民所有制非农企业固定资产原值的4/5②。而根据国务院农业发展研究中心1986年的推算，“1953—1978年计划经济时期的25年间，工农业产品价格剪刀差总额估计在6000亿—8000亿元。而到改革开放前的1978年，国家工业固定资产总计不过9000多亿元。因此可以认为，中国的国家工业化的资本原始积累主要来源于农业”③。尽管各个学者的计算方法不尽相同，以致计算的具体数据有所出入，但其结论几乎是一致的，中国工业化的原始积累来自农业，以牺牲农民的利益为代价。“应该说，在无法从国外获取资源的前提下，人民公社制度为完成中国工业化的原始积累，立下汗马功劳。”④

通过人民公社这种体制构造，国家从农村高强度地汲取资源，由于不是直接以农户为计征单位，农民往往难以直接地感同身受。有学者指出，在人民公社时期农民负担要比20世纪八九十年代严重得多，人民公社时期农民负担与上年农民纯收入的比例最高达35.2%（1970年），最低也有20%（1962年），一般在25%左右，而且，这些数据尚未将那一时期极为严重的工农业产品“剪刀差”和大量无偿调用农业劳动力计入在内⑤。只是在那时，这些极为严重的农民负担是通过农村基层集体组织间接征收的，被人民公社制度所掩盖。因此，在我国农村推行人民公社体制，更主要的是服务于当时国家经济发展（尤其是工业化）的实际需

---

① 李守经、邱馨主编：《中国农村基层社会组织体系研究》，中国农业出版社1994年版，第72页。

② 张象枢、赵萍、周文彪主编：《中国农业巨变与战略抉择》，中国物价出版社1993年版，第47页。

③ 温铁军：《中国农村基本经济制度研究》，中国经济出版社2000年版，第177页。

④ 贺雪峰、苏明华：《乡村关系研究的视角与进路》，《社会科学研究》2006年第1期。

⑤ 林万龙：《乡村社区公共产品的制度外筹资：历史、现状及改革》，《中国农村经济》2002年第7期。

要，具有一定的历史合理性。

人民公社这种高度集中的“政社合一”的农村组织，必然地与农村家庭联产承包责任制相抵牾。一旦实行土地的农户承包经营模式，人民公社体制必然会解体，因为它“无法容忍新兴的社会力量，无法协调和统帅社会”[①]。1982 年 12 月 4 日，五届全国人大五次会议通过新《宪法》，否定了人民公社体制，该宪法重新规定乡、民族乡、镇为我国农村基层政权组织。1983 年 1 月 2 日，中共中央印发了《当前农村经济政策的若干问题》(中发〔1983〕1 号)，指出人民公社的体制要从两方面进行改革，即实行生产责任制，特别是联产承包责任制；实行政社分设。1983 年 10 月 12 日，中共中央、国务院联合发布了《关于实行政社分开建立乡政府的通知》(中发〔1983〕35 号)，这个通知明确指出：“随着农村经济体制的改革，现行农村政社合一的体制显得很不适应。宪法已明确规定在农村建立乡政府，政社必须相应分开。”

湖北省到了 1984 年年底完成了“政社分开，建立乡政权”工作[②]。到 1985 年，我国农村全部完成“政社分开”、重建乡级政府的工作[③]。

这次“政社分开”肇因于农村经济基础的变革，由于农村土地经营制度的改革，原来建筑其上的人民公社体制因此而解体。人民公社体制的松动乃至最终解体，是与其经济基础的变革相一致的。虽然这一次“政社分开”缘于新一轮的农村“土地改革”，但是，“乡政”的实际变迁始终被两个方面的力量所左右：一个是来自农村社会本身的力量；另一个是来自农村社会之外的力量。这个农村社会之外的力量，主要是国家政权重建的力量。国家在农村社会的政权重建，主要是因应农村家庭承包责任制普遍推行以后旧有的高度集中的人民公社管理体制解体所面临的管治问题。

今天看来，这次“乡政”重建以“政社分开”为主旨无疑是符合我国农村基层治理转型的要求。但是，在当时的历史条件下，由于“乡政”

---

① 张厚安、徐勇:《中国农村政治稳定与发展》，武汉出版社 1995 年版，第 211 页。

② 湖北省地方志编纂委员会编:《湖北省志·政权》，湖北人民出版社 1996 年版，第 446 页。

③ 张厚安:《中国特色的农村政治——“乡政村治”的模式》，桂冠图书股份有限公司 1998 年版，第 15 页。

重建保留了过多的原有体制的特性，特别是原有的权力运行逻辑，从而在一定程度上限定了这次“政社分开”的价值，突出表现在以下三个方面：一是没有注意“乡政”的特性，简单地套用上一级政权的建设模式，导致了乡镇政府机构后来的膨胀；二是没有改变“乡政”一贯的汲取式整合功能，导致了农民负担的不断加重；三是没有规制“乡政”的权力，导致村民自治流于形式。

中共中央、国务院联合发布的《关于实行政社分开建立乡政府的通知》还要求，在实行政社分开、建立乡政府的同时，“按乡建立乡党委，并根据生产的需要和群众的意愿逐步建立经济组织”；在原来的“生产大队”和“生产队”一级相应地建立“村民委员会”和“村民小组”，“村民委员会是基层群众性自治组织……村民委员会要积极办理本村的公共事务和公益事业。协助乡人民政府搞好本村的行政工作和生产建设工作”。也就是说，当时的“政社分开”是从两个方面展开的：其一，在“公社”一级“撤社建乡”，重构农村基层政权组织；其二，在“公社”以下层级实行“村民自治”，重塑农村基层社会组织。

不过，村民自治制度的推行比较缓慢。1987 年 11 月 24 日，第六届全国人大常委会第 23 次会议根据改革开放后新修订的《宪法》，通过了《中华人民共和国村民委员会组织法（试行）》，从 1988 年 6 月 1 日起在全国试行。直到 1998 年 11 月 4 日，第九届全国人大常委会第 5 次会议才正式通过这部法律①。如果从中共中央、国务院联合发布《关于实行政社分开建立乡政府的通知》日期算起，村民自治制度在我国经历了长达 15 年之久的试行期。在这期间，全国各地在村民自治的具体形式、选举方式和运行机制上，进行了各种有益的实践探索，形成了独具特色的地方经验。

在这些地方经验中，湖北省也有一些实践创新可圈可点。其中，尤为瞩目的是黄梅县水月庵“村治”实验、广水市“两票制”选村支书、京山县杨集镇“两推一选”党政领导班子成员。

---

① 2010 年 10 月 28 日，第十一届全国人大常委会第 17 次会议，对《中华人民共和国村民委员会组织法》又进行了修订。

1996—1998年，华中师范大学中国农村问题研究中心张厚安教授领衔在黄梅县小池镇水月庵村开展了以“依法建制、以制治村、规范管理”为主要内容的“村治”实验，这项实验得到了时任省委书记贾志杰的支持。水月庵“村治”实验表明，“农村经济体制的变革和农村经济的发展必须与农村政治民主化及村民自治良性互动。……农村经济体制变革及农村经济的发展，必须有健全的村民自治章程和规范的村务管理与之相适应。……反之，农村基层民主以及村民自治也必须有村经济发展、农村生活环境的改善作为支撑”①。

自从村民委员会普遍实行民主选举以后，村民对村支部的民主选举也提出了要求。为此，早在1998年，广水市就开始了由党员和群众投信任票、党员投选举票的“两票制”选拔村党支部书记的探索，2001年广水市委组织部在骆店乡青堆村、李店镇草店村和叶田村进行了“两票制”选举村支书的试点。在总结试点经验的基础上，同年便出台了《广水市“两票制”选任村党支部书记的实施意见》和《广水市“两票制”选任村党支部书记的实施办法》，规定在村党支部书记改（补）选换届时一律采用“两票制”的办法，由此“两票制”在广水市全面展开。该市在随后历次农村党支部换届时均沿用“两票制”选举村支书的办法。“两票制”的实行，解决了村党支部的核心作用难发挥的问题，保证了当选者具有广泛的群众基础和较高的政治业务素质，解决了村支部书记选拔难及选拔中存在的不正之风问题，较好地改变了过去那种“少数人选人”“在少数人中选人”的用人机制，增加了选举工作的透明度，有利于选出党员和群众都满意的带头人；解决了村“两委”难协调的问题，提高了村支部书记的群众公认程度，强化了村党支部的权威；提高了群众行使民主权利的意识，调动了群众政治热情和参政议政的积极性。

村民自治的进一步发展，也使一些学者认识到，村民自治“不过是中国整个政治体制改革中的一个环节，在村一级不可能孤立地实现社会主义民主，还必须有乡镇以上各级党政机关自身的政治体制改革来配合，

---

① 张厚安：《村民自治：中国农村基层民主建设的必由之路》，《河北学刊》2008年第1期。

必须强调上下互动和联动"①。于是，华中师范大学中国农村问题研究中心的学者又参与了2002年8—9月京山县杨集镇"两推一选"党政领导班子成员的实验。这项实验历时一个半月，分前期准备、宣传发动、实施选举三个阶段进行。"两推一选"镇党政班子成员的具体程序是：首先，由全镇选民用"海推"的办法分职位等额推荐镇党委书记、镇长、党委委员和副镇长候选人的人选。得票居前3名的人选，确定为镇党委书记、镇长初步候选人，党委委员和副镇长亦按照推荐票顺序、差额1人的原则确定初步候选人（此为"一推"）。其次，（按选区）召开党员会议、村民代表会议，以群众推荐的初步候选人建议名单为基础，分别等额推荐镇党委书记、镇长正式候选人。得票居前2名的初步候选人，确定为镇党委书记、镇长正式候选人。按照同样办法和一定的差额，确定党委委员和副镇长正式候选人（此为"二推"）。最后，分别召开全镇党代会、人代会，在党代会上选举产生镇党委委员、书记，在人大会上选举产生镇长和副镇长②（此为"一选"）。"杨集选举"创新，实际上是将村委会选举中的"海选""两票制"的办法运用于乡镇党政领导选举的一种积极探索，它在既有的体制架构之下充分地吸纳了民意，"最大限度地落实了群众的民主权利"，"实现了扩大民主与坚持党的领导、严格依法办事的有机结合"③。遗憾的是，这一创新并未延续下来。"杨集选举"尽管名噪一时，但很快被人所遗忘，随后人们将更多的注意力聚焦在农村税费改革之上。

伴随着农村土地经营制度的改革及其深入发展，农村社会治理的主要变化是，在"撤社建乡"的同时，逐步在村一级推行村民自治制度，并最终形成了"乡政村治"的农村治理体制。从表面上来看，它是国家权力从农村基层社会适时退出、促进公民社会发育并实现农村

---

① 张厚安：《村民自治：中国农村基层民主建设的必由之路》，《河北学刊》2008年第1期。

② 曹立明：《"杨集选举"的实践与思考》，《政策》2003年第1期；贺雪峰：《"海推"：杨集实验的实质》，《决策咨询》2002年第10期。

③ 曹立明：《"杨集选举"的实践与思考》，《政策》2003年第1期。

社会的自我（民主）治理的一次制度安排的调整[1]，但是，实践的结果却并不尽如人意。自村民自治推行之日以来，始终存在着一股力量使之流于形式。

在实际的运行中，“乡政”总是自觉或不自觉地把村委会当作自己的下属机构，要么直接向其发布行政命令，要么通过干预村委会选举，或者间接通过党支部的领导，或者通过所谓的目标考核、财务管理等途径达到控制村委会的目的，从而在乡、村之间形成一种领导与服从的关系，村委会因此被乡镇政府“内部化”，日益沦为一种准行政组织[2]。总而言之，只要“乡政”是压力型体系的一环，它就有必要在乡、村之间复制一个类似于它与其上级政府那样的压力型关系，以便将科层制压力传导下去，纾解自身的压力。

诚如项继权所言：“农村改革以后，人民公社的解体及经济的市场化和政治的民主化的发展，乡村社会政治和经济环境发生了深刻的变化。……然而，国家主导和推动现代化战略并没有根本改变，上级政府向地方和基层政府层层施压的‘压力型’或‘动员型’体制并没有改变。在此背景下，政府的行政行为与农民的自主行为不可避免地发生矛盾，而乡镇基层政府也陷入‘任务重、手段弱’的状态。为了摆脱自身的困境，乡镇政府力求找到‘一条腿’，顺利地实现乡村社会的管理，完成上级的任务并转移和消化自身的管理成本。这也正是乡镇干部力求将村委会变成自己的‘一条腿’的重要原因。由此可见，乡镇对村的行政控制与国家宏观战略和体制有关，这种控制本身是国家对乡村社会的深度干预和控制的一部分，有其历史渊源和现实根据。”[3]

总之，在改革开放之初，国家适时实施的“政社分离”，准确地把握了农村政治社会变革的关键脉络，为日后农村社会发展创造了积极的政治条件。可惜的是，在当时历史条件下，由于诸多原因制约了“政社分

---

① 可参见俞可平等《中国公民社会的兴起与治理的变迁》，社会科学文献出版社2002年版；于建嵘《新时期中国乡村政治的基础与发展方向》，《中国农村观察》2002年第1期。

② 吴理财：《乡镇改革与后税费时代乡村治理体制的构建》，《中共福建省委党校学报》2007年第1期。

③ 项继权：《推进乡村管理体制改革，调整规范乡（镇）村关系》，载华中师范大学中国农村问题研究中心《研究与咨询》2001年12月30日。

开”的深度和广度，亦在一定程度上制约了农村社会的自主发展和“乡政”自身的治理转型。

## 第二节　农村税费改革与“以钱养事”机制建立

随着农村土地家户经营的普遍推行以及人民公社制度的最终破产，农民负担问题与农民逐渐产生了直接的利益关联。一开始，农民尚沉浸在家庭承包经营的欣喜之中，而且农民的实际收入相对于过去确有较大的提高，农民对负担问题尚未来得及感同身受。然而，到了20世纪80年代中后期，农业发展进入徘徊期，农业增产不增收，农民负担问题才日益突出。特别是进入20世纪90年代中后期，乡镇企业普遍不景气，使乡镇财政收入不得不倚赖对农民的直接征收（尤其是在欠发达和不发达的农业地区更是如此），加重农民负担似乎有一种无法遏止之势，农民也因此怨声载道，并开始动摇对农村基层政府的合法性认同。

仅以农业税收为例，自“撤社建乡”以来，逐年递增。1986年，全国农业税收为44.52亿元；到了1990年，很快增加了1倍，达到87.86亿元；1995年是1990年的3倍，达到278.09亿元；2000年增长到465.31亿元；2002年达到659.09亿元。湖北省作为农业大省，农业税收也是逐年提高，而且比其他省份增长得更快。1990年全省农业税收为4.30亿元；在短短的5年内翻了三番，1995年达到12.95亿元；1999年突破20亿元；2003年陡然增加到33.22亿元①。上述数据只是农民负担问题之“冰山一角”。所谓“头税轻、二税重、三税是个无底洞”，是对农民负担问题的一个形象说法。其中，“头税”是指前述的农业税收部分，“二税”是指国家允许向农民征收的其他税收、集资和乡镇统筹、村提留等税费负担，“三税”是指其他政策外的“乱收费、乱罚款、乱摊派”。

在湖北省咸安区，1997年农民政策内的六项负担（包括农业税、农业特产税、屠宰税、教育费附加、乡五项统筹、村三项提留）总额是

---

① 邓道坤、刘友凡主编：《大变革：湖北省农村税费改革纪实》，武汉大学出版社2006年版，第13页。

4230.97万元，亩均109元，人均116.9元；1999年为4566万元，亩均118.6元，人均130.35元；2001年虽然有所下降，但仍然很高，总额为3842.97万元，亩均101.2元，人均109元。而有据可查的农民实际负担情况则是：1997年农民负担为6969万元（其中卡内农民负担5188万元，卡外农民负担1781万元），亩均179.6元，人均192.5元；1999年农民负担为6910万元（卡内4950万元，卡外1960万元），亩均179.5元，人均197.2元；2001年农民负担为5288万元（卡内3728万元，卡外1560万元），亩均139.4元，人均150.2元。1999年咸安区地方一般性财政收入为1.16亿元，其中近六成为农村税费收入。① 咸安区还不是湖北省农民负担最重的地区，湖北省农民负担最重的地区是地处江汉平原的县市，亩均达到400元左右。2000年春，监利县棋盘乡侯王村因抛荒过多难以按照田亩摊派税费任务，村集体只好分摊到人头，人均上缴各种税费高达650元。有个农户全年应缴2700元，但全年农田收入不足1000元，只好外出打工把余下的2000元补上②。

早在1985年10月31日，中共中央、国务院就发出了《关于制止向农民乱派款、乱收费的通知》（中发〔1985〕21号）。到了1990年，各种向农民征收的项目已达149项之多。1991年农民负担约占上年人均纯收入的13%，已经远远超过了5%的控制线。此后，虽然国家加大了对农民负担的治理、整顿力度，有人统计，从1990年到2001年的12年间，关于减轻农民负担的各项禁令，从“中南海”到“水果湖”整整下了32道③，但是农民负担问题始终未有明显好转④。在这种情势下，全国各地先后进行农村税费改革。2000年，中央决定首先在安徽全省进行农村税费改革试点。2002年4月，湖北省进行农村税费改革动员。经过一年多的试点，便在全省普遍推行农村税费改革，到2005年全

---

① 宋亚平：《咸安政改的前因后果》，县域经济论坛（http：//www.xyjjlt.net/bbs/thread－32765－46－1.html）。

② 邓道坤、刘友凡主编：《大变革：湖北省农村税费改革纪实》，武汉大学出版社2006年第1版，第29页。

③ 中南海是中央政府所在地，水果湖是湖北省委、省政府所在地。参见邓道坤、刘友凡主编《大变革：湖北省农村税费改革纪实》，武汉大学出版社2006年版，第38页。

④ 关于农民负担问题的详细分析，参见俞德鹏《农民负担问题的社会和法律分析》，《二十一世纪》2001年2月号（总第63期）。

面取消农业税，比全国提前一年告别“田赋”。据统计，2005 年湖北省取消农业税后，与改革前的 1999 年相比，全省农民每年减负 55 亿多元，人均减负 139 元左右[①]。

在这项改革的同时，湖北省进行了乡镇综合配套改革，其范围之广、力度之大、改革之深，前所未有，走在全国的前列。2003 年 11 月，中共湖北省委、湖北省人民政府下发了《关于推进乡镇综合配套改革的意见（试行）》（鄂发〔2003〕17 号）。从这个文件的主要内容来看，它主要汲取了“咸安政改”的经验。

除了乡镇撤并、机构精简、干部外派“打工”、“五保合一”等以外，“咸安政改”中尤为瞩目的内容：一是实行乡镇党政领导“交叉任职”和“公推直选”；二是撤销乡镇“七站八所”，实行“以钱养事”新机制。这一系统性的农村治理体制改革，由时任区委书记宋亚平所主导，在全国产生了巨大影响。特别是“以钱养事”机制的建构与推行，引领着我国农村公共服务改革之潮流，至今亦然。

在省委、省政府联合发布的《关于推进乡镇综合配套改革的意见（试行）》这份文件中，充分肯定了“以钱养事”改革，要求坚持市场取向，遵循市场规律，引入竞争机制，办好社会事业，变“养人”为“养事”，引导乡镇直属事业单位面向市场转换机制，走企业化、市场化、社会化的路子。为了推进这项改革，湖北省在 2004 年、2005 年、2006 年、2007 年又连续发布了几个相关文件。2004 年 8 月，省委办公厅、省政府办公厅印发乡镇综合配套改革的三个配套文件[②]；2005 年 7 月，省委、省政府印发《关于推进乡镇事业单位改革，加快农村公益性事业发展的意见》（鄂发〔2005〕13 号）。省政府在总结天门、洪湖等 7 个试点县的经验的基础上，于 2005 年 9 月下发了《关于全面推进乡镇事业单位基本养老保险制度改革的通知》（鄂政发〔2005〕28 号），建立了全省乡镇事业单位基本养老保险制度。据此，全省范围内建立“以钱养事”新机制的

---

① 《辉煌的过去 灿烂的未来》，荆楚网（http：//news. cnhubei. com/xw/zt/ncsfgg/201212/t2365653. shtml）。

② 《省委办公厅、省政府办公厅关于全省乡镇综合配套改革机构编制工作的实施意见》（鄂办发〔2004〕51 号），2004 年 8 月 10 日。

改革全面推进。2006年全国范围内取消农业税后，农村改革从税费制度改革转入推进农村综合改革的新阶段。根据党中央、国务院关于深化农村综合改革的要求，2006年3月，湖北省委办公厅、湖北省政府办公厅制定《关于建立“以钱养事”新机制，加强农村公益性服务的试行意见》（鄂办发〔2006〕14号），进一步明确了乡镇农村公益性服务的基本内容和“以钱养事”的实施办法。2007年6月，省委办公厅、省政府办公厅又下发了《关于巩固完善农村公益性服务“以钱养事”新机制的若干意见》（鄂办发〔2007〕17号）。

经过试点、推广，到了2006年，湖北省农村基本上普遍建立了以“财政出钱，购买服务，合同管理，农民认可，考核兑现”为核心内容的农村公益性服务“以钱养事”新机制。据统计，全省转制乡镇事业单位原有93485人（含超编人数），其中79137人已全部按规定程序退出事业编制管理序列。为支持乡镇事业单位转制和人员分流工作，省委、省政府决定全面建立乡镇事业人员养老保险制度。2005年省财政筹措资金12.6亿元，用于补助乡镇事业单位建立基本养老保险制度；2007年，省委、省政府又明确，公益性服务人员养老保险的续保资金，从“以钱养事”资金中解决，使单位和个人续缴保费有了稳定的资金来源。到2007年，应参保在职人员12.22万人，实际参保11.45万人，参保率超过93%；应补缴个人账户10.04亿元，实际补缴8.87亿元，达88%以上。同时，各级财政按照建立公共财政体系的要求，加大农村公益服务投入，形成了稳定的经费保障机制。省财政不断加大对“以钱养事”的资金补助力度，2006年按每个农业人口5元的标准安排补助资金2.0088亿元，2007年按10元的标准安排4.0882亿元，2008年、2009年、2010年、2011年均按15元的标准进行安排，其中，2008年为6.1322亿元，2009年、2010年、2011年均安排6.1698亿元①。同时，要求县（市、区）政府根据省委、省政府有关经费预算安排政策，将农村公益性服务经费纳入本级年度财政预算，不得低于改革前的投入水平，并逐年增加。据统计，2006—2010年，省财政补助总额达到24.56

---

① 《改革农村公益服务体制　构建“以钱养事”新机制》，荆楚网（http：//news.cnhubei.com/xw/zt/ncsfgg/201212/t2365658.shtml）。

亿元[①]。全省县乡财政用于“以钱养事”的补助资金达到4亿多元，比改革前增长近50%[②]。

“以钱养事”新机制的建立和完善，改变了“花钱养人、收费服务”的状况，加强和改进了农村公益性服务，农民群众普遍比较满意，出现了“政府公益性服务职能得到加强，为农民服务质量得到提高，服务人员收入得到保障”的多赢局面[③]。

不过，这项改革还是引起了广泛的争议。一些地方农村“以钱养事”改革的效果并不显著，之所以如此，除了部分地方的改革“走了过场”以外，更主要的是因为农村社会本身的发展以及农村基层政府职能的转型没有及时跟上来，不能适应这项改革的需要（而非这一改革本身存在问题）；而这些又跟前一个时期“政社分开”不无关系，正是因为之前的“政社分开”并未深入推进，其广度与深度比较有限，从而在一定意义上限制了农村社会的自主发展和农村基层政府从“管治”到“服务”的适时转型[④]。

## 第三节　个体化社会转型中的农村社会治理创新

农村税费改革的一个意外后果是，加剧了农民个体与村庄集体乃至农村基层政府的疏离，农村社会“空心化”“个体化”给当下农村社会治理带来新问题、新挑战。

当然，农村社会的“空心化”“个体化”并非农村税费改革才开始的。准确地说，农村改革开放以后，便次第交替地开始了农村社会“空心化”“个体化”转型。农村土地的家户经营，首先把农民从之前的集体

① 《辉煌的过去　灿烂的未来》，荆楚网（http://news.cnhubei.com/xw/zt/ncsfgg/201212/t2365653.shtml）。

② 《改革农村公益服务体制　构建“以钱养事”新机制》，荆楚网（http://news.cnhubei.com/xw/zt/ncsfgg/201212/t2365658.shtml）。

③ 《辉煌的过去　灿烂的未来》，荆楚网（http://news.cnhubei.com/xw/zt/ncsfgg/201212/t2365653.shtml）。

④ 吴理财：《从“管治”到“服务”——乡镇政府职能转变研究》，中国社会科学出版社2009年版。

生产和集体分配的体制中解放出来，极大地激发了农民农业生产的积极性。粮食亩产由1978年的168.5公斤提高到1984年的240.5公斤，提高了42.73%[①]。尔后，随着人民公社体制的瓦解和“乡政村治”体制的建立，国家又逐渐有选择地从农村社会隐退，除了计划生育、治安维稳以外，国家权力极少干预农民的日常生活。这就在客观上为农村社会让渡了一定的空间。也就是说，在生活领域，农民拥有了比集体化时期越来越多的自由。

进入20世纪90年代以后，农民被允许自由地流动、外出务工。这一方面要归功于国家放松了户籍等管制；另一方面也是国家推动商品经济及之后市场经济发展的必然要求。农民挣脱了与农村集体之间脐带式联系，由集体的“社员”变成高度离散的自由“村民”。特别是农村税费改革以后，向农民征收税费这一地方政府、村集体与农民之间所维系的最后一点常规性联系也被打破了。除了土地在名义上仍然属于集体以外，农民跟集体几乎没有任何其他的实质性关联，农民摆脱了对集体的“组织性依附”[②]。

一开始，这些个体化的农民为自身的“解放”而欢欣鼓舞，因为他们从高度集中的全能主义国家中脱嵌出来、从总体性社会体制藩篱中脱身出来，跨越城乡二元结构的制度鸿沟而自由流动，成为一个个自由之身。随后，他们才发现，伴随这种自由的还有不可预知的风险甚至侵害，需要自由之身独立去面对和承受。相对于过去，这些个体农民无疑地拥有了更多的自由或自主性；但吊诡的是，这些自由、自主性又具有一定的自反性。也就是说，这些自由、自主性同时对自身产生对抗、冲突或消解作用——现代社会结构迫使人们成为积极、自主的个体，但同时又必须对所面临的问题承担全部责任，发展出一个自反性的自我[③]。身处个

---

① 郑有贵、罗贞治、李成贵：《党的十一届三中全会以来我国农业政策的演变及其作用》，《教学与研究》1998年第12期。

② ［美］华尔德：《共产党社会的新传统主义：中国工业中的工作环境和权力结构》，龚小夏译，牛津大学出版社1996年版。

③ 阎云翔：《导论：自相矛盾的个体形象，纷争不已的个体化进程》，载［挪威］贺美德、鲁纳编著《“自我”中国：现代中国社会中个体的崛起》，许烨芳等译，上海译文出版社2011年版，第4页。

体化变革中的中国农民，越来越多的人成为“为自己而活”和“靠自己而活”的原子化个体。

“为自己而活”，主张的是个体的权利和利益，同时，它也因此而逐渐失去“集体性”，对村社公共事务不再热心、关心，公共参与日渐衰减，以致公共事务陷入了“越是集体的越少有人关注”的自利经济学陷阱之中。伴随着个体化而来的，必然是农村社会“公共人”的急剧衰落。而农村社会“公共人”的衰落，又会导致农村社会共同体解体和公共精神消解。公共精神是一个共同体或社会的灵魂。一个社会的公共精神越发达、越充分，这个社会的环境和氛围就越好，每个社会成员所享有的社会资源和公共福利就越多。然而，令人遗憾的是，在当下农村社会里，各种旧的伦理道德、集体意识正在不断流失，而新的公共精神却没有及时建立起来。没有公共精神支撑的个体化农村，其公共事业的建设和发展不再依靠农村社会合作，而只能依赖政府主导和市场运作。

很显然，缺乏农村社会合作和自我生产，单靠行政和市场机制去供给公共物品，无论是其生产成本还是运行成本都将成倍地增加。虽然近些年国家逐年加大对农村公共事业的投资，仅中央财政用于“三农”的支出，2012 年就达 12387.64 亿元，是 2007 年的 4318.3 亿元的 2.87 倍[①]。2013 年到 2017 年，全国一般公共预算农林水事务支出达到 82839 亿元[②]。然而，跟逐年增加的投入极不相称的是，农村公共事业并未同步得到显著改善。譬如，原本可以由乡村人民合作修建的村庄道路，一旦改由国家投资兴建的时候，不但修路的企业要从中牟利，即便当地受益的农民首先考虑的也是占用的土地能从中获取更多的补偿，甚至漫天要价，根本不会考虑这项公共事业给自己带来的长远福利。

这些“为自己而活”的个体，往往也只能“靠自己而活”。一方面是社会制度所致；另一方面是个体化的社会结果。相对城市而言，我国农村社会基本福利制度或社会保障制度不但残缺不全，而且长期处于低度

---

① 《财政支持“三农”情况》，财政部网站（http：//www. mof. gov. cn/mofhome/mof/zhuantihuigu/czjbqk1/czzc/201405/t20140507_1076149. html）。

② 《国新办就十八大以来农业农村工作进展有关情况举行发布会》，中央人民政府网站（http：//www. gov. cn/xinwen/2017 -09/29/content_5228507. htm#1）。

供给状态。与此同时，农村社会本身不但没有有效组织起来，而且丧失了自我生产和自我供给公共物品的能力。从这个意义上来讲，无所依靠的个体，唯一所能依靠的是自己①。于是，这些被市场浪潮所裹挟、被社会风险所包围的“靠自己而活”的个体农民，不得不独自面对不可控的市场变化和难以预测的社会风险、权益侵害。

与这一“个体化”相携而行的是农村社会的“空心化”。这里的“空心化”不单是指农村人口的“空心化”，更主要的是指农村社会结构本身的“空心化”以及农村社会“灵魂”的丢失（即农村文化价值的式微，特别是农村社会公共性的消解）。所谓农村人口的“空心化”，乃由农村青壮年劳动力大量外出务工所致。第一代农民工往往以兼业、近距离打工为主，并且大多是夫妻一人外出务工、一人留守在家，其生活重心依然在农村。一旦上了一定年纪，他们基本上都返乡继续从事农业。然而，与第一代农民工相比较，如今的第二代农民工和“农二代”则以外出务工为主业，甚至成为一种职业，他们基本上是夫妻一起乃至举家常年在外务工，其中不少人不再返乡，选择留在城市、异乡，成为“新市民”。即便不得不回乡，也要在自己家乡的县城购置新房，不再从事农业。也就是说，新一代农民工和“农二代”的生活方式及其价值理念是城市化取向的，他们拼命地逃离农村；对于他们而言，“农村”已经成为落后的代名词，他们从内心深处鄙弃农村和农村文化。如此一来，导致了一种更为令人忧虑的农村社会乃至农村文化的“空心化”现象。

这是从“人”的角度而言的农村“空心化”。此外，还有“结构”或“空间”维度的农村社会“空心化”问题。改革开放以来，尽管国家有选择地给农村社会让渡了一定的空间，但是这些新出现的社会空间几乎完全是“空”的：一方面，在这一社会空间领域中，当需要国家提供基本的社会福利、社会保障、社会安全时，国家却往往缺场（或离场）；另一方面，社会本身至今没有建立有效的社会组织（体系）和社会机制，能够让它自我（有效）运转起来，更遑论使之发挥一定的社会性作用——对国家起到必要的参与、合作乃至协商的作用，对社会领域本身起到联结、团结乃至规约的作用。

① 吴理财：《论个体化乡村社会的公共性建设》，《探索与争鸣》2014年第1期。

总之，改革开放以后，我国农村社会便逐渐开始了“个体化”“空心化”转型，但是，它们所产生的消极作用却在农村税费改革之后更加突出且更加严重起来，给当前农村社会治理提出了新问题、新挑战。

我们注意到，近年来，湖北省一些地方应对农村社会“空心化”“个体化”转型，在农村社会治理上进行了积极探索创新，形成了“网格化管理”“律师进村、法律便民”“法务前沿工程”“幸福村落建设”“十星文明户”创评等有益经验。

1. 宜昌市“网格化管理”。宜昌市最早在市区推行“网格化管理”，把城区社区划分为若干个网格，每个网格配备一名网格管理员，负责公安、综治、人社、民政、计生、城管、食品安全等信息采集和综合服务。并以网格为基础，构建全市统一、动态更新、联通共享、功能齐全的社会管理综合信息平台，为相关部门及时准确掌握社会动态、推进服务管理、提高行政效能提供信息支撑。这种社会管理模式，从市区扩展到农村，还逐渐融入各种公共服务和社会服务内容。

2. 恩施市“律师进村、法律便民”。其主要做法是，组建法律顾问团队，安排专人定期到村“法律诊所”接待来访群众，提供法律咨询，协助指导、参与人民调解，在走访群众、摸清群众法律需求的基础上，有针对性地开展形式多样的法制宣传活动。这一“律师进村”主动为农民提供法律服务的方式，如今逐渐在恩施全州推广。

3. 罗田县“法务前沿工程”。以村（居）民自治组织为依托，整合司法所干警、村（居）干部、社会志愿者和其他社会组织等力量，将基层司法行政管理职能下移到村（居），建设融法制宣传教育、人民调解、社区矫正、帮教安置、法律维权等工作为一体的村（居）综合服务体系，使之在维护基层社会稳定中充分发挥作用。

4. 秭归县“幸福村落建设”。所谓“幸福村落建设”，就是当地政府在村落社区建设中引入一套自治、参与和合作机制，通过村落理事会和“一长八员”① 的制度设计，激发村落社区居民的公共行动，在公共行动中孕育、生产村落社区公共性，最终实现村落公共产品的自组织生产与

---

① “一长八员”指的是，村落理事长和张罗员、经济员、宣传员、帮扶员、调解员、维权员、管护员、环保员。

供给。

5. 竹山县“十星文明户”。“农户星级管理制度”是竹山县在农村工作实践中，针对个体化农民不守法经营、不遵从国家政策和地方传统，而逐步探索出来的一种新型农村治理新模式。它以“十星”文明户的创评活动为主要载体，培育农村新公共人，以此回应农村公共人衰落所带来的农村社会治理危机。从农户星级管理制度发展和内容来看，农户星级管理是地方政府为了更好地开展农村工作而创制的一种农村社会治理制度，其核心在于把不同历史时期农村工作的主要内容与“十星”的目标设置相结合，通过评星这一工具，引导农民成为积极作为的农村新公共人，整合个体化的农村社会，实现农村社会治理目标。农户星级管理制度的运作，表面上看是一种农村精神文明创建行为，实则是农村新公共人建设的一种隐秘机制。

湖北省的这些社会治理创新，有的通过“律师下乡”“法务前移”等途径自上向下或者由外至内“用力”，有的注重“农户”“村落”“网格”等社会治理单元的建设。类似的做法还有不少，在此不一一列举。不可否认，这些社会治理创新取得了一定的成效。

不过，绝大部分的情况是，要么上动下不动，外动内不动，要么下动上不动，内动外不动。简言之，上下、内外不互动。究其原因，还是因为农村社会公共性消解、农村基层组织软弱涣散、农民与政府的制度性关联缺失。

## 第四节　湖北省农村社会治理创新的特点

改革开放 40 年以来，湖北省农村社会治理也先后经历了两波重大变迁。在每一次变迁中，湖北省也涌现出一些基层创新。譬如，在前一波变迁之中，湖北省农村社会治理的主要创新是：黄梅县水月庵“村治”实验、京山县杨集镇的“两推一选”、广水市“两票制”。在第二波变迁之中，湖北省农村社会治理的主要创新是：“咸安政改”（包括乡镇站所改革和农村公共服务“以钱养事”新机制）、竹山县“十星文明户”创评、宜昌市“网格化管理”、罗田县“法务前沿工程”、恩施市“律师下乡”、巴东县“农村信息化”、秭归县“幸福村落建设”、大冶市农村基层党建的“茗山经验”，等等。

很显然，前一批农村社会治理创新，基本上是在“乡政村治”的框架之中展开的，后一批农村社会治理创新，基本上是因应农村社会“个体化”“空心化”转型而自发进行的。这些农村社会治理创新的主体基本上是县级党委政府，它们对于农村社会治理中出现的新问题最早做出反应。其中有些基层创新（例如“咸安政改”）形成经验以后，在市州一级乃至在全省范围得到推行，在全国产生巨大影响力。

由此可见，湖北省农村社会治理创新主要有以下几个明显特点：一是历史阶段性。在改革开放以来的40年间，湖北省农村社会治理变迁呈现较为明显的前后两个不同历史阶段性特征。这种不同的历史阶段性，与农村土地经营制度改革、农村税费改革以及国家在农村基层的治理方式的变迁相一致，体现了农村社会治理创新与农村经济社会发展要求相适应的特点。二是问题导向性。湖北省每一项农村社会治理创新，都是因应特定历史条件下的特定社会治理问题，具有较强的问题导向性，因此这些农村社会治理创新亦具有显著的历史现实性价值。三是创新零散性。湖北省农村社会治理创新，大多由地方基层自发启动，基本上不是国家和省级党委、政府有意规划或顶层设计，因而具有零散性创新特点，往往较难形成前后关联的系统性、体制性、持续性创新。而且，这些社会治理创新主要集中在“自治”领域，极少涉及“法治”领域，而真正涉及“德治”领域的农村社会治理创新更难得一见。在这些创新中，大多是基层党委政府主导推动的，社会协同的有效机制尚待建立健全。不过，我们也注意到，最近几年一些地方正从农村社会治理的实践中生发出协商治理、技术治理（譬如运用信息化手段）等新兴方式。

总之，改革开放40年来湖北省这些农村社会治理创新，都是在国家基层治理的制度架构之内进行自主探索的，符合国家基层治理体系和治理能力现代化的要求。从国家角度来看，农村社会治理与国家整体治理变迁逻辑相统一。从农村社会本身来看，农村社会治理与农村社会结构有着内在的紧密关联。不过，必须指出的是，在农村社会治理之中，没有很好地解决农民主体性问题——在农村社会治理中往往存在农民主体缺失、不在场、遮蔽、隐身乃至虚化等问题。因此，在当前农村社会治理中，如何培育和激发农村社会内生活力是个难题，因为它从根本上决定着农村内生秩序的生产能力及生产状况。

总体而言，从农村社会治理与经济发展关系来看，改革开放40年来，我国农村社会治理变迁始终与农村经济发展相伴随，且相互交织在一起，并围绕着“经济发展为中心”这根主线而展开，体现着上层建筑服务于经济基础的思想。农村社会治理要么是主动响应农村经济发展的要求，要么是被动应对农村经济发展的冲击（包括对农村社会结构、农村社会秩序的影响作用）。而从国家与农村社会关系来看，改革开放以来先后经历了从“社会分离”到“社会参与”“社会协同”的过程。在这一发展过程中，农村社会从国家的治理对象转变为治理伙伴（乃至积极的合作伙伴）。所谓“社会分离”，乃是“政社分开”的结果；所谓“社会参与”，乃是农村社会治理主体从单一到多元的变化，农村社会力量成为其中一支重要的主体；所谓“社会协同”，乃是强调基层政府与农村社会的合作，更加积极地发挥农村社会的作用。在一定程度上，农村社会治理倒逼或促进了农村基层政府的服务转型，从而更加强调其服务能力的建设与提升。与此同时，国家对农村社会治理的关注和期待不断扩大，从公共行政领域扩展到其他公共领域乃至农民生活领域，从而提出自治、法治、德治相结合的要求。

## 第五节　湖北省农村社会治理发展趋向

面对当前农村社会“空心化”“个体化”转型，农村社会治理必须构建更加全面健全的治理体系和简约高效的治理机制。

这个新的农村社会治理体系，将涵盖更加全面的治理领域、更加丰富的治理内容和更加健全的治理结构。从治理领域而言，新的农村治理体系覆盖村庄公共事务的治理、农村公共行政的治理和乡村人民生活领域的治理。

村庄公共事务的治理，主要是原来“村治”领域的治理，包括村“两委”的建设、村民自治、公共服务和村民对村庄公共事务、公共建设和公共事业的民主参与等。在当前，村“两委”建设最突出的工作是加强和创新村级党组织建设，使之在带领群众脱贫致富、决胜全面建成小康社会和实施乡村振兴战略中真正起到坚强战斗堡垒的作用。与此同时，要不断加强农村群众性自治组织建设，进一步健全和创新村党组织领导的充满活力的村民自治机制。

农村公共行政的治理，主要是规范农村基层政府和接受行政事务委托的村级组织的公共行为，使其行为在法治的轨道上运行，从根本上维护、保障、增进乡村人民的权益和福祉。当前，最重要的是增强农村基层干部法治观念、法治为民意识，将农村工作纳入法治化轨道。同时，要做好法律为农、法律护农、法律服农、法律助农等工作。

乡村人民生活的治理，主要是调适农村人际关系，达致家庭和睦、邻里和谐、干群融洽。其核心内容是农村道德伦理的重构，一方面要传承、弘扬优秀的传统道德规范和伦理精神；另一方面要紧跟时代发展，建立与公民要求相统一的现代道德规范和伦理精神。换言之，就是以社会主义核心价值观为引领，推进社会公德、职业道德、家庭美德、个人品德建设；推进诚信建设，强化农民的社会责任意识、规则意识、集体意识、主人翁意识。

从治理内容及治理结构而言，新的农村社会治理体系是由自治、法治、德治相结合而构成。

对于村庄公共事务的治理，重在深化“自治”。首先，要进一步健全村民自治，建立健全村民自治组织和机构，不断完善村民自治机制。也就是今年中央“一号文件”所要求的，建立健全村务监督委员会，推行村级事务阳光工程；依托村民会议、村民代表会议、村民议事会、村民理事会、村民监事会等，形成民事民议、民事民办、民事民管的多层次基层协商格局。其次，要不断拓展村民自治的领域或范围。以往关于村民自治的学术讨论和实践探索，主要集中在村委会的工作上。在新时期、新时代，村民自治应该拓展、延伸到农村社会所有的公共领域之中，在农村基础设施建设、公共事业发展、农村公共物品的生产与供给、农村社区建设、乡风文明建设、公共文化生活等方面，都要发挥村民自治的精神，建立各种形式、各种层次的自治机制，不断丰富和发展农村基层群众性自治。最后，要不断延长自治链条，形成立体式农村社会自治体系。不仅要继续开展以村民小组或自然村为基本单元的村民自治试点工作，而且要努力向上延伸到乡镇公共事务治理之中，积极探索乡镇自治机制。村民自治的积极倡导者彭真同志早在1987年就曾经指出：“农民群众把一个村的事情管好了，逐渐就会管一个乡的事情，把一个乡的事情管好了，逐渐就会管一个县的事情，逐步锻炼，提高参政议政能力，逐步向上延伸，逐步扩大民主范围。”然而，至今已有30年了，我国村民自治仍然停留在村一级，但并不表示在新时代不可以探索村民自治向上延伸的问题。

对于农村公共行政的治理，重在坚持“法治”。首先，要大力建设农村法治政府，积极推进农村公共行政法治化。农村基层政府行为法治化是建设法治农村的核心内容，是提升农村基层政府公信力与基层政府治理能力的重要路径。为此，一要通过农村基层法治政府建设和完善权力监督机制，把公共权力关进制度笼子，提高农村基层政府治理的公信力与绩效。二要深入推进综合行政执法改革向基层延伸，创新监管方式，推动执法队伍整合、执法力量下沉，提高执法能力和水平。整合行政执法主体，推进综合执法，着力解决权责交叉、多头执法问题，建立权责统一、权威高效的农村行政执法体制。三要推行村级小微权力清单制度，严惩农村基层小微权力腐败。其次，要着力优化农村法治环境，切实保障乡村人民权益，为农村改革和发展保驾护航。建立健全农村调解、县市仲裁、司法保障的农村土地承包经营纠纷调处机制。健全农村公共法律服务体系，加强对农民的法律援助和司法救助。强化法律在维护农民权益、规范市场运行、农业支持保护、生态环境治理、化解农村社会矛盾等方面的权威地位。以法治促进农村社会和谐发展，保障农村善治。

对于乡村人民生活的治理，重在提升“德治”。德治的根本在于个人遵循义理、维护公德，做一个好公民。在家庭，孝敬父母、友爱兄弟；在乡里，互助合作，敦亲睦邻；在社会，爱岗敬业，诚信友善。在当前农村社会个体化转型中，尤其要着力建设农村公共生活，注重农村社会公共精神的培育。公共精神是一个共同体或社会的灵魂。一个社会的公共精神越发达、越充分，这个社会的环境和氛围就越好，每个社会成员所享有的社会资源和公共福利就越多。

如果用一句话来概括新的农村社会治理体系，就是自治、法治、德治相结合。这一新的农村社会治理体系的构建，无疑需要建立与之相应的体制机制予以支撑，也就是要建立健全党委领导、政府负责、社会协同、公众参与、法治保障的农村社会治理体制，以及政府治理和社会调节、居民自治良性互动的农村社会治理机制。

其中最关键的，还是要充分发挥乡村人民的主体性作用，实现自我管理、自我教育、自我服务、自我提高。一套好的治理体系、一个好的治理体制机制，最终还必须依靠好的公民去运行。除了完善村民自治制度，使自治与法治、德治有机结合，也要努力提升村民的自治能力，尊重村民的自治主体性，同时不断扩大村民自治的范围，创造各种条件、扩大各种渠道，让他们有机会、更主动、更有效地参与自治。建议在农村积极探索通过建立名誉制度、积分管理制、道德模范和星级文明户评选等机制，培育村民的公共精神，鼓励和激发更多村民关心和参与村庄公共事务。与此同时，还要选贤与能，积极探索"贤能治村"新机制。诚如美国社会学家丹尼尔·贝尔（Daniel Bell）所言，"任何社会的生活质量在很大程度上都是由领袖的素质决定的。一个社会，如果不能把最优秀的人才放在领导岗位上，无论从社会学还是从道德角度来说，都是荒谬的"[①]。通过创新机制，除了不断扩大广大村民有序参与村庄公共事务以外，还要将农村精英特别是农村贤达、"新乡贤"、积极分子及时吸纳到村"两委"、村民议事会、村民理事会、村民监事会等组织中来，在他们的引领之下充分发挥村民自治的功能，形成村民主动参与、贤能积极治村的生动活泼、和谐有序的新局面。

---

① Daniel Bell, "On Meritocracy and Equality", *National Affairs*, Vol. 29, Autumn 1972, pp. 66 - 67.

## 附　件

# 中共湖北省委、湖北省人民政府关于做好政社分开建立乡政府工作的通知（摘要）

根据中共中央、国务院中发〔1983〕35号文件精神，结合湖北省农村基层政社合一的现状，考虑到过去政社历次变动的情况和这次改革试点的经验，对全省农村政社分开、建立乡政府工作中的几个主要问题通知如下。

一、政社分开，建立乡政府，势在必行。湖北省各地市州都要按照中央的指示精神，结合本单位的具体情况（主要是考虑农事季节和县级体制改革进展情况），以县为单位做出全面部署，有领导、有步骤地进行。

二、为了适应农村经济体制改革的新形势，尽快改变党不管党、政不管政和政企不分的状况，当前的首要任务是把政社分开，建立乡政府，同时建立乡党委。

建立乡政府的工作一般应与选举乡人民代表大会代表的工作结合进行。根据《中华人民共和国地方各级人民代表大会和地方各级人民政府组织法》的规定，乡长必须由乡人民代表大会选举产生。

三、适当确定乡的规模设置，是广大农村干部群众十分关心的一件事。各级党委对这个问题要把好关，坚持走群众路线。乡的规模多大为适当，乡政府设置在什么基础上为好，要放手让大家来讨论，广泛听取各方面的意见，充分酝酿，反复比较，权衡利弊。

对于乡的规模设置问题，中央的指示精神是“一般以原有公社的管辖范围为基础建乡，如原有公社范围过大的也可以适当划小”。湖北省由于搞过撤区并社，把原有公社改成“管理区”或合并了。如果不加区别地一律以现在公社的管辖范围为基础建乡，多数乡的规模就显然过大了。各地要面对现实情况，实事求是地把这个问题解决好。确定乡的规模设置，要从当地的实际出发，在一个县的范围内，也可采取几种形式，不搞一刀切、一律化。

四、在建乡工作中，要重视集镇的建设。

五、乡政府下面设置村民委员会。村民委员会是基层群众性自治组织，应按村民居住状况设立，一般以现有生产大队为基础设立为宜，也可以以自然村为单位建立，还可以以生产队为单位建立。

六、乡的编制，要力求精干。今后的乡干部，要逐步从农村优秀人才中选拔，他们要能上能下，当选就任职（在经济上给予适当的职务补贴），落选就回到生产中去。现在分配到乡工作的国家脱产干部，包括在集体经济组织工作的，一切待遇保持不变。

七、在进行政社分开、建立乡（镇）政府期间，现在社队所有的集体和国营的经济组织以及文教卫、农林牧等一切基层事业单位，一律不变动，保持物资供应渠道和流通环节照常运行。在改革中，要严防财产损失和个别人损公肥私，也不得搞平调。

政社分设以后，应按照中共中央一九八四年“一号文件”精神，继续进行农村经济体制改革。

对于农村经济组织的设置，应经过调查研究和试点，根据生产发展的需要，在群众自愿的基础上逐步建立，不要一哄而起，也不要规定限期；形式、规模和名称都可以多种多样，不要自上而下强制推行某一种模式。

为了进一步完善统一经营和分散经营相结合的体制，一般应设置以土地公有为基础的地区性合作经济组织。这种组织，可以叫农业合作社、经济联合社或群众选定的其他名称；可以以村（大队、自然村或联队）为范围设置，也可以以生产队为单位设置；可以同村民委员会分立，也可以两块牌子一套班子，兼行经济组织和村民委员会的职能。以村为范围设置这种经济组织的，原生产队的资产仍归原主，不得平调。

此外，在上述地区性合作经济组织的农民，还可不受地区限制，自愿参加或组成不同形式、不同规模的其他各种专业合作经济组织。

在政社分设、乡村建政以后，对现有人民公社社办企业，要继续加强领导，进行整顿，完善生产责任制，使之成为名副其实的合作经济企业。

有些社办企业是社队合办的，仍应保留与生产队或大队合办或联营形式。

八、关于设区的问题，要区别不同的具体情况和工作需要来考虑。

九、鉴于政社分开、建立乡政府是关系农村经济基础和上层建筑体制改革的一件大事，省委要直接来掌握，日常工作由省民政厅办理。

一九八四年一月十九日

# 中共湖北省委、湖北省人民政府关于推进乡镇综合配套改革的意见（试行）

鄂发〔2003〕17号

为巩固农村税费改革成果，进一步解放农村社会生产力，加快农村经济发展和社会全面进步，省委、省政府决定在全省推进乡镇综合配套改革。

## 一　明确改革的指导思想与基本原则

1. 指导思想：以“三个代表”重要思想和党的十六大精神为指导，适应完善社会主义市场经济体制的要求，改革与农村生产力发展不相适应的上层建筑和生产关系，通过体制和机制创新，加强编制管理，转变政府职能，减轻财政和农民负担，推进民主政治建设，加快全省小康社会建设步伐。

2. 基本原则：一是坚持精简、统一、效能的原则，压缩机构编制，降低行政成本，提高行政效率。二是坚持市场取向、开拓创新的原则，遵循市场规律，引入竞争机制，办好社会事业，变“养人”为“养事”。三是坚持民主、法制的原则，健全政务公开制度，加强群众监督，实现机构编制法定化。

## 二　按照法定化的要求规范机构设置

3. 明确乡镇党政职能。乡镇党委和人大分别按照《党章》《宪法》和《地方组织法》的规定履行各自职能。乡镇政府的主要职能是，落实国家政策，严格依法行政，发展乡村经济、文化和社会事业，提供公共服务，维护社会稳定。

乡镇一级不再设立政协机构。政协的有关工作，可明确一位负责同志兼管。

4. 实行领导班子交叉任职。每个乡镇党委设党委委员7—9名。其中，党委书记原则上兼任乡镇长；党委副书记2名，1名担任人大主席，1名兼纪委书记；兼任副乡镇长的党委委员2—3名；兼任人武部长等职务的党委委员2—3名。

每个乡镇可设非领导职务的正、副科级干事1—3名。对目前领导成员过多的乡镇，可给予三年的过渡期。过渡期内，设1—3名非领导职务的正、副科级助理。

5. 从紧设置乡镇工作机构。每个乡镇设3个内设机构，1个直属事业单位。3个内设机构是：党政综合办公室（加挂综治办的牌子）、经济发展办公室、社会事务办公室。也可只设党政综合办公室。各办公室设立一专多能的干事和助理等职位，在重点从事一两项专门工作的同时兼事其他工作。1个直属事业单位是财政所。乡镇与村之间不设立中间层次的管理机构。

各内设机构的主要职责分别是：党政综合办公室主要承担党委、人大、政府交办的各项日常工作和社会治安综合治理、社会稳定、工青妇及各部门、各方面的综合协调工作，督促检查有关工作的落实。经济发展办公室主要承担工业、农业、林业、水利和第三产业发展规划、招商引资、公有资产管理等工作，协调与经济发展相关的其他工作。社会事务办公室主要承担人口与计划生育、国土资源管理、村镇规划建设、民政优抚、民族宗教、劳动和社会保障、科教文卫等工作，协调与社会事务相关的其他工作。

财政所的主要职责是：负责承担财政、农税征收、经营管理和零户统管等工作。

6. 引导乡镇直属事业单位面向市场转换机制。除农村中小学校、卫生院外，乡镇其他直属事业单位要在清退非在编人员的基础上逐步转为自主经营、自负盈亏的企业或中介服务机构，走企业化、市场化、社会化的路子，其所承担的原有行政职能分别并入“三办一所”。转制后的事业单位，继续享有原债权，承担原债务。对一时难以自负盈亏的，可给予三年的过渡期。过渡期内，当地政府继续给予财政补贴，直至过渡期满。各地要保证由财政拨付的兴办社会公益事业的资金额度不减、用途不变，将“以钱养人”改为“以钱养事”。

7. 规范设置人武部和上级延伸、派驻乡镇机构，理顺条块关系。乡镇设立人民武装部，依法履行国防动员、民兵训练、预备役管理等职能。法庭、公安派出所、司法所、工商所、税务所、交通管理站、林业管理站可延伸、派驻到乡镇，并实行区域性设置。其他机构不再延伸、派驻乡镇。除国家有明确规定的以外，延伸派驻乡镇的机构，其党的组织关系实行属地管理，人事任免等重要事项必须按有关规定征得当地党委同意。

**三　建立刚性约束机制，严格编制管理**

8. 合理核定乡镇行政和事业编制。按照地域面积、所辖人口、财政收入状况等因素，科学确定乡镇类别。在各县（市、区）已核定的乡镇行政编制总额内，一、二、三类乡镇的行政编制分别不超过 45 名、40 名、35 名。各地要在核定的编制内配备具有较高素质的管理经济、文化和社会事务所必需的专业技术人员。

财政所的机构编制标准，综合考虑四项因素，即定编基数、管辖幅度、征收额度、农业户数来测算确定，实行总量控制。以县（市、区）为单位，平均每所 17 人。

教育事业编制，要在保证教学基本需求的前提下，本着压缩精简的原则，由县（市、区）机构编制部门会同教育和财政部门按师生比例从紧核定，每两年核定一次，经市州编办审核后，报省编办审批。

卫生院的事业编制，另行研究确定。

县（市、区）法院、公安、司法、工商、税务这五个部门延伸、派驻乡镇的机构，其人员编制实行总量控制，不得突破上级核定的专项编制总额。人武部使用乡镇行政编制，配备一名专职人武干事。交通管理站的人员编制标准由省另行制定。

9. 实行机构编制监督管理信息化、公开化。编制管理要定编定岗到人，并向社会公示，接受群众监督。要建立机构编制监督管理信息网，尽快将行政事业编制、机构设置、人员结构和财政统发工资人员名单等在网上公布，并将编制号、档案号、身份证号同时锁定在财政供给人员名单上，使机构编制监督管理工作公开透明，杜绝违规操作。

10. 完善机构编制与财政预算相互配套的约束机制。要把机构编制作为乡镇行政事业经费预算拨款的主要依据，只有在县（市、区）机构编制部门核定的编制范围内，人事部门才能核定工资，财政部门才能核拨经费。县（市、区）党委、政府和机构编制部门不得突破上级机构编制部门审核批准的乡镇机构和人员编制。未经县（市、区）机构编制部门核定，任何部门都无权超编、超职数任用、调配、录（聘）用财政供给人员；乡镇行政、事业单位，不得调进、任用所谓“自费编制”“空招”及其他靠收费供养的人员。新进入乡镇行政、事业单位的人员，必须在机构编制出现空缺的前提下，通过统一、公开考试录（聘）用。

11. 对县（市、区）和乡镇主要领导实行机构编制工作责任审计制度。县、乡主要领导在任时，要实行年度编制工作责任审计；离任时要及时进行审计，把机构编制的管理情况与其业绩考核和使用挂起钩来。严格执行机构编制“三定”方案，加大对违反机构编制管理规定的查处力度，一旦发现有擅自设立机构、增加编制、超编进人等违纪违规行为，要严肃查处，追究县（市、区）和乡镇主要领导的责任。

### 四　探索社会保障办法，妥善分流富余人员

12. 彻底清理清退非在编人员。乡镇行政事业单位（含延伸、派驻机构）的临时工、空招人员、借用人员、没有被机构编制部门批准的各种“自费编制”人员，都必须无条件清退。具体清退办法由各县（市、区）确定；涉及省垂直管理部门的人员清退办法，由省直有关部门确定。

13. 分流人员要逐步与行政、事业单位完全脱钩。在全面清理清退非在编人员、重新核定编制的基础上，按照“公开、公正、公平”的原则，采取考试和考评相结合的办法，实行全员竞争上岗。未参加竞争和在竞争中落岗的人员要逐步分流。要严格程序，完备法律手续，逐步解除分流人员与行政、事业单位的关系。

14. 努力解决分流人员的生活保障问题。各县（市、区）可从本地实际出发，采取多种途径积极稳妥地分流富余人员。通过多种渠道筹措资

金，对分流人员给予一次性经济补偿，补偿标准以工龄为依据，每工作一年支付其本人一个月的上年月平均工资。积极探索为乡镇分流人员办理符合本地经济发展水平的社会保险办法。省政府有关部门要抓紧研究制定乡镇分流人员社会保障的具体政策措施。

15. 积极创造条件支持和鼓励分流人员再就业。分流人员自谋职业的，纳入企业下岗人员再就业的范围，享受再就业的优惠政策。领办创办经济实体的，政府在经营场地、地方税费减免等方面应给予支持和优惠。有条件的乡镇，可运用市场经济的办法，引导、鼓励分流人员组建民营或其他经营方式的农工商经营开发公司。各县（市、区）要及时向分流人员提供就业信息，组织劳务输出，帮助他们实现再就业。

## 五　完善乡镇财政管理体制

16. 坚持分税制改革方向，调动乡镇发展经济，培植财源的积极性。按照“一级政府、一级财政”的原则，加强收支管理。合理界定县、乡政府事权范围，明确县、乡财政支出责任。坚持分税制改革方向，改变按企业隶属关系划分各级税收收入的办法，实行按税种比例分享的规范办法。建立县（市、区）对乡镇规范的转移支付制度。

17. 推进公共支出管理改革，堵塞各种漏洞。严格执行“收支两条线”规定，乡镇所有行政事业性收费、罚没收入、政府性基金等都要全额上缴国库或财政专户，严格做到收缴、罚缴和收支分离；继续推行和完善零户统管制度，提高财政资金使用效益；在使用权不变的前提下，建立县对乡财政支出的国库集中支付制度，增加透明度、规范性和约束力。积极创造条件，建立健全政府采购制度。认真清理核定乡镇债务，严禁新增债务，积极稳妥化债，防范财政风险。对撤销和转制的行政、事业单位，要严格清产核资，落实债权债务，防止公有资产流失。乡镇政府和财政，一律不得为企业和其他一切经济组织提供经济担保。

18. 规范行政事业性收费。对经国务院、省政府批准设立的行政事业性收费项目，应向社会公示收费标准，严格按标准执行。对各项行政事业性收费，不得以任何理由加码，不得搭车收费。省以下各级政府和其他部门无权审批行政事业性收费项目。对乱收费的，要严肃查处。

19. 加强村级财务管理。在保证村级资金所有权、支配权不变的前提下，乡镇财政所代管村级财务，尊重村民监督财务的权利，对村级财务定期在村公开，规范村级收支行为。

## 六 大力推进乡镇民主政治建设

20. 扩大乡镇领导干部选拔任用中的民主。坚持把党管干部与扩大民主有机结合起来，扩大广大党员和群众在干部推荐、考察、选举、罢免等环节中的民主。在乡镇领导班子换届选举中，逐步推行党员推荐、群众推荐、党代表大会和人民代表大会选举的办法产生乡镇党委和政府班子成员，对党委书记、副书记进一步试行乡镇党代表大会“差额直选”。党委书记产生后，将其作为乡镇长候选人，由人大依法选举产生。依法选举乡镇人大主席、副主席和副乡镇长。乡镇领导班子成员一般要任满一届。在乡镇领导班子成员届中调整时，要把民主测评结果作为干部任用的重要依据。

21. 建立健全乡镇政务公开制度。规范政务公开的内容、形式，建立政务公开责任制、预审制、评议制、投诉制等制度，把办事依据、办事程序、办事结果和收费标准向群众和社会公开，让群众依法享有对乡镇政务的知情权、参与权、决策权和监督权。

22. 依法规范乡镇干部行政行为。加强对乡镇干部的法制教育，增强他们依法行政的自觉性，认真落实省委、省政府《关于全省乡镇干部行政行为的三项规定》，加强对乡镇党政主要领导的经济责任审计，对违反农村政策、加重农民负担和违反财经纪律、谋取个人或小团体利益的行为，要严肃查处。

23. 强化对乡镇领导干部的民主监督。凡涉及乡镇经济社会发展中的重大项目建设和大额资金使用问题、重要人事任免和涉及群众切身利益的重大问题等，乡镇党委和政府必须充分听取群众意见，接受党员和群众的监督；建立和完善乡镇领导班子和领导干部年度述职、评议制度，实行党员代表、人大代表分别对乡镇党委、政府领导班子成员评议，评议结果作为考核使用的重要依据。

## 七 进一步规范乡镇干部的职务消费行为

24. 严格规范乡镇干部职务消费行为。对干部公务交通、通信、接待等职务消费项目，实行限额管理或货币化管理。

25. 规范公务用车行为，严格控制公务交通费。可分别选定以下两种方式中的一种：（1）乡镇党政机关及直属事业单位一律取消公务车，原有车辆依法公开拍卖，拍卖收入按规定纳入财政管理，可用于发放干部交通费补贴。补贴标准根据干部职务、分工和实际工作量进行核定，货币化发放。（2）乡镇党政机关只配一台公务车，购车、养车费用不准向农民和企业摊派、索取。公车不准私用。乡镇直属事业单位不配公务车，对公务交通费实行总额控制，标准到人，包干使用，结余滚存，结余资金可按一定比例对个人进行奖励。

26. 加强公务通信工具和费用管理。一律不准用公款为乡镇干部配备移动通信工具。对乡镇主要领导干部的移动通信费实行定额管理，包干到人。救灾、防汛期间的移动通信费实报实销或按一定比例给予补贴。

27. 严格控制公务接待费。乡镇党政机关公务用餐原则上在内部食堂进行，每次接待活动的开支必须按规定的标准执行，对乡镇领导干部和直属事业单位的年接待费用实行总额控制。

28. 加强对乡镇干部职务消费改革的监督。要严肃纪律，不准领导干部到企事业单位借用车辆或者报销租车费用，不准领导干部为节省个人包干费用而影响工作，不准车改单位再报销与小车有关的费用。对转嫁消费、弄虚作假的，要按照有关规定严肃查处。

## 八　切实加强对改革的组织领导

29. 强化领导责任。各市（州）要成立领导小组，负责改革的领导和协调。县（市、区）委书记是改革的第一责任人。各县（市、区）要成立工作专班，认真制定方案，精心组织实施。每个市（州）先选定1—2个县（市、区）作为试点，改革方案经市（州）审核后报省委、省政府审批。在试点取得经验的基础上全面推开，到2005年底，全省乡镇综合配套改革基本完成。省直有关部门要加强对改革的指导、督促和检查，形成上下联动、齐抓共管的工作格局。

30. 创造良好的改革环境。县（市、区）要改进对乡镇的领导方式，减事、减会、减少评比检查。县直各部门要求乡镇完成的各项工作任务，由乡镇党委、政府统一承担，统筹安排，任何部门不得强求乡镇对口设置机构。各业务主管部门对乡镇的事业费、专项经费、项目经费等所有资金安排，都要做到规范、透明、公平，不得以机构不对口为由，不拨或少拨经费。违者一经发现，要严肃处理。

31. 坚持走群众路线。改革方案要认真征求意见，坚持从群众中来，到群众中去。人员的进退去留，必须实行政策、标准、程序、结果“四公开”，严禁暗箱操作和任人唯亲。要认真做好深入细致的思想政治工作，把解决干部的思想问题与解决实际困难结合起来，努力营造安定和谐的改革氛围。

32. 严肃改革纪律。严肃政治纪律，确保政令畅通、令行禁止，不准搞“上有政策、下有对策”；严肃机构编制纪律，严禁乡镇增设机构、超编进人，严禁上级部门以任何理由、任何形式干预乡镇的机构设置、编制管理和人员配备；严肃组织人事纪律，严禁突击提拔和调动干部；严肃财经纪律，严禁擅自设立收费项目、提高收费标准，严防转移资金、私分钱物、挥霍浪费和侵吞公有资产。对违反上述规定的，要依法依纪从严查处。

省纪检监察、组织、人事、机构编制、劳动保障、财政、教育、民政、卫生、审计等部门，都要根据本意见，配套制定相应的实施细则，报省委、省政府审定后实施。

本意见自下发之日起施行。过去制发的文件中与本意见不一致的政策规定同时废止。

# 中共湖北省委、湖北省人民政府关于推进乡镇事业单位改革加快农村公益性事业发展的意见

鄂发〔2005〕13号

为贯彻落实《中共中央、国务院关于进一步加快农村工作提高农业综合生产能力若干政策的意见》（中发〔2005〕1号）和《中共湖北省委、湖北省人民政府关于推进乡镇综合配套改革的意见（试行）》（鄂发〔2003〕17号），逐步构建新型的农村公益性事业服务体系，切实提高对“三农”的服务水平，促进农村经济社会协调发展，现对乡镇事业单位改革提出如下意见。

## 一　明确指导思想

1. 指导思想：乡镇事业单位改革，要以邓小平理论、“三个代表”重要思想和科学发展观为指导，适应完善社会主义市场经济体制的要求，按照强化公益性职能，放活经营性服务的要求，坚持市场取向，改革体制，转换机制，加大投入，完善政策，变“养人”为“养事”，增强社会事业发展活力，提高农村公益性事业服务质量和效率。

## 二　改革管理体制

2. 转变单位性质。除农村中小学校、卫生院、财政所（加挂经管站牌子）以及规定的延伸派驻机构外，乡镇其他事业单位要在清退非在编人员的基础上转为自主经营、自负盈亏的企业或服务组织，到工商或民政部门办理法人登记手续，成为独立法人，依法产生法人代表。在民政

部门办理登记的服务组织，暂按事业单位管理。转制后的企业或服务组织原承担的执法职能统一由县级行政主管部门行使，原承担的行政职能分别并入乡镇党政综合办公室、经济发展办公室、社会事务办公室。在乡镇经济发展办公室加挂“防汛抗旱指挥部办公室”的牌子。

3. 人员退出事业编制管理序列。乡镇事业单位转制后，所有人员退出事业编制管理序列，脱离财政供养关系，其个人档案资料移交县（市、区）人才交流服务机构或劳动保障就业机构代管。如果仍在转制后的企业或服务组织工作，由转制单位与其签订劳动合同，按企业职工有关规定管理；如果转制时自愿与单位解除关系，必须经过个人申请，依法、依政策办理、完备手续。

4. 建立基本养老保险制度。经组织、人事、劳动部门办理正式手续的在编在岗人员都要比照《湖北省试点县（市、区）乡镇事业单位基本养老保险实施意见》的规定，参加社会养老保险。

5. 核清债权债务。乡镇事业单位的原主管单位要组织专班，在转制前对单位债权债务进行清理核定。事业单位转制后，对原债权债务要依法依规解决。可以由转制后的企业或服务组织，按照“锁定旧债，不增新债，明确责任，逐步解决”的要求，享有原债权，承担原债务；也可以采取一定的形式，对原事业单位的资产和债权债务进行托管。

6. 加强资产管理。乡镇事业单位的原主管单位要组织专班，对转制单位的资产，包括固定资产和流动资产，账面资产和实有资产进行全面核实。原有资产除国家法规明确规定不能处置的外，可以租赁给转制后的企业、服务组织或个人经营，也可以依法依规进行处置，所得资金要优先办理职工的养老保险和支付自愿置换身份人员的补偿金。

### 三 建立“花钱买服务，养事不养人”的新机制

7. 明确责任主体。县（市、区）、乡镇政府是提供农村社会公益服务的责任主体，负责确定项目、提供经费、组织实施。县（市、区）业务主管部门负责技术指导。

8. 确定公益性服务项目。根据政府职能、财力的许可和农民的基本需求，由乡镇政府和县（市、区）业务主管部门共同确定本地每年需要完成的农村公益性服务项目，提出具体的服务要求。省级业务主管部门

对农村公益性服务事业发展要提出指导意见。

9. 财政保证履行公益性职能经费。县级财政要将农村公益事业服务经费按照部门预算要求纳入年度财政预算，逐年加大对农村公益性事业的财政投入，并分解落实到具体服务项目。其标准是：种植业每亩不低于1元；畜牧防疫每户不低于2元；文化体育每人不低于0.5元。计划生育按有关规定核定预算，广播电视、水利、水产、农机和其他社会公益性事业也要根据实际，确定最低预算标准。

从2006年起，省级财政每年筹措1亿元资金，对实行以钱养事新机制的乡镇“以奖代补”，通过转移支付专项支持农技推广、植物保护、动物防疫、计划生育、文化体育、防汛抗旱、血防灭螺等乡镇公益性事业发展。具体考核和奖励办法由省财政厅、省乡镇综合配套改革领导小组办公室会同有关部门制定，报省政府审定后下发。县乡财政用于农村公益性事业的支出不得因此抵减。

10. 完善资金管理办法。县级财政对农村社会公益性服务资金（包括县级以上财政安排的专项服务资金），由乡镇政府或县级业务主管部门提出使用意见，由财政部门采取国库直接支付的办法直达用款单位。财政对公益事业不再按服务组织人数的多少安排经费，改按政府采购、项目招标等办法，直接拨付到公益性服务项目。对重大突发事项，由政府组织实施，财政按规定程序追加经费。

11. 公益性服务实行合同管理。由政府承担的公益性职能，要按照“财政出钱，购买服务，合同管理，农民认可，考核兑现”的要求落实。可以向转制后的企业或服务组织，采取委托代理的方式进行；可以通过公开招标，向有资质的各类服务实体和个人采取购买的方式进行。无论哪种形式，都要实行规范的合同管理，明确双方的权利和义务。

12. 探索公益性服务的运行模式。各县（市、区）要根据不同行业的特点，结合本地实际，积极探索公益性服务的运行模式。可以是委托服务制，可以是定岗服务招聘制，也可以是县级行政主管部门派出制。具体采用哪种形式，由市（州）或县（市、区）决定，一个市（州）或一个县（市、区）对一种行业采取一种形式。无论哪种形式，都要体现“花钱买服务，养事不养人”的要求，都要改革用工制度和工资制度，都要让农民群众得到实惠。

第一种：委托服务制。原乡镇事业单位转制为企业或服务组织后，既承担乡镇政府委托的公益性职能，又从事经营性服务。乡镇政府提出公益性服务项目，与企业或服务组织签订合同，明确经费数额和考核方式。企业或服务组织接受委托后，组织工作人员完成合同规定的公益性服务项目。

第二种：定岗服务招聘制。乡镇设置一定的服务岗位，定岗不定人，由乡镇政府或县（市、区）业务主管部门，面向社会公开招聘具有从事公益性服务资质的人员，从事公益性服务。对招聘人员实行“三卡”管理，即农民签字卡、村干部签字卡、乡镇签字卡管理。

第三种：县级行政主管部门派出制。即“管理在县，服务在基层”。县级行政主管部门会同人事部门根据需要设置一定的服务岗位，定岗不定人，从原乡镇事业单位人员中公开招考、竞争上岗、择优录用工作人员，签订一定期限的聘用合同，派驻乡镇或区域专门从事公益性服务。服务项目由乡镇政府提出，乡镇和县（市、区）业务主管部门共同对派驻人员进行考核，人员实行动态管理。

江汉平原及沿江滨湖地区的原乡镇水利站，在精减人员的基础上，由省有关部门提出范围和标准，按流域（水系）整合、组建水利管理站，属县（市、区）水利部门的派出机构，为公益性事业单位，人员实行招聘。

原乡镇文化站、广播电视站转制为企业或服务组织，人员退出事业编制管理序列后，可以按乡镇或区域设置文化服务中心和广播电视服务中心，也可以综合设置文化广播电视服务中心。允许在新成立的服务中心加挂“文化站”的牌子。

对乡镇公益性事业服务人员实行总量控制。采取第二种或第三种形式，每个乡镇的财政所（加挂经管站牌子）、国土资源所、林业管理站、交通管理站和由县（市、区）派驻的动物防疫监督、血吸虫病防治人员，加上乡镇定岗招聘从事公益性服务的人员（或县级行政主管部门派出的从事公益性服务的人员），总数不得突破40人。在40人总量控制内，各县（市、区）可根据实际，合理确定乡镇公益性事业服务人员的构成。要注意整合资源，充分发挥县（市、区）业务主管部门直管的服务中心和乡镇转制后的企业或服务组织的作用，鼓励大专院校、科研院所、工商企业和有关科技、文化等专业人员公平参与农村公益性事业的招标。积极培育市场主体，努力构建新型的农村社会化服务体系。

13. 规范考核结算办法。由乡镇政府和县（市、区）业务主管部门共同拟定公益性服务合同考核办法，并组成考核专班进行考核。既要考核完成服务项目的数量，更要考核完成服务项目的质量和效果，要以接受服务对象的签字凭证为客观依据。

## 四　落实配套政策措施

14. 多层次、多渠道、多途径筹措改革资金。各地有关部门要按照《关于全省乡镇综合配套改革的财政政策和资金筹措意见》，积极筹措改革资金，县（市、区）财政要列出支持改革的专门预算；对筹措改革资金确有困难的县（市、区），省财政以适当的方式给予支持。

15. 严格执行自愿置换身份补偿金政策。乡镇事业单位整体转制、人员退出事业编制管理后，财力有条件的地方允许对自愿置换身份的人员按政策发放补偿金。

16. 鼓励分流人员创业。各地要制定政策，提供信息，积极引导支持分流人员再就业。对自谋职业的分流人员，发放再就业优惠证，比照国有企业下岗职工享受再就业扶持政策，其资金来源按隶属关系从同级财政预算安排的再就业资金中解决。乡镇事业单位在处置资产筹集补偿资金时，比照执行企业改制的优惠政策。县（市、区）业务主管部门要加强农村科技、文化等专业人员的行业管理，搞好培训和职称评审工作，鼓励科技创新。

## 五　加强组织领导

17. 强化领导责任。各市（州）党委、政府要加强对改革的指导。县（市、区）党委书记是改革的第一责任人，要切实负起责任。乡镇事业单位的原主管单位要成立由主要负责人担任组长的改革工作领导小组，协调处理各种矛盾，对改革负直接责任。

18. 严格执行政策。各地要严肃纪律，严格执行统一政策，并加强检查督办，及时预防和纠正具体工作中出现的政策偏差。各县（市、区）的行政、事业编制，要按鄂编办发〔2004〕27 号文件规定的审核、审批程序，报省级机构编制部门审批。各县（市、区）的乡镇综合配套改革方案及配套政策应报所在市（州）党委、政府审批后执行，并报省乡镇综合配套改革领导小组办公室备案。

19. 部门要支持改革。各业务主管部门和编制、人事、财政、劳动保障、科技等部门要各司其职，各负其责，抓好各项改革政策的落实到位。任何部门不得强求乡镇对口设置机构。各业务主管部门对乡镇的事业费、专项经费、项目经费等所有资金安排，都要做到规范、透明、公开，不得以机构不对口为由，不拨或少拨经费。违者一经发现，要严肃处理。

20. 本意见自下发之日起施行。过去制发的文件与本意见不一致的政策规定同时废止。

本意见由省乡镇综合配套改革领导小组办公室负责解释。

# 省委办公厅、省人民政府办公厅关于建立“以钱养事”新机制加强农村公益性服务的试行意见

鄂办发〔2006〕14号

建立“以钱养事”新机制，构建服务主体多元化、服务行为社会化、服务形式多样化，政府扶持和市场引导相结合、无偿服务和有偿服务相结合的新型农村公益性服务体系，是乡镇综合配套改革的重要内容。经省委、省政府同意，现就加强农村公益性服务提出如下试行意见。

## 一　明确指导思想、主要原则和基本要求

1. 指导思想。以科学发展观为指导，适应社会主义市场经济体制的要求，强化政府提供农村公益性服务的责任，遵循社会化、市场化的改革方向，整合机构，创新机制，实行“政府采购，花钱买服务”，即“以钱养事”的办法，增强活力，提高农村公益性服务质量和效率，得到农民认可，确保农民受益。

2. 主要原则。一是政府主导，分类管理。区分公益性服务和经营性活动，分类引导，统筹管理，政府负责承担对公益性服务的投入。二是因地制宜，实事求是。科学设立服务项目，适当确定经费标准，自主选择运行模式，合理确定岗位数量。三是市场导向，平等竞争。政府采购的服务项目面向社会招标，实行服务主体多元化、多样化。四是坚持“三公”，规范操作。在人员聘用、项目招标时严格做到公平、公正、公开。五是合同管理，民主监督。依法签订合同，明确双方责权；健全考评机制，尊重群众意见，奖惩绩效挂钩。

3. 基本要求。政府坚持“三个不变”，即用于公益性服务的原国有资产的产权性质不变，保障公益性服务的经费来源不变，作为公益性服务固定资产的投资主体不变。整合和转制后的站所和服务组织，必须创新运行机制，必须按照公开、平等、竞争、择优的原则，建立充满生机和活力的用人机制；必须实行合同聘用和岗位管理制度，由身份管理向岗位管理转变；必须对有关劳务岗位和服务项目实行招标，依法签订合同，明确责、权、利和奖惩措施；必须建立和完善考核评估机制，以服务对象认可为原则，把绩效挂钩落到实处，搞好农村公益性服务。

### 二　确定乡镇农村公益性服务基本内容

4. 职能划分。行政执法职能由县级行政主管部门行使，行政管理职能并入党政综合办公室、经济发展办公室、社会事务办公室，公益性服务由政府采购，经营性活动走向市场。

5. 服务内涵。乡镇农村公益性服务主要是由政府组织实施，财政筹措经费，为农民生产、生活和农村经济社会发展提供的基本公共服务。

6. 内容确定。确定乡镇农村公益性服务内容，主要依据法律法规和政策的规定、当地的实际、财力的许可及农民的基本需求，由乡镇政府或县（市、区）业务主管部门提出本地的日常公益性服务项目，县（市、区）政府统筹确定服务的重点内容。对突发性、不可预见性的公益性服务项目，临时安排。

服务项目的确定和政府采购的结果，都应向社会公示。

省里提出乡镇农村公益性服务的基本内容（附后），供各地参考选用。

### 三　探索“以钱养事”的实施办法

7. 责任主体。政府是提供农村公益性服务的责任主体，负责确定项目、提供经费、拟定标书、组织实施、兑现合同。业务主管部门负责技术指导。

8. 服务主体。所有具备承担农村公益性服务资格和能力的公益性服务组织、事业单位、企业和个人都可以成为服务主体。

9. 依法登记。原事业站所转制后组建的公益性服务组织，一般在民政部门登记；从事经营性活动的企业，在工商部门登记；整合和改革后保留的事业单位，在编制管理部门登记。所有单位都要依法依规产生法人代表。

10. 资产管理和使用。承担农村公益性服务的主体应有固定的场所和必要的资产。改革时经核定的国有净资产和改革后由财政投入形成的资产属国有资产，由乡镇政府或县（市、区）业务主管部门统筹管理。要建立健全国有资产管理体制，不得随意改变国有资产产权性质和用途，确保国有资产保值增值。

在确保农村公益性服务固定资产功能不变的前提下，可以实行所有权与经营权相分离的运营模式，采取国有民营、公开招标、委托经营等方式，由乡镇政府或县（市、区）业务主管部门通过签订合同的形式，无偿提供给农村公益性服务使用，或者有偿租赁给经营性活动使用。

11. 从业人员资格审定和管理。从事农村公益性服务的人员，必须具备相应的资格。资格审定由县级业务主管部门和人事部门共同负责。通过面向社会公开考试、考核等办法，对达到学历、职称、业务技术、思想素质等要求的人员，认定其具有从事农村公益性服务的资格，发给相应的资格证明。不具备相应资格的人员，不得从事农村公益性服务工作。

要制定优惠政策，鼓励和支持大中专毕业生、各类单位的科技人员参与乡镇农村公益性服务。

12. 人员聘用和管理。选择定岗招聘制或县级业务主管部门派出制的行业，以县（市、区）为单位，乡镇财经所（原财政所、经管站合并而成）、国土资源所、林业管理站、交通管理站和由县（市、区）派驻的动物防疫监督、血吸虫病防治人员，加上乡镇定岗招聘从事农村公益性服务的人员（或县级业务主管部门派出的从事农村公益性服务的人员），按乡镇平均40人进行总量控制。由县（市、区）政府根据实际，合理调剂人员构成，科学确定岗位数量；由乡镇政府或县（市、区）业务主管部门会同人事部门面向社会公开招聘、竞争上岗、择优聘用具有从事乡镇农村公益性服务资格的人员。

选择委托服务的行业由受托服务主体聘用有资格的人员完成农村公益性服务。

对长期坚持在基层直接从事农村公益性服务的骨干技术人员，特别是国家大中专学校毕业分配到乡镇工作的技术人员，在聘用时应给予一定的政策倾斜。

乡镇政府、县（市、区）业务主管部门、公益性服务组织和企业，都要按照国家有关法律、法规的要求，与其受聘的从事农村公益性服务的人员签订劳动或劳务合同。

13. 项目合同管理。农村公益性服务项目发包单位和承担的服务主体，必须按照《合同法》的规定签订服务合同，明确约定双方的责任、权利和义务，包括服务内容、经费标准、时间要求、考核结算、兑现办法等事项。服务项目必须一次性发包到服务主体，不得转包。合同期限按不同行业特点确定，一般以2年左右为宜。

14. 技术资料上报和保存。乡镇综合配套改革中人员转换身份时，要对本单位的技术档案按照档案业务要求规范整理，上报一份给乡镇政府保存。实行“以钱养事”新机制后，承担农村公益性服务的主体，要负责做好各项技术资料的记录、整理和保管，并在年终考核后将技术资料上报一份给乡镇政府保存。

乡镇政府应明确具体人员负责各项技术资料的收录、保存、管理和使用。农村公益性服务的主体因工作需要，可以到乡镇政府按规定查阅、借用和复印相关技术资料。

15. 妥善处理从事公益性服务与经营性活动的关系。所有农村公益性服务的主体，不管采取哪种“以钱养事”的运行模式，在不影响完成所承担农村公益性服务任务的前提下，都可以从事与之不相冲突的经营性活动。要加强对公益性服务单位有偿服务的制约和监督，具体内容由发包单位与服务主体在签订合同时进行规范的约定。

16. 采取多种形式加大乡镇执法力度。要加强县级行政主管部门执法队伍建设，转变作风，工作重心下移，采取划分责任区域，分片负责的方式，切实解决执法主体不到位问题；要对法律许可、政策允许的委托执法内容，积极探索委托乡镇政府执法或乡镇综合执法的途径和办法，明确界定委托的机构、事项和人员。不论采取哪种方式，都要坚持县级行政部门的执法主体地位，严格执法人员的资格认定，不能把应由县级行政部门承担的责任转移给乡镇政府或其他组织及人员。

## 四　加大资金保障力度

17. 服务资金来源。各级财政都要逐步加大对农村公益性服务的经费投入，为农村公益性服务提供经费保障。常规性、常年性的服务经费按规定纳入财政预算；重大突发事项需要的经费，由财政按规定程序追加。资金渠道：一是按照《中共湖北省委、湖北省人民政府关于推进乡镇事业单位改革加快农村公益性事业发展的意见》（鄂发〔2005〕13号）规定的项目和标准，县级财政按照部门预算的要求，纳入年度财政预算的农村公益性服务经费；二是省级财政对实行“以钱养事”新机制乡镇的补助资金；三是农村税费改革转移支付中专项用于农村公益性服务的资金；四是上级拨付的其他农村公益性服务专项资金。

制定政策，积极鼓励和引导社会资金对农村公益性事业的投入。

18. 项目经费核算。财政对农村公益性服务的经费不再按服务主体人数的多少安排，改为按服务主体承担服务项目的多少提供。按照项目合同管理办法，农村公益性服务经费必须落实到每个具体的服务项目，资金随着项目走，不得用于项目之外的人头经费或其他开支。发包单位在核算每个项目需要的经费数量时应考虑以下几项因素：一是直接承担公益性服务项目人员的劳务报酬；二是直接承担公益性服务项目人员应由单位负担的养老保险费；三是开展公益性服务项目必要的物化投入。

各级财政都要随着农村公益性服务任务的增加，逐步加大对从事农村公益性服务的公益性服务组织在基础设施建设、工作场所和设备等方面的投入。

19. 拨款方式。农村公益性服务的项目经费，根据合同规定，按时间、工作进度拨付，并预留一定比例的资金，按年终考核的结果结算。财政部门采取国库直接支付的办法直达给承担服务的主体，保证专款专用。发包单位从没有达到服务要求的服务主体扣减出来的服务经费，可以用于奖励其他超额完成服务要求的服务主体，也可以滚存到下一年继续用于农村公益性服务。

20. 省级财政补助资金的测算与使用。省级财政2006年对实行“以钱养事”新机制的乡镇农技服务（含水产、农机）、畜牧兽医、文化事业等方面的公益性服务补助资金，按每个农业人口5元的标准确定；计划生育财政拨款水平也按规定标准确定。今后，省级财政随着财力的增强，将进一步提高对农村公益性服务的补助水平。

省级财政补助资金用于各行业公益性服务所占的比例，由各县（市、区）根据公益性服务项目的需要来确定。

县级政府要按照鄂发〔2005〕13号文件的要求，切实落实年度财政预算经费，不能因省级补助资金而抵减。对没有达到省定最低预算标准和没有实行“以钱养事”新机制的县（市、区），省里不给予补助资金。

已经实行“以钱养事”新机制的县（市、区），每年第一季度向省提出考核申请，省乡镇综合配套改革办公室、省农村税费改革办公室第二季度统一组织对各县（市、区）乡镇“以钱养事”情况进行考评，省财政部门对考评合格的县（市、区）下达当年补助资金额度，在年度内将资金按规定拨付到县级财政专户。

“以钱养事”补助资金具体的核算、使用、管理办法由省财政厅会同有关部门制定，报省政府批准后执行。

21. 税费减免。对从事农村公益性服务取得的收入，要认真落实国家和省的有关规定，实行税费减免。省地税局和省乡镇综合配套改革办公室要重申国家和省已制定的对农村公益性服务的各项税费优惠政策。

**五　完善考核验收办法**

22. 考核主体。日常考核以乡镇政府为主，年度考核是以县级业务主管部门为主还是以乡镇政府为主，由各县（市、区）政府结合行业工作特点和本地实际决定。乡镇政府和县级业务主管部门要密切配合，拟定具体考核办法。考核要充分听取被服务对象的意见。

23. 考核方式。考核采取定时考核和随机抽查相结合的方式进行。可以采取百分制的评分方式考核。要积极探索建立村民代表、专业技术人员和领导小组相结合的考核评价机制，推行服务对象签字登记制度、服务项目台账管理制度和考核评价结果公示制度，加强对项目事前、事中、事后的监管。考核尽量做到量化，不能量化的采取群众满意率进行考核。既要考核完成服务项目的数量，更要考核完成服务项目的质量和效果。

24. 考核兑现。实行绩效挂钩的兑现办法，考核结果与服务费用结算挂钩。服务费用必须经过服务对象对服务质量签署意见，有关部门按合同进行绩效考评后才能最终结算。

从事农村公益性服务人员的收入报酬不再执行事业单位的工资标准，按照承担公益性服务任务的多少和工作量的大小以及完成服务质量的高低，由合同约定。公益性服务搞得好，对农民增收贡献大的服务人员，其收入可以高于本地乡镇公务员的工资水平。对做出突出贡献的服务主体，各级政府或业务主管部门要给予适当的精神和物质奖励。

对年度考核合格的服务主体，在下一轮农村公益性服务项目的竞标中，有同等条件下的优先权。

对在重大突发事件中不按照政府的要求及时提供服务，没有完成服务任务，或者在履行合同时违反国家有关法律法规，给服务对象造成较大损失的服务主体，按照合同规定进行处罚，并取消其参与农村公益性服务的竞标资格和获得委托服务的资格。

25. 合同纠纷仲裁。不得随意更改和中止合同。在农村公益性服务过程中产生合同纠纷，不得影响农村公益性服务的正常开展。要依照法律法规，由对合同纠纷有管辖权的工商、劳动及其他行政主管部门进行调解或仲裁。

## 六　搞好专业技术培训

26. 主管部门。县（市、区）业务主管部门是农村公益性服务专业技术培训的主管部门，要加强对农村公益性服务专业技术人员的行业管理，积极做好培训和职称评审工作，帮助提高业务素质。

27. 培训经费。县级业务主管部门根据需要，提出专业技术人员培训计划，经政府审核批准后实施，财政部门给予必要的经费支持。由财政部门采取国库集中支付的办法，将资金直达完成培训任务的机构。

28. 培训方式。由县（市、区）业务主管部门制订培训计划，选定符合条件的培训机构，对农村公益性服务人员，分批实行年度培训。要不断更新培训内容，完善培训方式，使培训工作与农民群众对农村公益性服务的需求有机结合。

### 七 加强组织领导

29. 落实领导责任。各级党委、政府要切实加强对农村公益性服务工作的领导，将建立“以钱养事”新机制纳入议事日程，不断研究解决改革中出现的新情况、新问题，不断提高服务“三农”的水平。各级人大要加强监督检查，加大综合推进力度。要理顺县级业务主管部门与乡镇政府的公共管理和公益性服务职能，县级业务主管部门负责制定事业发展规划，拟订各项服务规范，编制服务绩效考评指标体系，并与乡镇政府一起做好考评工作；乡镇政府负责确定服务项目，组织签订服务合同，监督服务实施过程，共同考核服务效果。

30. 严肃政策纪律。各级审计、财政和纪检监察部门，要加强对省级财政“以钱养事”专项补助资金和各级农村公益性服务资金的审计、监督。对截留、挪用、贪污的行为，要追究单位负责人和直接责任人的责任。

31. 加强工作指导。省、市（州）有关主管部门和登记管理部门要加强对各地农村公益性服务的指导，帮助基层科学确定“以钱养事”项目，提供公益性服务劳务合同的规范文本，做好农村技术人才的开发、管理和服务工作，保证农村公益性服务的人才需求，保证农村公益性事业的健康发展。

本《试行意见》由湖北省乡镇综合配套改革领导小组办公室负责解释。

附件：乡镇农村公益性服务的基本内容（供选用）

二〇〇六年三月十日

## 乡镇农村公益性服务的基本内容

（供选用）

### 一 农业技术服务

1. 种植业技术服务

（1）植物病虫害和检疫性病害的检测、预报、防治和处置。

（2）农作物新技术、新品种的示范和推广。

（3）农产品生产过程中质量安全的检测。

（4）耕地地力检测，指导科学合理施肥。

（5）农民的公共培训教育及农业公共信息服务。

（6）种植业结构调整和抗灾救灾的技术指导。

（7）农村能源建设“一池三改”（建沼气池，改水、改厕、改圈）规划及技术指导服务。

（8）农业生态环境和农业投入品使用检测。

2. 水产技术服务

（1）新品种、新技术、新模式的示范与推广。

（2）水产养殖病虫害及疫情的检测、防治和处置。

（3）水产养殖户科学使用渔药和渔用饲料、肥料的指导，水产品生产过程中质量安全的检测。

（4）渔业资源、养殖水域环境的检测。

（5）渔民的培训教育和渔业公共信息服务。

3. 农机技术服务

（1）新机具、新技术的示范和推广。

（2）农机操作员的技术培训和指导。

（3）农机安全生产的宣传教育和提供农机作业信息。

（4）农业机械化示范点、综合示范区建设服务。

（5）组织农机抗灾救灾，以及抗旱排涝农机设备的维护。

## 二　畜牧兽医服务和监督

1. 做好预防和扑灭动物疫病所需药品及物资的计划，培训畜牧防检人员，组织实施重大动物疫病的预防、控制和扑灭。

2. 负责对重大动物疫病的诊断、检测和疫情测报。

3. 做好动物屠宰检疫、产地检疫、运输检疫。

4. 畜牧兽医新品种、新技术试点示范、推广运用。

5. 畜禽饲料的安全使用的指导。

6. 对农民和养殖专业户的公共培训和信息服务。

## 三　水利技术服务

1. 负责本辖区内防汛抗旱的技术指导。

2. 承担水资源开发、配置、保护相关规划的制定；负责水环境保护、水污染防治等。

3. 灌排体系的水利设施管护、水利技术服务和统一调度。

4. 承担编制、申报小型水利工程建设规划的制定，并组织实施；治理和开发河库、塘堰等。

5. 检测和防治水土流失。

## 四　计划生育服务

1. 对已婚育龄妇女进行查环、查孕、查病。

2. 计划生育节育手术服务。

3. 为育龄群众免费发放避孕药具。

4. 对已采取避孕节育措施的育龄群众进行随访服务。

5. 做好孕期保健服务。

6. 宣传避孕节育和生殖保健知识。

## 五　文化体育服务

1. 组织开展群众文化活动、图书借阅、科学知识普及、农民艺术节等多种形式的群众文娱活动；参与组织文化“下乡”。

2. 组织群众文体骨干队伍的辅导和培训。指导村文化室、文化中心户和民间剧团及农村文体社团的建设与发展。

3. 组织开展非物质文化遗产的收集、发掘、整理、保护与传承工作。开发具有民族传统和地域特色的民间工艺项目、民间艺术和民俗表演项目。

4. 开展文物法规宣传，协助搞好文物保护工作。

5. 开展全民健身运动。举办劳动技能比赛、乡镇运动会等。

## 六　广播电视服务

1. 广播电视基本频道的覆盖和无线差转工作，实施“村村通”工程，提高广播电视人口覆盖率。

2. 开办农村有线广播节目，传播国家政策和法规、农业科技以及其他相关信息。

3. 广播电视设施（村广播室、卫星地面接收设施）的维护。

## 七　财经所管理和服务

1. 乡镇财政收支分配与监督管理。

2. 上级转移支付的监督与管理。

3. 上级财政专项资金的监督与管理。

4. 国家各项惠农资金的分配与监督管理。

5. 烟叶特产税、新型农村合作医疗基金、易涝地区排涝水费征收与管理。

6. 农业综合开发等有偿资金的投入与回收管理。

7. 乡镇行政事业单位财务监督与管理。

8. 乡镇国有资产和乡镇政府债务的监督与管理。

9. 财政与编制公开的管理。

10. 宣传、贯彻、落实农村税费改革、减轻农民负担的政策。

11. 村级财务管理及化债工作。

12. 农村土地承包经营管理。

## 八　国土资源管理和服务

1. 宣传国土资源管理法律法规和基本国策，依法授权保护土地、矿产资源所有者和使用者的合法权益，调处土地和矿业权属纠纷，协助查处违法案件，做好地质灾害防治工作。

2. 组织落实耕地保护和鼓励耕地开发政策。实施土地用途管制，落实基本农田保护措施；落实非农建设用地耕地占补平衡。

3. 对农村居民建房用地进行规划和管理。负责农民建房用地的审核，受县（市、区）国土资源管理部门委托办理建设用地批准书和土地登记发证工作。

4. 参加土地资源利用现状调查、地籍调查、土地统计和动态检测；负责农村集体土地确权、土地登记与发证等工作。

5. 依法对农村建设用地进行管理。受县（市、区）国土资源部门的委托，指导农村集体非农土地使用权的流转，实施具体征地工作，负责征地协议的签订并组织听证，负责征地的公告和征地补偿的权属登记与核实工作，监督征地补偿安置费用及时足额支付到被征地集体经济组织。

## 九　林业管理和服务

1. 宣传林业法律法规和政策。协助乡镇政府制定林业发展规划和年度计划。

2. 引进林业适用新品种，推广新技术、新模式，组织林农技术培训，开展林业科技示范，为林农提供产前、产中、产后的技术咨询等服务。

3. 管护森林、野生动植物资源和湿地自然保护区自然资源，掌握辖区内森林资源、野生动植物物种和湿地资源变化情况。

4. 协助乡镇政府调查处理森林、林木和林地所有权或者使用权争议；管理林木采伐，做好伐区监督和伐区验收工作。

5. 负责辖区的乡村林场、个体林场和护林队伍的管理，协助乡镇政府建立健全乡村护林网络，做好森林防火、森林病虫害防治等。

## 十　交通管理和服务

1. 协助县乡人民政府做好乡村公路的建设、管理和养护工作。

2. 宣传运输法规、政策，为辖区运输户从事经营活动提供咨询服务。

3. 协助县（市、区）业务管理部门加强对辖区内在籍营运车、船的管理，维护农村运输市场的秩序；协助乡镇政府维护乡镇船舶、渡口安全。

4. 配合当地政府和业务主管部门，执行防汛、抢险、重点物资和公共卫生突发事件等紧急运输任务。

## 十一　血吸虫病防治服务和监督

1. 以多种形式宣传血防知识，督促学校和有关部门开展血防健康教育活动。

2. 在血吸虫病疫区开展查灭螺、查治病和工程灭螺。

3. 在易感环境建立警示标识，协助疫区设立防护监督岗。

4. 指导村民修建无害化厕所，协助疫区做好耕牛圈养，人畜粪便管理。

5. 做好本区域水利血防、农业血防、林业血防和卫生血防规划，并对实施过程进行技术指导。

# 省委办公厅、省人民政府办公厅关于巩固完善农村公益性服务“以钱养事”新机制的若干意见

鄂办发〔2007〕17号

为了深化农村综合改革，推动基层政府职能转变，促进社会主义新农村建设，经省委、省政府同意，现就巩固完善农村公益性服务“以钱养事”新机制的有关问题提出如下意见。

## 一 坚持农村公益性服务“以钱养事”的改革方向

（一）建立农村公益性服务“以钱养事”新机制，是推动新农村建设、构建农村和谐社会的重要举措，是巩固农村税费改革、深化农村综合改革的重要内容，是转变基层政府职能、构建服务型政府的重要途径。近几年来，全省各地按照省委、省政府的统一部署，探索建立“以钱养事”新机制，取得了明显的成效。但也有一些地方改革不到位，政策不落实，运作不规范，服务效果不明显。各地要研究新情况，解决新问题，深化改革，扎实做好农村公益性服务“以钱养事”新机制的巩固完善工作。要坚持政府主导，有效履行政府公益性服务职能，切实解决公益性服务主体缺位的问题；坚持市场取向，培育服务组织，切实推进单位转变性质、人员转变身份；坚持精简效能和竞争择优原则，科学设置服务组织，合理确定服务岗位，切实落实机构整合、人员分流、竞争上岗的措施；坚持社会化运作，寻找有效管用的公益性服务实现形式，切实实行政府采购、公开招标，推动公益服务主体多元化；坚持强化公益性职能和放活经营性服务的要求，切实强化公益性服务，调动社会力量参与

农村社会服务，提高服务质量，不断满足农民群众日益增长的公共服务需求。

## 二　合理确定公益性服务岗位

（二）各地要按照精简效能、人事相宜的原则，合理确定各行业农村公益性服务岗位。省里综合考虑产业特点、人口数量、地域范围、自然条件等因素，按行业提出《农村公益性服务岗位配备和控制标准参考意见》（附后），供各县（市、区）参考。同一县域范围、自然条件相近的地方，确定公益性服务岗位的标准应基本一致。

（三）乡镇公益性事业服务人员（包括：财经所和延伸派驻事业机构的在职在编人员，按岗位聘用的公益性服务人员）的配备继续贯彻精简效能原则，以县为单位实行总量控制，大乡镇最多不超过50人，全省新增岗位不超过2000个，并根据目前的工作需要调整优化结构，既要解决人多事少的问题，又要解决人少事多的问题。各县（市、区）根据本意见及相关文件要求提出本地的乡镇公益性事业服务人员配备方案，报省编办、省综改办审核批复后执行。

## 三　切实保障“以钱养事”资金

（四）省财政从2007年起按农村人口人平10元的标准安排“以钱养事”补助资金。省补资金原则上80%用于农技推广（含种植业、水产业、农机、农村能源）和动植物防疫，10%用于文化体育和广播电视，10%用于水利服务。省补资金必须专项用于单位已经转变性质、人员已经转变身份、“以钱养事”新机制已经建立的乡镇公益性服务主体，各地不得扩大使用范围，不得用于建设性项目，不得用作县直部门和乡镇机关的工作经费，不得用于支付没有直接承担公益性服务人员的生活费，不得抵顶县（市、区）本级应安排的“以钱养事”经费。计划生育、治安联防、血防、乡村公路养护及延伸派驻机构等方面的经费按相关规定安排落实，不占用省补“以钱养事”资金。

（五）县（市、区）财政要严格按照《中共湖北省委、湖北省人民政府关于推进乡镇事业单位改革加快农村公益性事业发展的意见》（鄂发〔2005〕13号），切实落实本级“以钱养事”经费预算，其中：种植业每亩不低于1元，畜牧防疫每户不低于2元，文化体育每人不低于0.5元。计划生育财政拨款水平按规定标准确定。广播电视、水利、水产、农机、村镇管理维护和其他农村公益性事业也要根据实际情况，确定最低预算标准。以前已经安排用于农村公益事业的经费，一律不得减少。重大临时事项按程序追加预算。有条件的乡镇政府，也要根据财力许可和服务需要，安排农村公益性服务资金。

（六）省补与县乡财政安排的“以钱养事”资金统筹使用，除首先用于解决服务人员的报酬和养老保险外，还要综合考虑必要的服务工作物化投入。随着财力情况的好转，各级财政都要逐步加大对农村公益性服务的经费投入。

（七）“以钱养事”资金要按照项目合同管理办法，落实到每个具体的服务项目和服务主体，并上财政政务公开网公示。国库集中支付制度已经延伸到乡镇的地方，县级财政部门一律采取国库直接支付的办法直达承担服务的主体；国库集中支付制度尚未延伸到乡镇的地方，县级财政要设立专户专账，开辟“绿色通道”，不得层层转拨，保证专款专用。各级综改办要切实发挥对“以钱养事”资金的管理监督作用。各级财政、业务主管部门和审计部门每年要对“以钱养事”资金使用情况进行跟踪检查和审计。

## 四　明确公益性服务项目

（八）各地要按照有关法律法规和政策规定，从解决农民群众最关心、最直接、最现实的利益问题入手，因地制宜地确定农村公益性服务项目。乡镇政府和县级业务主管部门负责确定服务项目的具体内容，明确服务工作的质量和数量指标，并向社会公示。服务项目根据当地经济社会发展需要和财力情况适时动态调整，逐步增加、扩展。对突发性、不可预见性的公益性服务项目，由县乡政府临时安排。行政管理工作由乡镇干部承担，不得作为公益性服务“以钱养事”的内容。

## 五　完善合同，严格考评

（九）各地要根据服务项目的不同特点明确合同的具体内容，体现责、权、利相统一的原则。合同条款要做到具体明确。乡镇政府或县级业务主管部门作为合同的甲方与服务单位签订服务合同；服务单位要与服务人员签订合同。省直有关部门将分别提供本行业的服务合同样本，供各地参考。

（十）各地要建立和完善公益性服务合同履行情况考评制度。可设置合适的权重，把乡镇政府、业务主管部门和服务对象的意见有机结合起来。要将服务人员的工作量和进村入户进行服务的实绩作为主要考核指标，将农民群众对服务人员的评价作为重要考核依据。各种服务项目的实施和完成情况都必须经服务对象签字认可。乡镇政府和县级业务主管部门联合进行的定期考核一年不少于两次，重大临时性事项即时跟踪考核。考核评价结果要公示。县市综改办要对乡镇政府和县级业务主管部门履行合同的情况进行监督检查。要严格按合同规定和考核结果兑现“以钱养事”资金。对于不认真履行合同，考核结果达不到要求的服务单位和个人，要按合同约定扣减其服务经费；服务效果好，超额完成合同规定服务指标的，可给予一定的奖励。坚决杜绝在合同兑现上搞平均主义、“好人”主义。

### 六　规范对服务人员的聘用管理

（十一）农村公益性服务人员一律采取公开招聘、竞争上岗、合同管理的方式选拔聘用。服务合同期限一般为 2 年，专业技能要求高的岗位可适当延长，年度考评合格以上等次的可以续聘。服务人员的资格经县级业务主管部门审查认定。服务人员技术职称评定按有关规定执行。县级业务主管部门对服务人员的培训一年不少于 5 天。对在农村公益性服务中做出突出贡献的服务人员，地方政府给予适当的表彰和奖励，并可按规定程序录用到各级服务机构；对自愿到乡镇从事公益性服务达到规定年限的大学毕业生，在招考国家公务员和事业单位职员时给予政策倾斜，并在同等条件下优先录用。对于不认真履行服务合同的服务人员，视情节轻重给予终止合同、取消资格、依法追究责任等处理。

### 七　认真解决转制单位的社会保险问题

（十二）转制单位改革前经组织、人事、劳动部门办理了正式手续的在编在岗人员，改革后都必须按规定参加乡镇事业单位基本养老保险。

各地必须将上述人员补缴1995年至改制年份养老保险所需资金落实到位。凡补缴问题没有完全解决的地方，省财政2005年拨付的“缓解县乡财政困难奖励补助资金”不得用于其他方面的支出。

（十三）公益性服务人员养老保险的续保资金，从“以钱养事”资金中解决。各地在签订服务合同时要注明单位和个人应缴纳的保险费数额，并可实行代缴办法，由财政直接划拨到社会保险基金财政专户，社会保险经办机构据实记账。

（十四）改革后的分流人员，在其他单位就业的，根据所在单位性质按现行有关规定续保缴费；自谋职业的，按灵活就业人员的缴费政策，在个人缴费窗口续保缴费；未与原单位解除劳动关系又未能重新就业的人员，确无资金来源的，地方政府可从“以钱养事”资金中安排一定的资金为其续保缴费。无论以何种方式续保，只要按规定缴足当期和应补缴的养老保险费，在文件规定过渡期内退休的，都可享受“五年过渡”期养老保险补贴政策。

（十五）目前仍执行《湖北省机关事业单位社会保险制度改革方案》（鄂政发〔1995〕138号）的自谋职业者，有缴费能力的可继续按照机关事业单位养老保险政策续保缴费，其费用全部由个人承担。

（十六）各地可根据当地实际，开展服务人员参加医疗保险试点。

### 八　强化乡镇政府的公益性服务责任主体地位

（十七）乡镇政府要牢固树立服务型政府的理念，切实履行提供公益性服务的职能。要从本地经济社会发展的需要和农民生产生活的需要出发确定公益性服务项目；认真签订服务合同，明确服务的具体内容和要求；积极落实服务资金，保障服务人员的合法权益；积极为服务主体开展工作提供办公场所、试验示范场地、材料设备等必要的物质条件，有条件的地方可推行“一站式”服务；自觉承担组织协调职责，保证服务工作顺利开展；认真组织对服务合同履行情况的考核，确保服务工作落到实处；要建立健全服务主体的党群组织，保障服务人员的政治权利。

### 九　明确业务主管部门的职责

（十八）县市业务主管部门负责公益性服务活动的业务指导，负责服务人员资格审查，负责组织开展对服务人员的业务培训和职称评审，参与确定公益性服务项目，参与服务合同的签订，参与服务质量的考核验收。要切实履行职责。开展上述活动不得收取任何费用，由地方财政给予经费保障。

**十　严格组织纪律，加强对“以钱养事”工作的领导**

（十九）各地要从讲政治的高度，重视“以钱养事”工作。县市党政主要领导要亲自抓，分管领导要重点抓，综改办要具体抓，业务主管部门和财政、劳动、编制、人事等部门要各负其责，加强督导，确保各项政策不折不扣地落实到位。

（二十）省综改办每年要组织对各地的农村公益性服务“以钱养事”新机制运行情况进行考核评估。凡达不到要求的，通报批评，限期整改。违反前款第（四）、（五）、（九）、（十二）条规定的，实行“一票否决”，直接作考评不合格处理，并扣减一般性转移支付。对改革力度大、成效显著的地方，给予一定的奖励。

附件：农村公益性服务岗位配备和控制标准参考意见（适用于实行定岗招聘制或主管部门派出制的地方）

二〇〇七年六月十三日

## 农村公益性服务岗位配备和控制标准参考意见

（适用于实行定岗招聘制或主管部门派出制的地方）

一、农业种植业公益性服务岗位

主要按农作物种植面积、产业布局和规模设定。平原、丘陵地区2万亩左右的耕地或园地设1个岗位，山区乡镇1万亩左右的耕地或园地设1个岗位。一个乡镇最多不超过5个岗位。

二、农业机械公益性服务岗位

原则上一个乡镇设1个岗位。

三、水产养殖业公益性服务岗位

原则上一个乡镇设1个岗位。

四、水利公益性服务岗位

江汉平原及沿江滨湖地区按鄂发〔2005〕13号文件执行，其他地区的乡镇原则上设1—2个岗位。

五、计划生育公益性服务岗位

主要按乡村人口数量设定。3万人以下的设2个岗位，3万—6万人的设3个岗位，6万—10万人的设4个岗位，10万人以上的不能多于5个岗位。

六、文化体育公益性服务岗位

原则上一个乡镇设1个岗位。

七、广播电视公益性服务岗位

原则上一个乡镇设1个岗位。

（动物防疫与畜牧技术推广岗位按鄂政发〔2007〕3号文件执行）

# 湖北省人民政府关于全面推进乡镇事业单位基本养老保险制度改革的通知

各市、州、县人民政府，省政府各部门：

按照《湖北省试点县（市、区）乡镇事业单位基本养老保险实施意见》（鄂政办发〔2004〕121号，以下简称《实施意见》）的要求，2004年，天门、洪湖、监利、麻城、安陆、老河口、咸安等七个县（市、区）进行了试点，取得了初步成效。为推动全省乡镇综合配套改革，省政府决定，在总结试点地区经验的基础上，在全省全面推进乡镇事业单位基本养老保险制度改革，力争2005年底前完成。现就有关问题通知如下：

## 一 具体实施办法

全省乡镇事业单位基本养老保险制度改革原则上按《实施意见》组织实施。由于参保范围的扩大和实施时间的变动，对《实施意见》的有关内容作如下调整。

1. 将《实施意见》第九条调整为："乡镇事业单位在职职工参保时应从1995年1月起补建个人账户，补缴时以职工1995年以来历年档案工资为缴费基数，按有关规定，由参保单位和参保个人按11%的比例补缴个人账户资金。个人账户应由参保人员负担部分，由参保人员缴纳；应由单位缴纳部分，由单位划转。其中，1994年12月31日前参加工作的职工，从1995年1月补缴至2005年12月；1995年1月以后参加工作的职工，从参加工作当月补缴至2005年12月。"

2. 将《实施意见》第十八条调整为："为保持退休人员待遇水平平稳过渡，对2010年12月31日前退休的人员，按实施意见第十七条计发的基本养老金，如低于按原事业单位办法计发的退休金，其差额部分

（以下简称待遇差）采取加发补贴的办法解决，所需费用从养老保险基金中支付。其中，2006年退休的，发给待遇差的90%；2007年退休的，发给待遇差的70%；2008年退休的，发给待遇差的50%；2009年退休的，发给待遇差的30%；2010年退休的，发给待遇差的10%；2011年1月1日后退休的，不再发给该项补贴。”

3. 将《实施意见》第二十七条调整为：“实施意见自2006年1月1日起施行。以后国家对事业单位养老保险制度实行改革，按国家政策调整。”

## 二 统一认识，加强领导

建立乡镇事业单位基本养老保险制度，是推进乡镇综合配套改革的一项重要政策，也是保障乡镇事业单位职工利益、解除其后顾之忧的重要措施。各级党委、政府要从湖北省农村经济与社会发展的全局出发，充分认识建立乡镇事业单位基本养老保险制度对于推进乡镇综合配套改革、巩固农村税费改革成果和维护社会稳定的重要意义。要把思想统一到省委、省政府的决策上来，加强领导，成立专班，迅速做出安排部署，并及时解决改革进程中出现的各种矛盾和问题。各级组织、编制、人事、财政、地税等部门要配合劳动保障部门做好具体实施工作。各地要加强政策宣传，向职工讲明参保要求、讲透参保道理、讲细参保政策，把政策交给职工，引导职工自觉参加基本养老保险。

## 三 严格政策，精心组织实施

乡镇事业单位基本养老保险制度改革专业性和政策性强，涉及面广，各地在乡镇综合配套改革中，社保政策必须统一，规范运行。要严格界定职工身份、划定参保范围。对职工参保身份的确定和1995年以来历年档案工资的审定，必须做到个人签字、逐级审核、乡镇把关、社会公示。要以县（市、区）为单位，严格按《县（市、区）乡镇事业单位人员基础数据表》（见附件）填报基础数据，计算每位职工补缴个人账户额，建立乡镇事业单位参保人员数据库。要切实做到参保人员情况公示到位、个人账户建立到位、参保费用缴纳到位、个人养老保险手册发放到位、基本信息录入到位。为支持改革，省财政将筹措10亿元资金，对各地乡镇事业单位2005年底以前补缴的基本养老保险费给予适当补助。补助资金的分配方案，以2003年底编制年报数为主要依据，并考虑人口、面积等因素进行测算。未经批准而推迟改革，新增个人账户补缴的费用，省财政不再补助，由当地政府负责解决。县市改革完成后，应向省、市提出验收申请，并上报基础数据原始资料复印件及参保人员数据库磁盘，省、市验收评估小组将对改革情况进行验收评估。对验收合格的县（市、区）以奖代补；对不合格的县（市、区）通报批评，并跟踪调查，督促整改。

二〇〇五年九月六日

# 中共湖北省委、湖北省人民政府关于印发《湖北省农村税费改革试点方案》的通知

鄂发〔2002〕10号

各市、州、县党委和人民政府，省军区党委，省委各部委，省级国家机关各委办厅局，各人民团体：

实行农村税费改革，是党中央、国务院为加强农业基础地位、保护和调动农民积极性而做出的一项重大战略决策，是关系农村改革、发展、稳定的一件大事。经国务院批准，省委、省政府决定今年在全省范围内进行农村税费改革试点。现将《湖北省农村税费改革试点方案》印发给你们，请结合本地实际，认真贯彻执行。

## 湖北省农村税费改革试点方案

根据《中共中央、国务院关于进行农村税费改革试点工作的通知》（中发〔2000〕7号）和国务院办公厅《关于做好2002年扩大农村税费改革试点工作的通知》（国办发〔2002〕25号）精神，结合湖北省实际，制定本方案。

### 一　农村税费改革试点的指导思想和基本原则

湖北省农村税费改革试点工作总的指导思想是“减轻、规范、稳定”。根据社会主义市场经济发展和推进农村民主法制建设的要求，从根本上治理对农民的各种乱收费，切实减轻农民负担，建立规范的农村税

费制度，进一步加强农村基层组织建设，巩固基层政权，调动和保护农民生产积极性，促进农村社会稳定和经济健康发展。农村税费改革重点是要解决好粮棉主产区农民负担过重的问题。

农村税费改革试点工作的基本原则是：确保农民负担得到明显减轻、不反弹，确保乡镇机构和村级组织正常运转，确保农村义务教育经费正常需要；采取简便易行的征收方式，规范税费征收行为；推进乡镇机构、农村教育和政府公共支出的配套改革，完善乡镇财政体制，促进乡镇财政良性循环。

## 二　农村税费改革试点的主要内容

农村税费改革的主要内容为“三个取消、一个逐步取消、两项调整、两项改革”：取消乡统筹费等专门面向农民征收的行政事业性收费和政府性基金；取消农村教育集资等涉及农民的政府性集资；取消屠宰税；逐步取消统一规定的劳动积累工和义务工；调整农业税政策；调整农业特产税政策；改革村提留征收使用办法；改革共同生产费征收使用办法。

（一）取消乡统筹费等专门面向农民征收的行政事业性收费和政府性基金

取消现行按农民上年纯收入一定比例征收的农村办学经费（即农村教育费附加）、计划生育、优抚、民兵训练、修建乡村道路费。取消所有专门面向农民征收的行政事业性收费、政府性基金。取消乡统筹费后，原由乡统筹费开支的农村九年制义务教育、计划生育、优抚和民兵训练支出，由市（州）、县（市、区）、乡（镇）政府通过财政预算安排。修建乡村道路所需资金不再固定向农民收取。村级道路建设资金，由村民大会民主议定解决，乡级道路建设资金由政府负责安排。部分县（市）根据（鄂政办发〔1994〕77 号）文件、经省级农民负担监督管理部门批准后收取的血防统筹费，改革后不再向农民收取，所需经费从财政转移支付资金中安排，专款专用。农村医疗卫生事业逐步实行有偿服务，政府适当补助。具体管理按《湖北省乡统筹五项事业支出纳入乡镇财政预算管理的若干意见》执行。

（二）取消农村教育集资等涉及农民的政府性集资

取消所有面向农民的各种政府性集资。取消在农村进行的教育集资后，中小学危房改造资金由财政预算统筹安排，专款专用。

（三）取消屠宰税

停止征收屠宰税。原来随屠宰税附征的其他收费项目一律停征。

（四）逐步取消统一规定的劳动积累工和义务工

为规范和加强对农民的劳务管理，切实减轻农民负担，同时考虑到目前湖北省农业基础薄弱、建设任务重，决定全省用三年时间逐步取消统一规定的劳动积累工和义务工。2002 年每个劳力每年承担积累工和义务工最高不得超过 22 个，2003 年不得超过 15 个，2004 年不得超过 10 个，2005 年起全部取消。劳动积累工主要用于农田水利基本建设、农业综合开发和植树造林。劳动义务工主要用于防汛、义务植树、公路建设、修缮村办校舍。对于农业基础较好，过去投劳任务本身就比较少的地方，在取消劳动积累工和义务工的过渡期间，每年“两工”的投入量要相应减少，有条件的地方可以一步取消。“两工”取消后，村内农田水利基本建设、修建村级道路、植树造林等集体生产和公益事业所需劳务，必须遵循“量力而行、群众受益、民主决策、上限控制”的原则，实行一事一议，由全体村民或村民代表大会民主讨论决定。筹劳严格实行上限控制，每个劳动力每年承担劳务数额不得超过 10 个标准工日。除遇到特大防洪、抢险、抗旱等紧急任务，经县级以上人民政府批准可临时动用农村劳动力外，任何地方和部门均不得无偿动用农村劳动力。无论是在取消“两工”过渡期内还是取消“两工”之后，进行村内“一事一议”用工，均不得强行以资代劳；“一事一议”筹资项目要严格按照规定的程序执行，不得变成固定的上限收费项目。具体管理按《湖北省村内兴办集体公益事业筹资、筹劳的管理办法》执行。

（五）调整农业税政策

1. 确定农业税计税土地面积。农业税计税土地面积以农民第二轮承包用于农业生产的土地确定。对二轮承包后，经国家土地管理部门批准征（占）用的计税土地，并按政策规定办理了耕地占用税征、免手续的，不再作为农业税计税土地面积；对于按规定退田还湖、平垸行洪以及扶贫搬迁、自然灾害灭失不可恢复的土地，不再作为农业税计税土地面积；对于二轮承包后新开垦的耕地按规定免税到期的，应纳入农业税计税土地面积；对于退耕还林减少的计税土地，另行制订办法。各级农业税征收机关应建立农业税计税土地档案，实行规范管理。计税土地面积发生增减变动时，农业税则同步进行调整，防止出现新的有地无税和有税无地的现象。从事农业生产的其他单位和个人的计税土地面积，为实际用于农业生产的土地。

2. 调整农业税计税常年产量。农业税计税常年产量以 1994—1998 年 5 年农作物的实际平均产量折合成主粮确定，并保持长期稳定。除计税土地面积发生增减变动外，常年产量不得随意调整。

3. 确定农业税税率。改革后农业税实行比例税率，全省原则上执行 7%。各地按照农民负担必须明显减轻的原则，核定农业税计税常年产量。有的地方根据本地实际情况，需要实行地区差别比例税率，须报省农村税费改革领导小组批准。

国有农垦农场（包括监狱农场、劳教农场、部队农场、学校农场等单位）纳入农村税费改革试点范围，取消屠宰税和向农工收取的血防统筹费，农业税税率按改革前的农业税税额与调整后的农业税计税常年产量计算确定。其他有农业收入的单位和个人农业税比照当地同等水平征收。

各县（市、区）农业税计税土地面积、计税常年产量、税率和农业税征收任务，经省农村税费改革领导小组批准后，要分类测算到乡镇、村，并落实到农户及其他纳税单位和个人。核定的农业税计税土地面积和常年产量要向农民张榜公布，征求农民意见，得到农民认可。各地在坚持税率不变的前提下，可以根据土地丰产条件，实行分等定级，确定税赋，落实到田块。

农业税计税价格及社会减免和自然灾害减免政策按《湖北省农业税征收管理实施办法》执行。

（六）调整农业特产税政策

1. 减少征收环节。取消原部分一个应税品目两个环节征税的征收办法，实行一个应税品目只在一个环节征税。

2. 调整农业特产税税率。按照农业特产税税率略高于农业税税率的原则，对农业特产税税率作适当调整。

3. 简化征收办法。按照农业税和农业特产税不重复交叉征收的原则，对在非农业税计税土地上生产的农业特产品，继续征收农业特产税。对在农业税计税土地上生产的农业特产品，只征收农业税，不征收农业特产税。不得两税重征。农业特产税应税品目、征收环节、税率以及减免政策按财政部、国家税务总局以及《湖北省农业特产税征收管理实施办法》执行。

（七）改革村提留征收和使用办法

村干部报酬、五保户供养、村办公经费，除原由集体经营收入开支部分仍继续保留外，凡由农民上缴村提留开支的，采取新的农业税附加和农业特产税附加方式统一收取（不含国有农垦农场、监狱农场、劳教农场、部队农场、学校农场等单位）。农业税和农业特产税附加比例确定为改革后农业税和农业特产税正税的20%。收购环节征收的农业特产税不征收附加。农业税附加和农业特产税附加采取征收代金制。用农业税附加和农业特产税附加方式收取的村提留属于集体资金，由农业税征收机关按照“一票两项”的办法，随正税一并征收（可以由粮食、林业、供销等部门在收购农副产品时代扣代缴），在结算时按比例解入专户。农业税附加和农业特产税附加由乡镇农经管理部门负责管理，实行乡管村用，专款专用。

村提留改革后，村内兴办集体生产和公益事业所需资金，不再固定向农民收取。按照“一事一议”的原则，由村民委员会提出预算，经村民大会或村民代表会议讨论通过，报乡镇农经管理部门审核，经乡镇政府同意，报县农民负担监督管理办公室批准。筹资额严格实行上限控制，每人每年最高不得超过15元。经批准后的筹资额，用省农民负担监督管理部门统一监制的农民负担监督卡登记，监督卡由村委会组织发放到农户。筹资款由村委会按卡收取，按议定的用途使用、管理，并张榜公布，接受群众监督。村内一事一议的集体生产和公益事业筹资的提取、管理、使用，接受农民负担监督管理部门检查监督，防止出现额度失控的情况。

原由乡村集体经营收入负担村提留和乡统筹费的，农村税费改革后可以采取适当方式继续实行以工补农。

对不承包土地的务工经商农民，可以按照权利义务对等的原则，经村民大会民主讨论确定，在原乡统筹费和新的农业税附加和农业特产税附加的负担水平内，由村委会向其收取一定数额的资金，纳入村内一事一议筹资款项统一管理，用于村内集体公益事业。

（八）改革共同生产费征收和使用办法

原用于村内统一组织的抗旱排涝、防病治虫、恢复水毁工程等项开支的共同生产费，不再固定向农民收取。根据国务院有关文件精神，用于农村抗旱排涝的水费和电费等，属于经营性收费项目，按照“谁受益，谁出钱”的原则，由受益农户据实承担。用于村组修复水毁工程所需资金，纳入一事一议范围内统一安排。关于收取农业水费的有关具体规定，另行发文。

（九）妥善处置有关问题

在税费改革的同时，认真审核和清理历年形成的农业税、农业特产税、“村提留乡统筹”尾欠，并具体核实到户。清理农业税、农业特产税尾欠，严格执行税法规定。对“村提留乡统筹尾欠”，制订具体的分年度清欠计划，根据清欠数额和农民的承受能力，分批、分期清收。对农业税、农业特产税尾欠，由乡镇财政部门清理，各地不得以债抵税；“村提留乡统筹”尾欠由乡镇农经管理部门和村委会组织清理。农业税、农业特产税、“村提留乡统筹”尾欠，统一由乡镇财政部门按照“先税后费”的原则组织收取。对于那些按照政策规定，符合税费减免条件的及时予以减免。对清收的“村提留乡统筹尾欠”，优先分别用于偿还村级和乡镇债务；还债后的资金仍按原来的渠道使用管理，任何部门和单位不得挪用。农业税、农业特产税、“村提留乡统筹”款以外的债务，按照鄂办发〔2001〕1号文件的精神，做好清理化解工作。

## 三　农村税费改革的有关配套措施

推进农村税费改革，做到“三个确保”，关键是要扎实推进乡镇机构改革、农村教育体制改革和政府公共支出改革等配套改革。各级各部门要讲政治，顾大局，统一认识，齐心协力，加强配合，齐抓共管，严密监控，确保改革的顺利实施。

（一）全面清理整顿各项涉农收费项目，坚决取消对农民的各种乱收费，规范农村收费管理，建立农民负担监督管理机制

各地要结合农村税费改革，对本行政区域内涉及农民的收费项目进行全面清理。各地自行出台的行政事业性收费、政府性基金、集资项目

一律取消，不得以任何理由向农民收费、集资和摊派。今后，任何地方政府和部门均不得设立涉及农民负担的行政事业性收费和政府性基金、集资项目，如出现此类问题，要追究主要领导责任。对清理后需要保留的少量涉农收费，由省财政厅和省物价局审核，报省政府批准。对经营服务性收费要进行规范整顿。承担有偿服务事务的乡镇有关站、所，对不体现政府职能的收费，报有关部门审核，经县以上政府批准后转为经营性收费，按照自愿互利的原则收取。对已取消的行政事业性收费不允许变相转为经营性收费。对经批准保留的涉农行政事业性收费和经营性收费，要通过新闻媒体向社会宣传，并向农民张榜公布，接受公开监督。坚决取消涉及农民负担的各种达标升级或变相达标升级活动。在农村开展保险业务和发行报刊书籍，应遵循自愿原则，禁止用行政手段和行业权力强制入保、强行征订。向农民收取的用于农村抗旱排涝的水费和电费，要按照国家规定的经营性收费政策执行。任何部门和单位不得在农民建房、婚姻登记、计划生育、子女入学、农村户籍、外出务工、农机监理等管理过程中搭车收取任何费用。

（二）转变政府职能，精简机构和人员，坚决推进乡镇机构改革

坚定不移地推进乡镇机构改革，精简机构和人员，压缩乡镇开支。乡镇行政事业单位财政供养人员力争精减30%。乡镇不得在核定的行政和事业编制之外再聘用临时人员。各级有关主管部门要服从大局，清理整顿以向农民收费为主要经费来源的事业单位，切实解决收费养人问题，不得强求上下业务对口、增设机构。

坚决推进农村教育体制改革，合理调整中、小学校布局，按规定的师生比例核定教师人数，对教师实行竞争择优上岗，对富余人员要做好工作，妥善分流。

（三）调整和完善乡镇财政体制，规范县（市、区）、乡（镇）、村之间的分配关系

按照财权与事权相统一的原则，合理确定乡镇财政的收入和支出体系，在保证乡镇财政供给人员工资、机构运转经费不留缺口的前提下，调整和完善县、乡镇财政体制。农村中小学义务教育经费纳入县（市、区）财政预算，按照规定标准统一发放教师工资。教育收费实行收支两条线管理。农村税费改革后新增的农业税收入原则上要全部留给乡镇。

取消一切其他收费后，乡、村两级由此减少的收入，主要通过精简机构和人员，减少财政开支，调整支出结构，以及通过中央、省、市（州）和有条件的县（市、区）的财政转移支付给予补助解决。各市州要通过调整支出结构，安排一定的转移支付资金，支持县乡的改革；有条件的县（市、区）要进一步完善财政体制、规范分配关系，安排一定的转移支付资金支持乡村正常运转。要加大对困难乡镇的转移支付力度，保证乡镇政权、村级组织正常运转和必保支出的需要。同时，规范县、乡、村之间的分配关系，严禁无偿平调、挪用乡镇及村级集体财产和截留应分配给乡镇、村使用的财政转移支付资金，切实保护农民合法权益不受侵犯。严格各项资金管理，规范分配行为。强化乡镇财政预算约束，必须以收定支，不能以支定收。健全乡镇国库，确保财政资金安全、有效运行。各地要结合税费改革，对乡镇负债情况进行具体分析，分类研究解决办法。县乡财政部门、经管部门要加强乡镇和村级的财务建设，完善财政、财务制度，规范、监督乡镇和村级财务管理，组织培训财务人员，帮助完善农村基层组织的财务核算工作。

（四）加强农村基层组织建设和民主法制建设

各级政府要结合本地实际，制定加强乡镇尤其是村级组织建设和民主管理的具体措施，保证基层组织的稳定与正常运转。对规模过小的村、组，要根据地域条件，本着有利生产、有利团结、有利安定和群众愿意的原则适当合并。采取村组干部交叉兼职等办法，精简村组干部，规范村组干部工资和补助标准，减少村级支出。村级干部人数原则上3—5人。各县、乡镇要大力加强村级民主和法制建设，按照《村民委员会组织法》要求，积极推进“村务公开、村民自治”。对税费改革后的农业税及其附加、农业特产税及其附加负担情况，以乡镇为单位逐村逐户地进行测算，张榜公布，做到公开、公平、公正，接受监督。要实行民主理财，大力压缩非生产性开支，取消村级招待费。

（五）进一步完善土地承包工作

各级政府要结合农村税费改革，对土地承包工作中的政策落实情况认真开展清理检查。按照合同，凡承包经营已到期的，要及时做好延包工作。严格控制村组集体机动地面积。村组留有机动地的，必须承担农业税或农业特产税，不得转嫁到已承包的土地上，增加其他农户的负担。

加强对土地转包和转让过程中农业税、农业特产税及其附加任务的管理,防止在土地转包和转让过程中出现税收和附加落空现象。

（六）大力发展乡镇及村级集体经济，壮大乡镇、村级经济实力，从根本上减轻农民负担

各级政府要以市场为导向，制定本区域内农村经济发展规划，引导农民合理调整农业结构，积极扶持和促进乡镇、村级经济发展，促进农民增收，提高农民生活水平，帮助农民脱贫、减负，从而逐步增强乡镇和村级财力，巩固农村基层政权。

各地要认真研究解决农村税费改革后种田大户的负担问题，促进土地逐步适度规模经营，提高农业效益。原由乡村集体经营收入负担村提留乡统筹的地方，改革后继续实行以工补农、以工建农。对于改革后负担加重的部分种粮大户，要实行硬减负的办法，将其亩均负担水平调减到1997年按政策应负担的水平。制定、完善和落实对农业的支持政策，大力培育农村各类市场、信息和技术服务体系，加强对种田大户的产前、产中和产后系列服务，减轻自然风险和市场风险，提高种田大户的比较效益。

（七）规范征收行为，加强农业税收征管

农村税费改革后，财政农业税征收机关是农业税征收管理的执法主体。乡镇政府要支持、督促征收机关依法做好农业税征管工作。征收机关可以委托村民委员会办理农业税税款收缴手续，但村民委员会不能代行农业税执法权。农业税征收机关要严格按照国家税法和税费改革要求，依法征收。积极探索，总结经验，制定简便易行的操作规程，为广大纳税农户和其他纳税单位、个人缴纳农业税及其附加、农业特产税及其附加提供方便。除采取委托粮站等部门代扣代缴税款或财政部门驻站征收外，普遍实行“定点、定时、定额”的征管方法。有条件的乡镇可设立纳税大厅常年征收。改革后农业税收征管工作任务加重，要加强乡镇财政的农税征管力量，加强农业税征管队伍建设，提高各级尤其是乡镇一级征收人员的政策水平和业务素质。要教育纳税人增强纳税意识，对不依法履行纳税义务的，征收机关应依法追缴。

（八）加强领导，强化监督，保证各项改革任务落到实处

农村税费改革涉及面广，政策性强，各级党政一把手必须负总责、

亲自抓，精心组织，认真实施。要实行省、市、县、乡分级负责制，一级抓一级，层层抓落实。改革成功与否，关键在县（市、区），县（市、区）委书记是这项改革的第一责任人，县（市、区）长是直接责任人。各地要将此项改革作为当前的中心工作，抓紧、抓实、抓好。各市州要加强对所属县（市、区）农村税费改革试点工作的组织领导，加大对县（市、区）方案测算的指导力度，认真做好所属县（市、区）改革方案的审核、审批和上报工作，积极配合省级做好转移支付资金的测算，并督促县（市、区）按省、市共同确定的方案落实到位。要坚持积极、稳妥的原则，在全省统一时间部署范围内，市（州）可以选择部分县（市、区）、县（市、区）可以选择部分乡镇先行试点，积累经验，分步推开。要建立领导干部联系点制度，市（州）和县（市、区）领导都要确定一个农村税费改革试点工作联系点。各相关部门在改革中要从大局出发，服从改革的需要，认真执行中央和省里的政策，积极配合做好工作。纪检、监察、财政、审计和农民负担监督管理等部门要做好监督检查工作，制定对违反农村税费改革政策行为的有关处分规定和财政转移支付资金的管理办法。要根据改革的不同阶段确定监督的重点。在改革初期，要把监督的重点放在方案的制定上，防止在数据上弄虚作假、欺上瞒下；在方案实施中，要把监督的重点放在改革政策是否公开、透明上，防止暗箱操作；改革结束后，要把监督的重点放在对农民负担政策执行和财政转移支付资金使用的跟踪管理上，防止农民负担反弹和转移支付资金的挪用。对有令不行、巧立名目、变相加重农民负担和挪用财政转移支付资金的单位和个人，除给予严肃处理外，挪用的财政转移支付资金，由省财政如数扣回。对在改革中不顾大局，违反纪律，以权谋私的单位和个人，要依据情节给予党纪、政纪处分，触犯法律的，送交司法部门依法处理。

### 四　农村税费改革试点工作步骤

全省农村税费改革工作分为五个阶段进行：

第一阶段：宣传发动，培训干部。时间为4月下旬至5月下旬。省委、省政府召开全省农村税费改革试点工作动员大会。各级成立以党政主要领导挂帅的农村税费改革领导小组及其办公室，建立领导责任制。

在全省范围内进行广泛宣传和发动。省委、省政府印发《致全省农民群众的公开信》，发布《关于开展农村税费改革试点工作的通告》。组织开展全省农村税费改革政策业务培训，组织新闻单位开展农村税费改革宣传工作。

第二阶段：制定实施方案和配套办法。时间为4月下旬至6月上旬。省级有关部门根据职责分工，起草相关配套文件，由省农村税费改革领导小组办公室统一修改、完善，报经省政府批准后下发。各市（州）、县（市、区）根据中央7号文件和《湖北省农村税费改革试点方案》，结合本地实际，制定本地实施方案和实施细则及相关配套文件。各市、州、直管市、神农架林区6月下旬前将经审核后的所属各县（市、区）实施方案报省农村税费改革领导小组办公室。

第三阶段：审批方案。时间为6月下旬至8月上旬。省农村税费改革领导小组办公室根据中央及省的规定，对各县（市、区）党委、政府上报并由当地党、政主要负责同志签字的实施方案进行审核，报省政府批准后，于7月30日前下发到各市（州）、县（市、区）。各县（市、区）要相应做好对所属各乡镇改革方案的审批工作。

第四阶段：组织实施和督促检查。时间为8月中旬至12月底。各市（州）、县（市、区）根据省政府审批的方案，8月底以前将各项农业税收指标分解落实到村组、农户。同时，继续做好各项宣传和改革方案的修改完善以及配套措施的落实工作。省对各县（市、区）的改革方案审批结束后，省农村税费改革领导小组立即组织督查组分赴各地进行督促检查，随时掌握了解各地执行农村税费改革政策情况，及时解决和纠正改革过程中出现的问题，确保改革顺利进行。市（州）、县（市、区）也要派出督查组，检查指导乡镇的农村税费改革工作，确保改革的顺利进行。

第五阶段：总结、验收。时间为2003年1月至2月。2003年初，省农村税费改革领导小组办公室组织对各地改革情况进行验收和总结。对全省农村税费改革情况形成总结材料报国务院农村税费改革工作小组。各市（州）、县（市、区）、乡（镇）通过总结，评选出一批在农村税费改革中表现突出的先进单位和先进个人，报省委、省政府予以表彰。

二〇〇二年六月二十一日

# 中共湖北省委、湖北省人民政府关于进一步加强全省农村税费改革试点工作的通知

鄂发〔2003〕3号

各市、州、县党委和人民政府，省军区党委，省委各部委，省级国家机关各委办厅局，各人民团体：

2002年是全省农村税费改革试点工作的起步年，通过各级各方面的共同努力，试点工作取得了阶段性成效：农民负担大幅度减轻，涉农乱收费现象得到遏制，配套改革逐步推进，农民生产积极性回升，干群关系得到改善。今年是巩固农村税费改革试点成果的关键年，也是规范新的农村税费制度的基础年。根据中央精神和省委、省政府部署，今年，全省农村税费改革试点工作要继续围绕“减轻、规范、稳定”和实现“三个确保”的目标要求，进一步统一认识，加强领导，加大工作力度，确保改革平稳推进，促进农村经济全面发展。为此，特作如下通知：

一、正确分析形势，统一思想认识。今年农村税费改革试点工作要着力于制度创新和完善机制。改革的重点要从减轻农民负担的实现转向“三个确保”的实现；改革的内容要从新的税费到户单项改革转为多项配套改革；税费的征管要从过渡性措施转为规范性制度建设。今年的工作要求更高，难度更大，任务更重。因此，各级各部门必须进一步认清形势，统一思想，加强领导，加大工作力度，坚定不移地推进农村税费改革。

二、切实加强领导，明确责任，严肃纪律。要继续完善党政一把手

亲自抓、负总责的工作制度，凡是领导变动的地方，必须及时调整领导小组及办公室，明确责任，做到领导力量不减、机构班子不撤、人员队伍不散。省派驻32个县市联络组继续帮助基层工作。各市州县要层层建立责任制，完善责任追究制，实行一级抓一级，一级对一级负责，共同对党和人民负责。一个地方出了问题，要追究当地党政主要领导责任，一个系统出了问题，要追究省直部门主要负责人责任。各级组织、人事部门要把税费改革政策落实情况作为提拔、任用干部的重要考核依据。各级纪检、监察部门要严格执行《关于对违反农村税费改革政策行为的党纪政纪处分规定》，进一步加强对干部的教育，强化纪律观念和监督机制，坚决查处违规违纪行为，用机制和纪律促进干部转变作风，保证税费改革顺利推进。

三、认真开展考评，督促政策落实。对前一段的农村税费改革试点工作省里统一组织进行考核评估，先在赤壁、麻城和襄阳三个县市区开展考核评估试点，摸索经验，完善办法。从2003年第一季度起在全省逐步推开。考核评估主要目的是进一步促进整改，落实政策。考核评估要严格按质量标准，成熟一个考核评估一个。凡考核评估未通过或未考核评估的县、乡，主要领导不得提拔和调动，确需调整的，除按干部管理权限正常审批外，还须报上一级党委批准；未经批准调动的要调回来，继续抓好整改。对个别严重违反改革原则、违背改革政策的地方，要坚决推倒重来，确保农村税费改革各项政策不折不扣地落实到位。

四、建立健全新的农民负担监督管理体系。各级党委、政府要适应新形势、新要求，从制度上、体制上研究制定加强农民负担监督管理工作的措施和办法，确保农民负担减轻、规范、稳定，防止反弹。各级农民负担监督管理部门要切实担负起维护农民合法权益的职责，对一切涉及农民出钱、出物、出工的行为，实行全面监督。要重点加强农民负担的预算管理和新税费征收的监督工作，对“一事一议”、“两工”、务工经商人员承担税费等方面的问题，要进一步研究切实可行的监督管理办法。要充分发挥农民负担监督卡的监督作用，严格控制卡外负担。今年的农民负担监督卡，必须在4月底前全部发放到户。要继续实行农民负担“一票否决”和“笼子管理”，对发生农民负担恶性案件和严重事件的县市区，坚决纳入“笼子管理”，落实“一票否决”。

五、建立健全规范的涉农收费监控体系。省财政、物价和农民负担监督管理部门，要对所有涉及农民负担的收费，在清理审核的基础上，重新向社会公布，接受群众监督。继续落实涉农收费“谁主管、谁负责、谁违反、查处谁”的责任制度，教育方面乱收费的治理由省教育厅负责，建房方面乱收费的治理由省国土资源厅、建设厅、地税局负责，计划生育方面乱收费的治理由省计生委负责，结婚登记方面乱收费的治理由省民政厅负责，公安系统乱收费的治理由省公安厅负责。各涉农负担主管部门要迅速对本部门、本系统的收费情况进行一次全面清理，凡不符合规定的一律取消，违规收取的要坚决退还给农民。要在清理的基础上健全监控制度，严防各种乱收费重新抬头。从今年起，除国家规定和经省委、省政府批准外，暂停涉农负担的行政事业性收费项目审批。对农村的经营服务性收费，必须本着自愿原则，由经营者与受益农民签订协议，不得强行服务、强制收费，乡村基层组织和学校不得代办经营服务性收费。

六、积极开展农场税费改革试点工作。省农垦事业管理局、省财政厅、省农村税费改革领导小组办公室要积极争取国务院税费改革工作小组办公室在湖北省开展农场税费改革试点工作。在国务院正式批复湖北省农场税费改革试点方案前，认真搞好五三农场的税费改革试点工作，摸索经验，为全省农场税费改革试点工作提供借鉴。

七、建立健全新的农业税收征管体系。各级政府要加强农业税收征收管理工作，制定严格的征管制度和纪律，促进基层征收机关和人员认真执行国家税法，依法行政，依法征税。各级财政部门要切实承担起征管责任。从今年起，财政征收主体必须全面到位，除财税征收人员外，其他人员一律不准进入农民家中收取农业税收。农业税征收机关和农业税收征收人员不得征收农业税以外的各级地方政府规定征收的费收，更不得利用税收征收权、执法权收取各种费用。各级征收机关收取农业税收，要建立夏、秋两季按适当比例征收的制度，不得一季收全年。要全面加强农税队伍建设，省编制管理和财政部门要根据农村税费改革后农业税收征管面临的新形势，重新做好基层财政所农税征管人员编制核定工作。要采取竞争上岗的办法充实农税征管力量。要改善农税征管条件，搞好业务技能培训，实行着装持证上岗，文明收税。广大农税干部要加强责任，改进征收办法，切实履行职责，提高服务水平，摸索征管经验，确保应收尽收，不该收的坚决不收。

八、用真功夫做好减人减事减支工作。这要作为今年改革的重中之重。省编制管理、组织人事和财政部门要在试点的基础上，迅速制定和落实符合税费改革政策的机构编制管理办法和切合实际的人员分流政策，使多设的机构和富余人员有序精简，平稳离岗，确保财政供养人数符合改革要求。省教育行政主管部门要认真贯彻落实省委、省政府关于教师人员编制和农村中小学校调整布局的意见，切实做好农村中小学校的布局调整和富余教职员工的精简分流工作。今年上半年，要以市州为单位，按照农村税费改革的政策规定，组织一次对乡镇机构改革、学校布局调整、人员精减情况的检查验收，对不合格的要重点督办整改。各级编制管理、组织人事和财政部门，要积极探索县乡政府职能转变、县乡财政体制改革的办法、措施，理顺事权、财权，提高办事效能，推动财力下移，促进“三个确保”的实现。

九、严肃开展转移支付资金审计，确保专款专用。农村税费改革转移支付资金必须及时、足额拨付，必须按政策规定使用。省审计厅、财政厅要组织各地对转移支付资金的拨付、使用情况进行一次全面审计。凡未按规定拨付、使用的，要限期纠正，到期仍未纠正的，由省财政如数扣回。对违反政策的责任人，要坚决追究纪律责任。

十、全面清理、逐步化解乡村债务，认真研究土地流转问题。各级农业、财政部门要加强对农村化债问题的研究，今年重点研究村集体拖欠农民债务的化解办法。首先要组织各地清理核实债权债务，其次要选择2—3个地方举办试点，探索经验，推动全省工作。根据农村税费改革后，许多农民返乡要地等实际情况，要认真研究制定土地流转政策和办法。省农村经营管理部门要按照土地流转必须符合中央“大稳定、小调整”的精神，制定具体办法，经省委、省政府批准后执行。

十一、积极探索“三个确保”的新机制。各级财政部门要按照“财力向下倾斜、缺口向上转移”的原则，研究对现行财政体制改革的具体政策措施。各级各部门要以农村税费改革为契机，进一步解放思想，转变观念，研究农业和农村经济发展的新思路，大力发展县域经济，广开财源，提高农民收入，增加公共积累，努力加快全面建设小康社会的步伐。

二〇〇三年一月三十一日

# 湖北省实施《中华人民共和国村民委员会组织法》办法

（2001年3月30日湖北省第九届人民代表大会常务委员会第二十四次会议通过；2014年7月31日湖北省第十二届人民代表大会常务委员会第十次会议修订）

目　录



## 第一章　总则

第一条　为了保障农村村民依法实行自治，发展农村基层民主，维护村民的合法权益，促进社会主义新农村建设，根据《中华人民共和国村民委员会组织法》，结合本省实际，制定本办法。

第二条　村民委员会是村民自我管理、自我教育、自我服务的基层群众性自治组织，实行民主选举、民主决策、民主管理、民主监督。

村民委员会向村民会议、村民代表会议负责并报告工作。

第三条　村民委员会根据村民居住状况、人口多少，按照便于群众自治，有利于经济发展和社会治理的原则设立。

村民委员会的设立、撤销、范围调整，由乡级人民政府提出，经村民会议讨论同意，报县级人民政府批准。

第四条　中国共产党在农村的基层组织，领导和支持村民委员会行使职权；依法支持和保障村民开展自治活动、直接行使民主权利。

村民委员会应当接受中国共产党在农村的基层组织的领导。

第五条　乡级人民政府对村民委员会的工作给予指导、支持和帮助，不得干预依法属于村民自治范围内的事项。

村民委员会依法协助乡级人民政府做好农村社会治理和公共服务等工作，及时反映村民的意见、要求和提出建议。

## 第二章　村民委员会和村民小组

第六条　村民委员会由主任、副主任和委员共三至七人组成，由本村有选举权的村民直接选举产生。村民委员会成员中，应当有妇女成员；多民族村民居住的村应当有人数较少的民族的成员。

村民委员会每届任期三年，届满应当及时举行换届选举。村民委员会成员可以连选连任。

村民委员会成员的选举、罢免、辞职等具体事宜，按照《湖北省村民委员会选举办法》的规定执行。

第七条　村民委员会应当依法履行下列职责：

（一）宣传和贯彻宪法、法律、法规和国家政策，教育引导村民依法行使权利、履行义务，遵守并组织实施村民自治章程和村规民约，维护村民的合法权益，接受村民监督；

（二）召集村民会议、村民代表会议并向其报告工作，负责实施村民会议、村民代表会议的决定、决议；

（三）组织实施本村经济和社会发展规划、村庄规划、年度计划，办理本村的公共事务和公益事业，兴修和维护道路、水利等基础设施，改善村民生活环境和居住条件；

（四）支持和组织村民依法发展各种形式的经济，承担本村生产经营的服务和协调工作；

（五）支持集体经济组织依法进行经济活动，推进以家庭经营为基础，集体经营、合作经营、企业经营共同发展的农业经营方式，支持各类新型农业经营主体和新型职业农民的发展培育，保障集体经济组织和村民、承包经营户、联户或者合伙的合法财产权和其他合法权益；

（六）管理本村财务、政府拨款和捐赠资金，建立健全民主理财制度，依法依规定期向村民公开财务收支情况；

（七）依法管理本村属于村民集体所有的土地和其他财产，引导村民合理利用自然资源，保护和改善生态环境；

（八）支持和引导村民保护传统村落和民居等历史文物古迹，传承优秀文化遗产；

（九）开展健康有益的文化体育活动，普及农村实用科学技术知识，促进男女平等，做好卫生和计划生育工作，倡导移风易俗、尊老爱幼、扶贫济困、助残扶孤、见义勇为，反对封建迷信、邪教活动，树立社会主义新风尚；

（十）支持服务性、公益性、互助性社会组织依法开展活动，推动农村社区建设；

（十一）调解民间纠纷，促进村民之间、村与村之间团结、互助，协调本村与驻村机关、团体、部队和企业事业单位之间的关系，组织村民预防自然灾害、安全事故，协助人民政府维护社会治安和社会稳定；

（十二）在多民族村民居住的村，教育和引导各民族村民互相尊重、互相团结、共同发展；

（十三）履行法律、法规、规章规定的其他职责。

第八条　村民委员会会议由村民委员会主任召集并主持。村民委员会主任因故不能召集和主持的，由村民委员会副主任或者由村民委员会推举一名委员召集和主持。村务监督委员会成员、村民小组组长可以列席村民委员会会议。

村民委员会决定事项应当经村民委员会全体成员的过半数通过。

第九条　村民委员会可以根据村民居住状况、历史习惯、集体土地所有权关系以及生产生活的实际需要等分设若干村民小组。

村民小组的设立、撤销、范围调整，由村民委员会提出，经所涉及的村民小组召开村民小组会议讨论同意，报乡级人民政府批准，并报县级人民政府民政部门备案。

第十条　村民小组组长由村民小组会议推选，任期与村民委员会的任期相同，可以连选连任。

召开村民小组会议，应当有本村民小组十八周岁以上的村民三分之二以上参加，或者本村民小组三分之二以上的户的代表参加，所作决定应当经到会人员的过半数同意。

第十一条　村民小组组长负责召集村民小组会议，组织本组村民贯彻执行村民会议、村民代表会议和村民小组会议的决定，协助村民委员会办理本村的公共事务和公益事业，收集并向村民委员会反映本组村民的建议、意见，办理本村民小组相关事项。

属于村民小组集体所有的土地、企业和其他财产的经营管理以及公益事项的办理，由村民小组会议依照有关法律的规定讨论决定，所作决定及实施情况应当及时向本村民小组的村民公布。

## 第三章　村民会议和村民代表会议

第十二条　村民会议由本村十八周岁以上的村民组成，由村民委员会召集。有十分之一以上的村民或者三分之一以上的村民代表提议，应当及时召开村民会议。召集村民会议，应当提前十天通知村民，并告知会议内容。

召开村民会议，应当有本村十八周岁以上村民的过半数，或者本村三分之二以上的户的代表参加，村民会议所作决定应当经到会人员的过半数通过。

第十三条　村民会议行使下列职权：

（一）依法制定和修订村民自治章程、村规民约，并报乡级人民政府备案；

（二）讨论决定本村的发展规划和村民委员会年度工作计划以及有关公共事务、公益事业的重大事项和重大财务收支计划；

（三）听取审议村民委员会、村务监督委员会的年度工作报告、财务收支情况报告，评议村民委员会和村务监督委员会成员的工作；

（四）撤销或者变更村民代表会议不适当的决定；

（五）撤销或者变更村民委员会不适当的决定；

（六）讨论决定涉及村民利益的有关事项。

第十四条　涉及村民利益的下列事项，应当经村民会议讨论决定：

（一）本村享受误工补贴的人员及补贴标准；

（二）村集体经济所得收益的分配和使用；

（三）本村公益事业的兴办和筹资筹劳方案及建设承包方案；

（四）土地承包经营、调整方案；

（五）村集体经济项目的立项、承包方案；

（六）宅基地的使用方案；

（七）征地补偿费的使用、分配方案；

（八）以借贷、租赁或者其他方式处置村集体财产；

（九）村民会议认为应当由村民会议讨论决定的涉及村民利益的其他事项。

村民会议可以授权村民代表会议讨论决定第十三条、第十四条第一款的有关事项，第十三条第（一）、（四）项除外。

法律对讨论决定村集体经济组织财产和成员权益的事项另有规定的，依照其规定。

第十五条　村民代表会议由村民委员会成员和村民代表组成，村民代表应当占村民代表会议组成人员的五分之四以上，妇女村民代表应当占村民代表会议组成人员的三分之一以上。

村民代表由村民委员会组织推选，按照每五户至十五户推选一人，或者由各村民小组按照分配名额推选。按户推选村民代表的，可以自愿联户推选，也可以按照住地划户推选；村民小组推选村民代表的，应当召开村民小组会议推选。

村民代表总人数不得少于二十五人，其任期与村民委员会成员的任期相同，可以连选连任。

第十六条　村民代表应当参加村民代表会议，讨论决定村民会议授权的事项；负责向村民传达村民会议、村民代表会议和村民委员会做出的决定，并动员村民遵守和执行；收集并反映村民的意见和建议。

村民代表应当向其推选户或者村民小组负责，接受村民监督。对于不称职的村民代表，由原推选户的三分之一或者所在村民小组三分之一的村民书面联名可以向村民委员会提出撤换村民代表的要求。村民委员会在接到撤换要求的三十日内，应当召集原推选户或者村民小组会议表决。

第十七条　村民代表会议由村民委员会召集。村民代表会议每季度不少于一次。有五分之一以上的村民代表提议，应当召集村民代表会议。

村民代表会议有三分之二以上的组成人员参加方可召开，所作决定应当经到会人员的过半数通过。

第十八条　村民会议、村民代表会议由村民委员会主任主持。村民委员会主任因故不能主持的，由村民委员会副主任或者由村民委员会推举一名委员召集和主持。

村民会议或者村民代表会议过半数成员认为会议主持人与讨论的内容有利害关系、可能对会议决定产生不利影响的，村民委员会应当另行确定主持人。

第十九条　村民委员会换届选举时应当及时召集村民会议，提出向村民代表会议授权的范围和事项，提请村民会议讨论通过；授权和表决的情况应当公布，并报乡级人民政府备案。

## 第四章　民主管理和民主监督

第二十条　村民委员会应当实行少数服从多数的民主决策机制和公开透明的工作原则，建立健全各种工作制度。

第二十一条　村民委员会实行村务公开制度。

村民委员会应当及时公布下列事项，接受村民的监督：

（一）由村民会议、村民代表会议讨论决定的事项及其实施情况；

（二）本村经济社会发展规划的实施和财务收支情况；

（三）宅基地审批、征地补偿费的使用分配方案、土地承包经营调整方案和村集体经济项目的立项承包方案；

（四）计划生育、合作医疗、低保、五保、养老保险等政策的落实情况；

（五）政府拨付和接受社会捐赠的救灾救助款物、扶贫资金、补助补贴资金的管理发放使用情况；

（六）村民户籍关系变更情况；

（七）村民委员会成员履职评议情况；

（八）村“一事一议”筹资筹劳情况；

（九）涉及本村村民利益，村民普遍关心的其他事项。

前款规定事项中，一般事项至少每季度公布一次；涉及村民利益的重大事项应当随时公布。

村民委员会应当保证公布事项的真实、准确和完整。

第二十二条　村民委员会应当在便于村民观看的地方设立固定的村务公开栏，并可以利用广播、电视、网络或者发送手机短信、印发公开信等多种形式公开村务。

村民对公布的村务内容有疑问的，可以直接向村民委员会询问或者提出意见，也可以通过村务监督委员会要求村民委员会作出解答，村民委员会应当在十日内作出答复。

第二十三条　村民委员会应当建立印章使用的审批、登记、备案等管理制度，并纳入村民自治章程或者村规民约。

村民委员会印章应当经村民代表会议讨论决定后由专人保管，印章使用的审核人与印章保管人不得为同一人。村民委员会印章的使用，应当经村民委员会主任审核同意，并做好备案登记。

涉及村集体贷款、土地山林承包、对外签订合同以及村集体资产处置等重大事项需要使用印章的，应当经村民会议或者村民代表会议讨论并经到会人员的过半数同意，村民委员会主任审核后方可使用。

第二十四条　村民委员会应当建立村务档案管理制度。

村民委员会和村务监督委员会应当建立村务档案，设立综合档案室或者档案专柜，对村务工作中形成的具有保存价值的文字、图表、声像、电子文档等各种资料进行整理归档并统一保存，保证档案的真实、完整、规范、安全和有效利用。村务档案应当配备专（兼）职人员管理。

村务档案包括：选举文件和选票，会议记录，土地发包方案和承包方案，经济合同，集体财务账目，集体资产登记文件，公益设施基本资料，基本建设资料，宅基地使用方案，征地补偿费使用及分配方案等。

第二十五条　村应当建立村务监督委员会。村务监督委员会由三至五人组成，由村民会议或者村民代表会议在村民中推选产生。村民委员会成员及其近亲属不得担任村务监督委员会成员。

村务监督委员会任期与村民委员会任期相同，可以连选连任。村务监督委员会成员履职不力的，经村民会议或者村民代表会议讨论决定可以撤销其成员资格。

村务监督委员会向村民会议和村民代表会议负责，至少每半年报告工作一次，其成员可以列席村民委员会会议。

第二十六条　村务监督委员会主要履行以下职责：

（一）监督村级事务民主决策；

（二）督促村民委员会建立健全村民自治的各项制度；

（三）监督村民委员会落实村民会议或者村民代表会议决定的事项；

（四）参与制定村集体的财务计划和各项财务管理制度；

（五）检查、审核财务账目及相关的经济活动事项；

（六）监督村集体经济负责人和财会人员执行财务制度、遵守财经纪律的情况；

（七）监督本办法第二十一条所列村务公开事项的实施情况；

（八）反映村民的合理意见、建议并督促村民委员会及时办理。

第二十七条　村务监督委员会实行工作例会制度，根据实际情况也可随时召开。村务监督委员会所作决定应当遵循少数服从多数的原则。

村务监督委员会和村民委员会在村级财务开支和其他重大村级事务上意见不一致时，村民委员会应当在一个月内组织召开村民会议或者村民代表会议做出决定。

第二十八条　村民委员会成员、村务监督委员会成员以及由村民或者村集体承担误工补贴的聘用人员，应当接受村民会议或者村民代表会议对其履行职责情况的民主评议。

对村民委员会成员以及由村民或者村集体承担误工补贴的聘用人员的民主评议由村务监督委员会主持；对村务监督委员会成员的民主评议由村民委员会主持。民主评议应当每年至少进行一次，民主评议的结果应当当场公布。

村民委员会、村务监督委员会成员民主评议连续两次不称职的，其职务自行终止；由村民或者村集体承担误工补贴的聘用人员民主评议连续两次不称职的，由村民委员会予以解聘。

第二十九条　村民委员会成员实行任期和离任经济责任审计，由县级人民政府农业部门、财政部门或者乡级人民政府负责组织。村民对村集体经济管理、处置有异议的，也可以由村民会议或者村民代表会议决定委托专业审计机构进行。审计结果应当公布，其中离任经济责任审计结果应当在下一届村民委员会选举之前公布。

村务监督委员会应当积极配合和参与审计工作。

## 第五章　村民自治的保障

第三十条　县级以上人民政府应当将农村基层政权和自治组织建设纳入国民经济社会发展总体规划，负责《中华人民共和国村民委员会组织法》和本办法在本行政区域内的组织实施，民政部门负责组织实施的具体工作。

乡级人民政府通过下列方式对村民委员会的工作进行指导、支持和帮助：

（一）做好政策的宣传、咨询，指导村民委员会在法律、法规和国家政策范围内开展工作；

（二）指导村民委员会换届选举工作，实施农村人才培养使用计划；

（三）指导村民委员会依法建立健全议事决策、村务公开、民主管理等各项规章制度；

（四）指导、帮助村民委员会推动本村经济的发展；

（五）指导、支持村民委员会办理公共事务和公益事业；

（六）对村民委员会成员进行培训，组织村民委员会成员的任期和离任经济责任审计；

（七）对村民委员会成员履职行为进行监督，对其违规违纪行为进行调查和处理；

（八）法律、法规规定应当予以指导、支持和帮助的其他事项。

第三十一条　建立健全县级统筹为主、省市级财政补助、村集体收入补充的村民自治经费保障制度。

县级以上人民政府应当将村民自治经费补助资金列入财政预算，并建立随着经济社会发展逐步提高的增长机制，确保村民自治各项工作有效开展。

第三十二条　对村民委员会成员，按照不低于当地农村劳动力平均收入水平给予工作补贴，并随着经济社会发展逐步提高。

对村务监督委员会成员、村民小组组长，可以根据工作情况，给予适当补贴。

补贴的具体标准和办法，由县级人民政府制定。

第三十三条　各级人民政府应当建立健全村民委员会成员激励保障机制。

建立健全从优秀村民委员会成员中考录乡镇公务员制度。

对符合省人民政府规定条件的村民委员会成员办理基本养老保险给予补贴。

对未享受基本养老保险财政补贴的任职时间较长的离任村民委员会成员，发放一定生活补贴，具体标准由县级人民政府确定。

第三十四条　各级人民政府应当为村民委员会协助政府开展工作提供必要的条件；县级以上人民政府有关部门委托村民委员会开展工作需要经费的，由委托部门承担。

村民委员会办理本村公益事业所需经费，由村民会议通过筹资筹劳解决；各级人民政府及其有关部门应当予以支持和帮助。

第三十五条　县级人民政府应当制定村民委员会成员的教育培训规划和年度计划，建立多种形式的培训渠道，提高村民委员会成员的履职能力。

县级以上有关部门和乡级人民政府负责村民委员会成员的培训工作。对村民委员会成员在任期内应当每年至少培训一次。

村民委员会成员培训经费由县级以上人民政府承担。

第三十六条　国家机关及其工作人员，不得干预依法属于村民自治范围内的事项。

国家机关及其工作人员不得滥用职权，对村民委员会实施下列行为：

（一）强制参加各类评比、达标活动；

（二）摊派应当由人民政府及其相关部门承担的行政职责；

（三）强制村民委员会参加与其职责不相关的会议或者协会、研究会等；

（四）无偿占有、使用或者低价收购村集体经济的土地、财产和资源；

（五）截留、挪用、拖欠、侵占政府拨付或者社会捐赠的资金、物资；

（六）强行推销商品、商业保险，征订报刊、书籍；

（七）其他增加村民委员会和村民负担，损害其合法权益的行为。

第三十七条　各级人民代表大会和县级以上人民代表大会常务委员会在本行政区域内对本办法的实施情况进行监督检查，保证本办法的实施。

县级以上人民政府应当及时将村民自治工作中的重大问题向同级人民代表大会常务委员会报告。

## 第六章　农村社区建设

第三十八条　农村社区建设应当坚持政府引导、统筹规划、群众自愿、社会参与的原则。

县级以上人民政府应当根据经济发展、自然条件、文化传统、历史沿革科学统筹规划农村社区，加强农村社区基础设施建设，完善农村社区基本公共服务功能，加强基层社会治理，提升村民自治水平。

第三十九条　县级以上人民政府应当加大财政投入力度，统筹安排财政资金，整合建设项目资金，创新土地利用机制，制定优惠政策，鼓励社会资本参与农村社区建设，支持农村社区建设和发展。

第四十条　农村社区应当加强基础设施配套建设，完善公共服务体系，将产业发展、教育保障、社会养老、医疗卫生、文化体育等基本公共服务向农村社区延伸，促使城乡基本公共服务均等化，建设布局合理、功能齐备、服务便捷的新型农村社区。

第四十一条　村民委员会应当配合当地人民政府建立完善农村社区服务中心和服务管理信息化平台，办理公共事务，完善社区服务；引导村民参与农村社区公共服务和公共事务管理，组织开展村民活动，营造良好的农村社区环境。

第四十二条　各级人民政府以及所在农村社区的村民委员会应当引导经营性服务组织参与公益性服务，扶持发展服务性、公益性的社会组织，发挥其在推动农村社区经济发展、文化建设、社会建设和生态文明建设中的作用。

驻在农村的机关、团体、部队、企业、事业单位及其人员可以通过多种形式参与农村社区建设。

## 第七章　法律责任

第四十三条　违反本办法，法律、行政法规有处罚规定的，从其规定。

第四十四条　有下列情形之一的，由县级人民政府及其有关主管部门或者乡级人民政府责令改正：

（一）村民自治章程、村规民约以及村民会议、村民代表会议的决定与宪法、法律、法规相抵触的；

（二）村民委员会对应当召开的村民会议、村民代表会议，无正当理由拒不组织召开的；

（三）村民委员会对应当经村民会议或者村民代表会议讨论决定的事项，未经村民会议或者村民代表会议讨论就做出决定或者处理的；

（四）村民委员会擅自变更或者不执行村民会议、村民代表会议决定的；

（五）村民委员会、村务监督委员会不依照法律、法规、规章的规定履行职责的。

第四十五条　村民委员会或者村民委员会成员有下列行为之一的，村民有权向乡级人民政府或者县级人民政府有关部门反映，乡级人民政府或者县级人民政府有关部门应当责令改正；经查证确有违法行为的，依法追究有关人员的责任：

（一）对应当公布的事项不予公布，或者公布的事项不及时、不真实的；

（二）侵占、挪用、贪污集体财产和资源以及政府拨付、社会捐赠的资金、物资的；

（三）擅自以集体名义订立、变更、解除合同或者擅自使用印章的；

（四）收受、索取财物的；

（五）违反财务管理规定的；

（六）非法向村民摊派或者非法集资的；

（七）对村民打击报复或者实施其他违纪违法行为的；

（八）其他侵害村集体和村民合法权益的行为。

第四十六条　国家机关工作人员违反本办法第三十六条规定的，依法给予行政处分；构成犯罪的，依法追究刑事责任。

## 第八章　附则

第四十七条　城市街道办事处所辖的村，适用本办法。

第四十八条　本办法自 2014 年 9 月 1 日起施行。

# 省委办公厅、省政府办公厅印发《关于深入推进农村社区建设试点工作的实施意见》的通知

鄂办发〔2015〕54 号

各市、州、县党委和人民政府，省军区党委，省委各部委，省级国家机关各委办厅局党组（党委），各人民团体党组：

《关于深入推进农村社区建设试点工作的实施意见》已经省委、省政府领导同志同意，现印发给你们，请结合实际认真贯彻执行。

中共湖北省委办公厅
湖北省人民政府办公厅
二〇一五年十一月十九日

## 关于深入推进农村社区建设试点工作的实施意见

根据《中共中央办公厅、国务院办公厅印发〈关于深入推进农村社区建设试点工作的指导意见〉的通知》（中办发〔2015〕30 号）文件精神，结合湖北省实际，制定本实施意见。

### 一　准确把握农村社区建设试点工作总体要求

（一）工作目标

以邓小平理论、“三个代表”重要思想、科学发展观为指导，深入贯

彻习近平总书记系列重要讲话精神，以全面提高农村居民生活质量和文明素养为根本，完善村民自治与多元主体参与有机结合的农村社区共建共享机制，健全村民自我服务与政府公共服务、社会公益服务有效衔接的农村基层综合服务管理平台，形成乡土文化和现代文明融合发展的文化纽带，构建生态功能与生产生活功能协调发展的人居环境，打造一批管理有序、服务完善、文明祥和的农村社区建设示范点，为全面推进农村社区建设、统筹城乡发展探索路径、积累经验。

（二）基本原则

——以人为本、完善自治。坚持和完善村党组织领导的充满活力的村民自治制度，尊重农村居民的主体地位，切实维护好保障好农村居民的民主政治权利、合法经济利益和社会生活权益，让农村居民从农村社区建设中得到更多实惠。

——党政主导、社会协同。落实党委和政府的组织领导、统筹协调、规划建设、政策引导、资源投入等职责，发挥农村基层党组织核心作用和自治组织基础作用，调动农村集体经济组织、农民合作经济组织、农村群团组织和社会组织等各类主体的积极性、主动性和创造性。

——城乡衔接、突出特色。加强农村社区建设与新型城镇化建设的配套衔接，强化农村社区建设对新农村建设的有效支撑，既注意以城带乡、以乡促城、优势互补、共同提高，又重视乡土味道、体现农村特点、保留乡村风貌。

——科学谋划、分类施策。把握农村经济社会发展规律，做好农村社区建设的顶层设计和整体谋划，提高试点工作的科学性、前瞻性和可行性、有效性。加强分类指导，统筹考虑各地农村社区的经济发展条件、人口状况及变动趋势、自然地理状况、历史文化传统等因素，合理确定试点目标和工作重点，因地制宜开展试点探索。

——改革创新、依法治理。坚持和发展农村社会治理有效方式，发挥农村居民首创精神，积极推进农村基层社会治理的理论创新、实践创新和制度创新。深化农村基层组织依法治理、网格化服务管理，发挥村规民约积极作用，推进农村社区治理法治化、网格化、规范化。

## 二　创新农村社区治理体制机制

（三）建立村党组织领导下的农村社区治理机制。农村社区建设坚持村党组织领导、村民委员会牵头，以村民自治为根本途径和有效手段，发动农村居民参与，同时不改变村民自治机制，不增加农村基层管理层级。严禁以“管委会”等机构取代村党组织和村民委员会。推进农村基层服务型党组织建设，增强乡镇、村党组织服务功能。以农村基层党组织建设带动农村自治组织、群众组织、经济社会服务组织建设，健全完善农村基层党组织引领农村社区建设的领导机制和工作机制。依法确定乡镇政府与村民委员会的权责边界，制定农村社区事务清单，促进基层政府与基层群众自治组织有效衔接、良性互动。

（四）创新农村社区民主自治形式。依法加强村民委员会和村务监督委员会建设，选优配强村民委员会下属委员会组成人员，拓宽基层群众自我管理、自我教育、自我服务、自我监督的渠道，完善农村社区建设重大问题的民主决策、民主监督制度。依托村民会议、村民代表会议等载体，广泛开展形式多样的农村社区协商，探索村民议事会、村民理事会、恳谈会等协商形式，探索村民小组协商和管理的有效方式，重视吸纳非户籍村民、社区社会组织、驻村企事业单位等主体参加协商。对于难以通过协商解决或存在较大争议的问题或事项，应提交村民会议或村民代表会议决定，逐步实现基层协商经常化、规范化、制度化。

## 三　拓宽农村社区建设渠道

（五）畅通多元主体参与农村社区建设渠道。建立县级以上机关党员、干部到农村社区挂职任职、驻点包户制度。建立和完善党代表、人大代表、政协委员联系农村居民、支持农村社区发展机制。鼓励驻村机关、团体、部队、企事业单位支持、参与农村社区建设。拓宽外出发展人员和退休回乡人员参与农村社区建设渠道。依法确定村民委员会和农村集体经济组织以及各类经营主体的关系，保障农村集体经济组织独立开展经济活动的自主权，增强村集体经济组织支持农村社区建设的能力。推动发展新型农村合作金融组织、新型农民合作经济组织和社会组织，通过购买服务、直接资助、以奖代补、公益创投等方式，支持社区社会组织参与社区公共事务和公益事业，支持专业化社会服务组织到农村社区开展服务。

（六）促进流动人口参与农村社区管理。依法保障符合条件的非本村户籍居民参加村民委员会选举和享有农村社区基本公共服务的权利。吸纳非户籍居民参与农村社区公共事务和公益事业的协商，建立户籍居民和非户籍居民共同参与的农村社区协调议事机制。在保障农村集体经济组织成员合法权益的前提下，探索通过分担筹资筹劳、投资集体经济等方式，引导非户籍居民更广泛地参与民主决策。健全利益相关方参与决策机制，采取会议表决、代表议事、远程咨询等决策方式，维护外出务工居民在户籍所在地农村社区的权利。

## 四　加快建立健全农村社区服务体系

（七）加强农村社区服务设施建设。根据辐射范围适度、服务管理方便、服务功能齐全等原则，按照办公面积最小化、服务功能最大化的要求，采取新建或整合利用村级组织活动场所、农村综合服务社、文化室、卫生室、计划生育服务室、调解庭（室）、农民体育健身工程等现有场地、设施和资源的方式，加强农村社区服务设施建设。农村社区综合服务设施应统一应用“中国社区”标识。根据人口规模，因地制宜建立面积适当、方便为群众办事的农村社区公共服务站，并切实做好农村社区服务设施的管理、使用和维护。严禁强制推行大拆大建、建村并居，严禁违反土地利用规划擅自改变农地用途。鼓励和支持各类组织、企业和个人兴办居民服务业，培育新型服务业态和服务品牌，鼓励有实力的企业运用连锁经营的方式到社区设立超市便利店、标准化菜店等便民利民网点，鼓励邮政、金融、电信、供销、燃气、自来水、电力等公用事业单位在社区设点服务，满足居民多样化生活需求。积极探索建立政府购买服务机制，加大政府向社会组织购买服务的力度，引导社会组织参与社区服务管理。

（八）提升农村社区公共服务水平。提升农村基层公共服务信息化水平，逐步构建县（市、区）、乡（镇）、村三级联动互补的基本公共服务网络和网格化服务管理平台，积极推动基本公共服务项目向农村社区延伸。探索建立公共服务事项全程委托代理机制，促进城乡基本公共服务均等化。充分发挥农村网格化平台的作用，提升网格化服务功能，充实服务内容，为村民提供更加便捷有效的服务。加强农村社区教育，鼓励各类学校教育资源向周边农村居民开放，发挥县级职教中心、乡（镇）成人文化技术学校和农村社区教育教学点的作用。改善农村社区医疗卫生条件，加大对乡（镇）、村卫生和计划生育服务机构设施改造、设备更新、人员培训等方面的支持力度。做好农村社区扶贫、社会救助、社会福利和优抚安置服务，推进农村社区养老、助残服务，组织引导农村居民积极参加城乡居民养老保险，全面实施城乡居民大病保险制度，逐步推进"救急难"工作试点。

（九）推动村社区自助互助和志愿服务。广泛动员党政机关、企事业单位、各类社会组织和居民群众参加农村社区志愿服务。完善农村社区志愿服务站点布局，搭建社区志愿者、服务对象和服务项目对接平台，开展丰富多彩的社区互助服务活动。根据农村社区发展特点和居民需求，分类推进社会工作服务，发挥社会工作专业人才在社区志愿服务中的作用。大力培育和发展针对农村"三留守"人员的互助类、志愿类社会组织，健全和完善农村"三留守"人员关爱服务体系，加强对留守人员的生产扶持、社会救助和人文关怀，切实解决留守人员生产生活中的实际困难。

## 五　积极推进"美丽乡村"建设

（十）加强农村社区法治建设。加强农村社区司法行政工作室等法治机构建设，探索整合农村社区层面法治力量，加强农村社区法律援助工作，推动法治工作网络、机制和人员向农村社区延伸，推进覆盖农村居民的公共法律服务体系建设。完善人民调解、行政调解、司法调解联动工作体系，建立调处化解农村矛盾纠纷综合机制，及时掌握和回应不同利益主体的关切和诉求，有效预防和就地化解矛盾纠纷。建立健全农村社区公共安全体系，创新农村立体化社会治安防控体系，加强和创新农村社区平安建设，建立覆盖农村全部实有人口的动态管理机制，做好社区禁毒和特殊人群帮教工作。加强农村社区警务、警务辅助力量、网格员和群防群治队伍建设，对符合任职年限条件的农村警务室民警落实职级待遇。加强农村社区普法宣传教育，开展"法律进社区"等主题活动，提高基层党员干部法治思维和依法办事能力，引导农村居民依法反映诉求。充分发挥农村理事会、村民互助社等村民自治组织的作用，深入开展“文明户”“五好家庭”等文明创建活动。指导完善村民自治章程和村规民约，支持农村居民自我约束和自我管理，提高农村社区治理法治化水平。

（十一）加强农村社区文化建设。以培育和践行社会主义核心价值观为根本，发展各具特色的农村社区文化，丰富农村居民文化生活，增强农村居民的归属感和认同感。深入开展和谐社区等精神文明建设活动，树立良好家风，弘扬公序良俗，创新和发展乡贤文化，形成健康向上、开放包容、创新进取的社会风尚。健全农村社区现代公共文化服务体系，统筹建设集文化宣传、党员教育、科学普及、体育健身等多功能于一体的综合性文化服务中心，设立由政府购买的公益文化岗位。建设群众文体活动广场，增强农村文化惠民工程实效。引导城市文化机构、团体到农村社区拓展服务，支持农民兴办社会文艺团队和其他文化团体。发掘和培养乡土文化能人、非物质文化遗产传承人等各类文化人才，广泛开展具有浓郁乡土气息的农村社区文化体育活动，凝聚有利于农村社区发展的内在动力和创新活动。鼓励大学生村官从事基层文化工作。

（十二）改善农村社区人居环境。强化农村居民节约意识、环保意识和生态意识，形成爱护环境、节约资源的生活习惯、生产方式和良好风气。发动农村居民和社会力量开展形式多样的农村社区公共空间、公共设施、公共绿化管护行动。完善农村社区基础设施，建立健全农村供电、供排水、道路交通安全、消防安全、地名标志、通信网络等公用设施的建设、运行、管护和综合利用机制，提高对自然灾害、事故灾难、公共卫生事件、社会安全事件的预防和处置能力。分级建立污水、垃圾收集处理网络，加强日常管理维护，促进农村废弃物循环利用，重点解决污水乱排、垃圾乱扔、秸秆随意抛弃和焚烧等问题。加快改水、改厨、改厕、改圈，改善农村社区卫生条件。积极推进“美丽乡村”和村镇生态文明建设，保持农村社区乡土特色建设和田园风光。

### 六　加强农村社区建设试点工作的组织领导

（十三）落实领导责任，加强部门配合。各级党委、政府要把农村社区建设试点工作纳入重要议事日程，纳入经济社会发展的总体规划，纳入政府履行社会管理和公共服务职能的重要内容，建立农村社区建设统筹协调和绩效评估机制，落实市（州）领导、县（市、区）主抓、乡镇（街道）具体指导的责任，加强部门配合，形成上下联动、各负其责的工作局面。各级民政部门要积极履行牵头职能作用，编制好试点工作规划，并会同有关部门加强对试点工作的协调督导，适时组织专项督查。各地要结合本地工作实际，加强对试点工作的指导，制定完善相关配套政策，形成推进农村社区试点工作的整体合力。

（十四）有序推进试点，加强分类指导。各地要根据经济社会发展水平和农村社区实际，选择不同类型的村开展社区建设试点工作。国有农场所在地人民政府要将农场社区纳入试点范围。“十三五”期间，各地每年要选择不低于总数5%的行政村开展农村社区建设试点，制定试点方案，明确试点任务，落实工作责任，建立试点台账，确保试点效果。到“十三五”末，全省要有25%以上的行政村开展农村社区建设试点工作，形成市（州）有试点示范县（市、区）、县（市、区）有试点示范乡镇（街道）、乡镇（街道）有试点示范村的工作格局。试点工作要因地制宜，突出特点，分类施策。城中村、城边村和农村居民集中移民点，要借鉴城市社区服务管理的成功经验，逐步实现与城镇基础设施、基本公共服务和社会事业发展相衔接；地形复杂、交通不便、居住分散的农村地区和林区、渔区可根据自身条件，探索推进农村社区建设的有效途径。外来人口集中的农村社区，要重点推进基本公共服务向非户籍居民覆盖，促进外来人口的社区融入。村民自治基础和集体经济较好的村，要积极发展社会公益事业，完善社区公共设施和人居环境，着力提升居民生活品质；偏远、经济欠发达的农村社区，要切实增强村庄的自治功能和发展能力。

（十五）加大资金投入，整合相关资源。各级政府要加大对农村社区建设试点工作的投入。整合相关涉农资金，提高资金使用效率，避免重复建设。拓宽资金来源渠道，统筹利用好村集体经济收入、政府投入和社会资金，重点保障基本公共服务设施和网络、网格化服务管理平台、农村居民活动场所建设需要，按规定合理安排农村社区工作、网格化服务管理工作经费和社区工作人员、网格员报酬。推进政府部门向社会组织转移职能，加大政府向社会组织购买服务力度，做到权随责走、费随事转。落实和完善支持农村社区建设的价格优惠政策，村民委员会服务设施用电以及社区福利场所生活用电按居民生活类价格执行。制定完善农村社区建设投融资优惠政策，鼓励金融机构加快相关金融产品开发和服务创新，积极利用小额贷款等方式，安排信贷资金支持农村社区建设。有条件的地方，要探索设立财政资金、金融和产业资本共同筹资的农村社区建设发展基金，吸纳更多社会资本参与农村社区建设。省级财政采取“以奖代补”方式，通过一般性转移支付对困难地区给予支持。

（十六）加强队伍建设，强化人才支撑。进一步完善农村社区党组织和村民委员会选举制度，鼓励、引导退伍军人、普通高校和职业院校毕业生、网格员、农村致富带头人、农村专业合作组织负责人、外出务工返乡创业人员等优秀人才到农村社区工作，通过民主选举程序进入村“两委”班子。选优配强村“两委”班子，特别是选好用好管好村党组织带头人。加大农村青年党员培养发展力度，及时吸纳农村优秀分子入党，壮大农村党员队伍。拓展选人用人视野，支持农村社区通过向社会公开招聘、挂职锻炼等方式配备和使用社会工作专业人才。采取以会代训、定期轮训等方式，加强村“两委”班子成员和农村社区工作者的教育培训工作，提升推动农村社区发展和服务农村居民的能力。关心农村社区工作人员成长进步，按照《省委办公厅、省政府办公厅印发〈关于进一步加强村主职干部队伍建设的若干意见〉的通知》（鄂办发〔2015〕27号）等有关规定落实报酬待遇。

（十七）开展示范创建，总结推广经验。各地要加强对农村社区建设的理论政策研究，及时将成熟的经验做法上升为政策法规，为全面推进农村社区建设提供制度保障。及时研究农村社区建设试点工作综合考核评估办法，制定农村社区建设试点工作示范标准，积极开展农村社区建设示范创建活动，省政府每两年对试点工作进行一次总结通报。及时发现和宣传各类好典型，总结推广好的经验和做法，形成全社会共同参与和推动农村社区建设的良好氛围。

各地要根据本实施意见，结合本地实际，研究制定推进农村社区建设试点工作的具体方案。

# 省委办公厅、省政府办公厅印发《关于加强城乡社区协商的实施意见》的通知

鄂办发〔2016〕38号

各市、州、县党委和人民政府，省军区党委，省委各部委，省级国家机关各委办厅局，各人民团体：

《关于加强城乡社区协商的实施意见》已经省委、省政府领导同志同意，现印发给你们，请结合实际认真贯彻执行。

中共湖北省委办公厅

湖北省人民政府办公厅

二〇一六年七月十三日

## 关于加强城乡社区协商的实施意见

根据有关法律法规和《中共中央办公厅、国务院办公厅印发〈关于加强城乡社区协商的意见〉的通知》（中办发〔2015〕41号）精神，结合湖北省实际，制定本实施意见。

### 一　把握城乡社区协商的总体要求

（一）工作目标

以邓小平理论、“三个代表”重要思想、科学发展观为指导，深入贯彻习近平总书记系列重要讲话精神，坚持党的领导、发扬民主和依法办

事有机统一，按照协商于民、协商为民的要求，以健全基层党组织领导的充满活力的基层群众自治机制为目标，以城乡社区公共事务和涉及居民群众切身利益的实际问题为内容，以扩大有序参与、推进信息公开、加强议事协商、强化权力监督为重点，丰富协商内容和形式，扩宽协商范围和渠道，保障人民群众享有更多更切实的民主权利。到2020年，全省基本形成参与主体广泛、内容丰富、形式多样、程序规范、制度健全、成效显著的城乡社区协商新局面。

（二）基本原则

坚持党的领导。充分发挥基层党组织在城乡社区协商中的领导核心作用，把党的领导贯穿于城乡社区协商的全过程，鼓励探索创新，因地制宜进行。

坚持群众自治。健全完善基层群众自治的法规政策体系，充分保障城乡居民的知情权、参与权、表达权、监督权，促进群众依法自我管理、自我服务、自我教育、自我监督。

坚持需求导向。以城乡居民的利益诉求为出发点，以城乡社区存在的现实问题为切入点，着眼于解决实际问题，不搞形式主义，增强城乡社区协商的针对性和实效性。

坚持依法协商。把协商的主体、内容、程序、结果以及落实情况等向居民公开，接受居民监督，保证协商的公平公正，促进城乡社区协商法制化、制度化、规范化发展，保证协商活动有序进行，协商结果合法有效。

坚持民主集中。着力培养城乡居民的协商能力，充分调动城乡居民参与协商的积极性，实现发扬民主和提高效率相统一，防止议而不决、决而不行。

## 二　明确城乡社区协商的主要任务

（三）畅通协商渠道

城乡社区协商的渠道主要包括：村（社区）党组织与村（居）民委员会之间的协商，村（社区）党组织、村（居）民委员会与居民群众之间的协商，村（社区）党组织、村（居）民委员会与社区内社会组织之间的协商，村（社区）党组织、村（居）民委员会与驻村（社区）单位之间的协商，城乡社区内社会组织之间的协商，城乡社区公共事务、公共问题、公益事业涉及的利益相关方之间的协商等。要根据需要协商的事项合理确定协商渠道，并加强与其他协商制度之间的衔接和配合，保证所有事项都有协商的渠道。

（四）明确协商内容

主要包括：法律法规和政策明确要求开展协商的事项；党和政府的方针政策、重点工作部署、重点项目在城乡社区的落实；与村（居）民切身利益密切相关的村（社区）规模调整、撤村建居、基础设施建设、产业结构调整、土地流转、"三资"管理、生态环境保护、重大活动开展和大额资金使用等；村（居）民反映强烈、迫切要求解决的社会福利、困难救助、就业保障、困境人群关爱、社会治安、环境卫生等实际困难和问题，以及因征地、拆迁、利益分配等引发的各种矛盾纠纷；涉及村（居）民权益的政策措施的制定和调整，村（居）民自治章程、村（居）规民约等的制定和修改；其他涉及村（居）民利益的重要公共事务和公益事业；十分之一以上村（居）民联名或五分之一以上村（居）民代表或户代表联名提出的需要协商的事项。

（五）扩大协商主体

城乡社区协商的参与主体要有广泛性，根据利益相关原则，主要包括：基层政府及其派出机关、村（社区）党组织、村（居）民委员会、村（居）务监督委员会、村（居）民小组、驻村（社区）单位、基层群团组织、社区社会组织、业主委员会、农村集体经济组织、农民专业合作组织、物业服务企业等组织机构和当地户籍居民、非户籍居民代表以及其他利益相关方。涉及行政村、社区公共事务和居民切身利益的事项，由村（社区）党组织、村（居）民委员会牵头，组织利益相关方进行协商。涉及村（居）民小组的公共事务或部分群众利益的事项，由村（社区）党组织、村（居）民委员会组织村（居）民小组居民或部分群众进行协商。涉及两个以上行政村、社区的重要事项，单靠某一个村（社区）无法组织开展协商时，由乡镇（街道）党（工）委牵头组织开展协商。人口较多的自然村、小区、院落或楼宇有需要协商的事项，在村（社区）党组织领导下进行协商。专业性、技术性较强的协商事项，应邀请相关专家学者、专业技术人员、第三方机构等进行论证评估，广泛听取各方意见和建议。协商中应广泛吸纳威望高、办事公道的老党员、老干部、党代表、人大代表、政协委员、基层群团组织和社会组织负责人、社会工作者及群众代表参与。

（六）丰富协商形式

要按照利益趋同、公开透明、平等理性的原则，不断拓展和创新城乡社区协商形式。村（居）民会议、村（居）民代表会议、村（居）民小组会议是城乡社区协商的主要形式，各地要健全和完善村（居）民会议、村（居）民代表会议、村（居）民小组会议制度，规范议事协商和民主决策的程序。结合参与主体情况和具体协商事项，可以采取村（居）民议事会、村（居）民理事会、村落和小区（院落、楼宇）协商、业主协商、村（居）民决策听证、民主评议等形式，以民情恳谈日、社区（驻村）警务室开放日、村（居）民论坛、多方联席会议、道德讲堂、妇女之家等为平台，引导居民群众开展形式多样的协商活动。积极推广应用开放空间会议等专业社会工作技术，扩大居民参与。大力推进城乡社区信息化建设，通过建立社区网站、QQ群、微信公众号等，拓展社情民意征集渠道，为城乡居民搭建网络协商平台。

（七）规范协商流程

协商的一般流程是：（1）村（社区）组织和居民群众根据村（居）民公共利益和公益事业提出相关意见建议；（2）村（社区）党组织、村（居）民委员会根据收集到的意见建议，研究确定协商议题；（3）根据依法、属地、合理的原则，充分考虑协商议题的性质、利益关系、复杂程度和影响范围等，确定参与协商的主体；（4）通过多种方式，公告协商内容和相关信息，并向参与协商的各类主体通报；（5）根据协商议题的性质，综合相关方的利益诉求，确定协商所采用的形式；（6）组织开展协商，营造和谐平等的协商氛围，使各类协商主体平等参与，充分发表意见建议，形成协商意见；（7）协商结束后，村（居）民委员会通过各种形式及时公布协商结果，协商未果的，要说明原因；（8）组织实施协商成果，向协商主体、利益相关方和居民群众反馈落实情况。对于涉及面广、关注度高的事项，要经过专题议事会、民主听证会等程序进行协商。通过协商无法解决或存在较大争议的问题或事项，应当提交村（居）民会议或村（居）民代表会议决定。跨村（社区）协商的程序，由乡镇

（街道）党（工）委研究确定。

（八）落实协商成果

要建立协商成果采纳、落实和反馈机制，确保协商成果落到实处。协商结果达成后，牵头协商的部门或组织应对落实协商成果的事务进行分类，明确责任分工，尽快组织落实，并将落实情况在规定期限内通过村（居）务公开栏、村（社区）网络平台等渠道公开，接受群众监督、媒体监督和社会监督。需要村（社区）落实的事项，村（社区）党组织、村（居）民委员会应当及时组织实施；应由村（居）民群众自己解决的事项，应组织村（居）民群众自己解决。受政府或有关部门委托的协商事项，协商结果要及时向基层政府或有关部门报告，基层政府或有关部门要认真研究吸纳，并以适当方式反馈。对协商过程中持不同意见的群众，协商组织者要及时做好解释说明工作。协商结果违反法律法规的，基层政府或有关部门要依法纠正，并做好宣传教育工作。

## 三 强化城乡社区协商的保障措施

（九）切实加强组织领导

各级党委、政府要把城乡社区协商作为加强基层民主政治建设、创新城乡社区治理的一项重要工作，纳入议事日程，结合实际扎实推进。要加强分类指导，帮助城乡基层组织和居民群众针对不同类型城乡社区的特点，合理确定协商事项，认真设计协商方案，不断提高城乡社区协商的针对性、有效性。各级民政部门要会同党委组织等有关部门认真做好协商工作的指导和督促落实。积极推进乡镇（街道）协商民主建设，增强乡镇（街道）指导行政村、社区协商活动的能力和水平。

（十）充分发挥基层党组织作用

村（社区）党组织要加强对城乡社区协商工作的组织领导，注意研究解决协商中的困难和问题，及时向乡镇（街道）党（工）委和人民政府（办事处）提出工作建议。积极探索扩大党内民主的实现形式，全面推进村（社区）党务公开，建立健全党代表联系群众制度，以党内民主带动和促进城乡社区协商发展。大力推进城乡社区党组织的组织、队伍、活动、制度、保障“五个要素”和组织领导、服务群众、宣传教育、推动发展、民主管理“五个体系”建设，鼓励支持党员干部积极参与协商活动，发挥好基层党组织战斗堡垒作用和党员先锋模范作用，引领城乡居民和各方力量广泛参与协商实践。

（十一）建立健全工作机制

各地要结合实际，建立健全基层党组织领导、村（居）民委员会负责、各类协商主体共同参与的城乡社区协商工作机制，定期研究协商中的重要问题。建立健全乡镇、街道协商与行政村、社区协商的联动机制，推动协商工作深入开展。充分发挥社区社会组织和专业社会工作者的优势，协助动员和组织居民群众参与协商，提高城乡社区协商的水平。建立协商成果跟踪督办机制，强化对重大决策实施中的监督、公开和反馈，保障协商成果的落实。加强村（居）务监督委员会建设，加强对协商活动的监督，保障城乡社区协商依法有序开展。

（十二）加大支持保障力度

各地要依据有关法律法规，研究制定城乡社区协商政策措施，推进城乡社区协商规范化、制度化。县（市、区）和乡镇（街道）要进一步加大支持力度，通过村级组织运转经费保障机制、社区服务群众专项经费等现有渠道，为村（社区）开展民主协商提供必要的资金支持；健全和完善政府购买社会服务等制度，引导和利用社会力量参与城乡社区协商成果的落实。有条件的地方，经村（居）民（代表）会议讨论决定，可以制定具体实施办法，对符合规定且受村（居）民委员会委托组织群众协商的人员，给予适当误工补贴，并按照村（居）务公开的要求予以公示。

（十三）提升群众协商能力

各级党委政府要加强城乡社区干部队伍、服务设施、保障机制等基础建设，增强城乡基层群众协商民主能力；转变工作方法，改进工作作风，引导人民群众当家做主。加强基层干部和村（社区）工作者培训教育，提高组织开展协商的能力和水平。大力培育发展村（社区）社会组织，提高城乡居民群众的组织化程度，扩大城乡居民群众的有序参与。充分发挥各级党代表、人大代表、政协委员密切联系群众的积极作用，引导基层群众开展协商活动。

（十四）努力营造良好氛围

各级各有关部门要倡导协商精神，培育协商文化，引导群众依法表达意见，积极参与协商。广泛开展政策宣传，普及法律知识，帮助城乡居民掌握并有效运用协商的办法和程序，营造全社会关心、支持、参与城乡社区协商的良好氛围。要组织各级党委、政府和大专院校的相关研究机构，加强城乡社区协商的理论研究和实践总结，不断丰富和发展城乡社区协商理论体系，为城乡社区协商提供理论指导。各地要以县（市、区）为单位，积极开展城乡社区协商示范创建活动，总结优秀案例，发挥引领带动作用。

各地要根据本实施意见，结合本地实际，研究制定推进城乡社区协商的具体方案。

中共湖北省委办公厅

二〇一六年七月十四日

# 中共湖北省委办公厅、湖北省人民政府办公厅关于进一步加强全省农村文化建设的实施意见

鄂办发〔2006〕44 号

为贯彻落实党的十六大和十六届六中全会以及《中共中央办公厅、国务院办公厅关于进一步加强农村文化建设的意见》（中办发〔2005〕27 号）精神，促进湖北省农村文化和经济、政治、社会协调发展，经省委、省政府同意，现就进一步加强全省农村文化建设提出如下实施意见。

## 一　充分认识加强农村文化建设的重要性和紧迫性

1. 加强农村文化建设，是全面建设小康社会的内在要求，是树立和落实科学发展观、构建社会主义和谐社会的重要内容，是建设社会主义新农村、满足广大农民群众多层次多方面精神文化需求的有效途径，是贯彻落实党的十六大和十六届六中全会精神的具体体现，对于提高党的执政能力和巩固党的执政基础，实现农村物质文明、政治文明和精神文明协调发展，把湖北建设成为促进中部地区崛起的重要战略支点，具有重要作用。

2. 近年来，省委、省政府高度重视农村文化建设，采取一系列政策措施，着力推进重点文化工程建设，组织开展形式多样的农村文化活动，积极培育农村文化主体和农村文化市场，广泛开展文化科技卫生“三下乡”，农民群众精神文化生活得到改善。特别是全省乡镇综合配套改革以来，在省委、省政府正确领导下，全省广大农村文化工作者积极投身改革，在公益文化服务方式、服务手段、服务内容及保障机制等方面进行

了有益的探索，取得了初步成效。通过改革，促进了农村文化工作者思想观念的转变，优化了文化人才队伍，增加了公益文化投入，规范了公益文化服务项目，充分调动了人员的积极性、主动性，以“花钱买服务”和“竞聘上岗”“合同管理”“目标责任”“三卡考核”为基本特征的新的运行机制正在形成，农村文化建设开始出现加速发展的可喜局面。同时也要看到，现阶段农村文化建设与社会主义新农村建设的目标要求还不相适应，主要问题是投入不足，文化基础设施落后，体制机制创新尚未完全到位，队伍“青黄不接”，现有资源尚未得到有效利用，文化活动相对贫乏，文化产品、文化服务供给不足，城乡文化发展水平差距较大。这种状况迫切需要进一步采取有效措施，切实加以改变。

## 二　全面推进农村文化建设

3. 农村文化建设要坚持以政府为主导，坚持“多予少取放活”，加大财政投入，调整资源配置，深化体制改革，加强文化基础设施建设，构建公共文化服务体系，实现和保障农民群众的基本文化权益。发挥市场机制作用，加强政策调控，积极发展文化产业，充分调动社会各方面力量参与农村文化建设，提供更多更好的文化产品和服务。力争经过 5 年的努力，使县、乡、村文化基础设施相对完备，公共文化服务切实加强；农村文化工作体制机制逐步理顺，现有文化资源得到有效利用；文化骨干队伍基本稳定，专业人员素质进一步提高；农民自办文化更加活跃，文化中心户、农民演艺团队和农民兴趣协会等得到较快发展；文化产业不断发展壮大，农民看书难、看戏难、看电影难、收听收看广播电视难的问题基本解决；农村文明程度和农民整体素质有明显提高，农村文化工作在促进农村生产发展、生活宽裕、乡风文明、村容整洁、管理民主等方面发挥重要作用。

4. 继续推进广播电视村村通工程建设，加快发展农村广播影视事业。到 2010 年，全省广播电视综合人口覆盖率达到 98% 左右，基本实现全省 20 户以上已通电自然村全部通广播电视，并保证农户能够收看到中央电视台第一套、第七套、少儿频道、湖北卫视、湖北电视综合频道，收听到中央人民广播电台的第一套广播节目和湖北新闻综合广播频道。湖北省广播电视总台要在现有频道中增加农村节目、栏目和播出时间。市、县广播电台、电视台要把面向基层、服务“三农”作为主要任务。有条件的乡镇应努力办好乡土广播节目。加快有线广播电视网络建设和整合步伐，到 2010 年，全省所有县、乡和 80% 以上的建制村实现有线广播电视光缆联网，使农村有线广播电视用户达到 300 万户以上。对于联网的农户，确保传送 30 套以上的广播电视节目。对于不宜联网的自然村，采取数字多路微波方式、直播卫星和卫星小片网技术方式补充覆盖。

继续实施农村电影放映“2131”工程。促进农村电影数字化建设，在农村逐步实现由胶片放映向数字放映的转变。鼓励城市电影院线向农村延伸，重点做好配送电影流动放映车和放映设备及电影拷贝的工作。在“十五”期间完成 29 个国家级和省级扶贫工作重点县每县配送一辆电影流动放映车的基础上，到 2010 年，力争电影流动放映车配送全省每个县（市），全面实现全省农村一村一月放映一场电影的目标。推动“优秀影片进校园工程”，满足农村中小学生看电影的需要。

5. 加快文化信息资源共享工程建设，大力提供农村文化信息服务。以基层网点建设、资源开发为重点，加大财政投入，运用现代先进技术，促进图书馆数字化成果在农村的应用。到 2010 年，普及共享工程乡镇基层中心。开展共享工程村级基层服务点建设试点和推广工作。

配合国家送书下乡工程，做好所赠图书的配送、利用工作，方便农民群众阅读。构建农村图书发行网络，力争乡镇 5 年左右新增新华书店网点 100 个、非国有图书发行网点 1000 个，实现每个乡镇都有图书发行网点。支持“三农”图书出版，力争到“十一五”期末，省内出版单位出版 100 余种、100 余万册“三农”图书。改进报刊订阅发行工作，缩短发送时间，使农民群众及时看到报刊。农村版报纸要不断提高质量，坚持为“三农”方向服务。

6. 实施农村文化设施建设工程，加大乡村文化设施建设力度。坚持以政府为主导，以乡镇为依托，以村为重点，以农民为对象，科学规划，大力发展县、乡、村文化设施和文化活动场所，构建农村公共文化服务网络。到 2010 年，在加大县级文化馆、图书馆建设力度的同时，实现乡镇有综合文化站，村有文化活动室。县级文化馆要具备综合性功能，图书馆要加强数字化建设。70% 以上的县级文化馆、图书馆要达到文化部规定的二级馆标准。乡镇综合文化站一般应设置多功能活动厅和文化与科普培训室、图书及电子阅览室（文化共享工程基层中心）等；建有简易的室外文体活动场所。村文化活动室可结合村级组织办公活动场所建设，一室多用，并明确一名村干部具体负责。在学校布点整顿中腾出的闲置校舍，可改造为村文化活动基地。加强农村中小学文化体育设施建设，充分发挥农村中小学在开展农村文化体育活动方面的作用。提倡中小学图书室、电子阅览室和体育设施定时就近向农民群众开放，把中小学校建成当地宣传、文化、信息中心和体育活动中心。

7. 动员社会力量支持农村文化建设。将农村文化建设纳入对口扶贫计划，继续开展“文明共建”、文化对口支援等活动。积极引导社会力量捐助农村文化事业，重点捐助文化站（室）、图书室等农村文化基础设施建设以及农村公益性文化实体和文化活动。鼓励权利人许可基层文化单位无偿使用其作品或录音录像制品。社会力量通过依法成立的非营利公益性组织或国家机关向农村文化事业的捐赠，纳入公益性捐赠范围，按税法的有关规定税前扣除。对贡献突出的单位和个人，给予表彰和奖励。在“高校毕业生志愿服务农村计划”中增加农村文化服务的内容，鼓励应届大学毕业生深入广大农村从事文化信息传播、活动组织、人员培训等活动。

8. 不断丰富农民群众精神文化生活。县、乡文化机构要面向农村，面向基层，制订年度农村公益文化项目实施计划，明确服务规范，改进服务方式，实施对农村文化骨干和文化中心户的免费培训辅导，扶持奖励民办文化。继续开展文化“三下乡”活动。实施流动演出车配送工程，对为农民服务的重要公益性文化项目，以政府采购的方式，直接送文化到农村。农村文化活动要贴近群众生产生活实际，坚持业余自愿、形式多样、健康有益、便捷长效原则。充分利用农闲、节日和集市，组织灯会、歌会、优秀传统民俗展示、文艺演出、劳动技能比赛等活动。鼓励、倡导农民读书用书、学文化、学技能，普及科学知识，提高农民整体素质。不断充实活动内涵，创新活动形式。

加强民族民间文化保护工程建设，着力发展农村特色文化。开展非物质文化遗产普查，加强对农村优秀民族民间文化资源的系统发掘、整理、保护与传承。建立省、市、县三级非物质文化遗产名录体系。授予秉承传统、技艺精湛的民间艺人“民间艺术师”“民间工艺师”等称号，开展“民间艺术之乡”“特色艺术之乡”命名活动。对农村传统文化生态保持较完整并具有重要价值的村落或特定区域进行动态整体性保护，逐步建立科学有效的民族民间文化遗产传承机制。积极开发具有民族传统和地域特色的民间工艺项目与民俗旅游项目。

实施荆楚特色文化品牌战略和特色文化资源开发战略，培育一批文化名镇、名村、名园、名人、名品。把农村题材纳入舞台艺术、影视剧、音乐、舞蹈、曲艺、美术等创作和各类书刊、音像制品出版计划，保证农村题材文艺作品在总量中占一定比例。宣传文化部门的有关专项资金要提高使用效益，加大对农村题材重点选题的资助力度，不断推出反映当代农村生活、农民喜闻乐见的文艺精品。购买适合农村需要的优秀剧本版权，免费提供给基层艺术团体使用、改编并为农民群众演出。全省性文艺出版评奖要对反映农民生活的优秀文艺作品予以倾斜。

### 三 创新农村文化建设的体制和机制

9. 深化农村文化体制改革。坚持把社会效益放在首位，把发展公益性文化事业作为保障人民文化权益的主要途径，推动文化事业和文化产业共同发展。推进农村文化体制改革，形成富有活力的文化管理体制和文化产品生产经营机制。实行文化事业与文化产业分类指导、协调发展。县级文化馆、图书馆等公益性事业单位的改革，主要是增加投入，转换机制，增强活力，提高公共服务水平。深化劳动、人事、分配等方面的内部改革，建立健全竞争、激励、约束机制和岗位目标责任制，全面实行聘用制和劳动合同制。加快产权制度改革，积极鼓励社会资本参与经营性文化事业单位的股份制改造，实现投资主体多元化。规范农村文化市场，强化县级文化市场行政综合执法，采取划分责任区域、分片负责的方式，或委托乡镇政府执法的方式，做好农村文化市场管理相关工作，确保农村文化市场健康有序发展。

10. 巩固乡镇综合配套改革成果，落实各项改革措施，完善乡镇公益文化服务机制。乡镇可结合综合配套改革和公益文化事业单位整合，组建文化与体育、广播影视、科技推广、科普培训和青少年校外活动等于一体的综合文化站。综合文化站承担乡镇公益性文化服务的职能。采取“花钱买服务”及“竞聘上岗、合同管理、目标责任、‘三卡考核’”的办法，改革乡镇综合文化站的投入机制、用人制度和服务方式。在原文化站人员退出事业编制管理序列、脱离财政供养关系的基础上，整合人才资源，合理确定综合文化站服务岗位。综合文化站的服务岗位应根据各乡镇情况设置，在乡镇公益性服务岗位总量内根据实际调剂解决。人员由县级文化行政部门会同县级人事部门和乡镇政府，从具有从事公益文化服务资质的人员中公开招考，竞争上岗，择优录用，签订聘用合同，实行动态岗位管理。从事公益性服务的专业技术人员的职称和执业资格由县级人事部门和县级文化行政部门共同负责认定。公益文化服务项目及其具体量化标准，由县级文化行政部门会同乡镇政府，参照上级业务主管部门有关指导意见，结合当地实际研究确定。公益文化服务实行项目合同管理。县级文化行政部门和乡镇政府分别作为聘用方或监督方，服务人员作为受聘方，三方共同签订年度服务项目合同，实行乡镇、村、农民签字卡管理，按合同进行季度和年度考核。按照《省人民政府关于全面推进乡镇事业单位基本养老保险制度改革的通知》（鄂政发〔2005〕28号）的有关规定，建立基本养老保险制度。

11. 探索农村文化设施运行管理新机制、新办法。统筹文化、教育、科技、体育和青少年、老年活动场所的规划建设和综合利用，努力做到相关设施能够共建共享，着力解决农村文化设施分散、使用效率不高的问题。对电影院、剧院等设施，在确保其功能不变的前提下，鼓励其进入大型文化企业集团，也可以实行所有权与经营权相分离的运营模式，采取公办民营、公开招标、委托经营的方式，更好地提供文化服务。机关、学校内部的文化设施，有条件的要采取多种方式对农民群众开放。贯彻国务院颁布的《公共文化体育设施条例》，加强国有资产管理。不得以拍卖、租赁等任何形式，改变图书馆、文化馆、文化站等公益文化设施用途；已挪作他用的，要限期收回。

12. 大力发展农村民办文化。推进农村文化市场建设，培育多元文化主体。运用市场准入、结构调整、价格调控、财税优惠等政策措施，引导和促进市场主体和资源投入农村文化市场。按照“民办公助、一主多业”的发展思路，积极推动文化中心户建设，“十一五”期间达到一个自然村建有一个以上的文化中心户。积极支持农民兴办集体（个体）放映队、民间职业剧团和农村业余剧团、演出队等文化实体。“十一五”期间力争一个乡镇有一个以上的民办演艺团队。积极发展农民自愿、自治的各类文化艺术协会、学会等群众文化组织。积极引导有条件的文化中心户在自愿的前提下相互联合，组建有规模的经营实体；扶持公司加农户、专业加工户等经营形式，鼓励农村特色文化产品开发、特色文化服务，促进农村文化产业发展。有关行政部门要简化对农村个体、私营等非公有制文化企业的登记审核程序，在土地使用、信贷、行业政策等方面，与国有文化企业享受同等待遇。鼓励社会资本在政策范围内，以各种形式兴办文化实体，形成以公有制为主体、多种所有制共同发展的文化产业格局。

## 四 加强对农村文化建设的组织领导

13. 高度重视农村文化事业的发展。各级党委和政府要大力加强农村文化设施建设，提高农村基层文化服务水平，实现和保障农民群众基本的文化权益。要把农村文化建设纳入各级党委和政府的重要议事日程，纳入经济和社会发展规划，纳入财政支出预算，纳入扶贫攻坚计划，纳入党政领导干部责任目标考核范围，确保农村文化建设各项目标任务的实现。建立农村文化建设目标责任制，把农村文化工作列入创建文化先进县（市）、乡镇和创建文明城市、文明村镇等相关评价体系。建立健全基层文化单位的评价机制，将服务农村、服务农民情况作为文化单位工作的重要考核内容。推动农村文化建设的法制化、规范化、制度化。

14. 切实加大政府投入力度。各级政府要适应国家基础设施建设以城市为主向更多地重视农村这一重大转变，推动文化设施建设的重点逐步向农村倾斜，扩大公共财政覆盖农村的范围，不断提高用于乡镇和村的比例。县级财政要按照《中共湖北省委、湖北省人民政府关于推进乡镇事业单位改革加快农村公益性事业发展的意见》（鄂发〔2005〕13号）的要求，将乡镇公益文化体育服务经费每人不低于0.5元纳入年度财政预算。乡镇财政每年要安排一定的经费用于公益性文化服务。设立省级农村文化建设专项资金，确保农村重点文化建设的资金需求。“十一五”期间，省里每年安排2000万元专项资金，用于乡镇文化站设施建设；每年筹集100万元资金，用于购置流动放映车和电影放映设备，实施送电影下乡工程；每年安排专项资金，用于免费送戏、送电影下乡。2006年，省财政安排800万元专项资金，用于购置流动舞台车，实施送戏下乡工程。省财政通过转移支付专项支持乡镇科技、文化等公益事业发展的资金，要安排一定比例用于公益文化服务。省社会发展专项资金中的文化项目建设资金也要有一定比例用于农村文化设施建设。认真落实中央文明委、中宣部、财政部对湖北省县级文化中心援建项目的配套资金。

15. 实施荆楚农村基层文化骨干万人培训工程，加强农村文化队伍建设。采取有效措施，充分发挥专业艺术人员的积极性，稳定和发展专兼职结合的农村文化队伍，逐步提高队伍的整体素质。根据相关法律法规的规定对农村文化事业单位的人员实行从业资格制度。采取多种形式，加强农村文化队伍的教育培训。积极培养农民文化骨干，充分发挥民间艺人、文化能人在活跃农村文化生活、传承发展民族民间文化方面的作用，巩固农村文化建设的群众基础。对做出突出贡献的农村文化单位和基层文化工作者予以表彰奖励，在全社会形成关心支持农村文化建设的良好氛围。

16. 落实有关部门责任。省直有关部门要按照省委统一部署，认真制订农村文化建设规划，因地制宜，分类指导，完善政策，明确措施，抓好各项工作的贯彻落实。建立党委、政府农村文化工作联席会议制度，明确各有关部门职责，密切协作，各负其责，齐抓共管，形成合力，共同做好农村文化工作。宣传文化部门要充分发挥主管部门的职能作用，搞好综合协调。有关部门对农村文化建设特别是重点文化工程，要加强专项监督检查。县级文化行政部门要加强对乡镇综合文化站的业务指导。市州文化行政与财政部门要担负起监管责任，加强对乡镇公益文化服务项目、县级财政文化专项经费等落实情况的专项检查督办。

各市、州、直管市、神农架林区和省直有关部门要按照本意见的精神，结合实际，制定贯彻落实的具体措施。有关部门要加强对本意见贯彻执行情况的督促检查。

二〇〇六年十一月十四日

# 省人民政府办公厅关于推进基层综合性文化服务中心建设的实施意见

各市、州、县人民政府，省政府各部门：

为贯彻落实《国务院办公厅关于推进基层综合性文化服务中心建设的指导意见》（国办发〔2015〕74号）精神，推进湖北省基层综合性文化服务中心建设，结合湖北省实际，提出如下实施意见：

## 一 指导思想、基本原则和工作目标

（一）指导思想。全面贯彻党的十八大和十八届三中、四中、五中、六中全会精神，按照党中央、国务院和省委、省政府决策部署，以保障群众基本文化权益为根本，以强化资源整合、创新管理机制、提升服务效能为重点，围绕湖北省“十三五”发展“率先、进位、升级、奠基”总体目标，因地制宜推进基层综合性文化服务中心建设，为湖北加快建成文化强省奠定坚实基础，为湖北在中部地区率先全面建成小康社会提供精神动力和文化条件。

（二）基本原则。坚持以人为本，把群众满意作为检验工作的首要标准，对接需求，服务大局，传承先进，文明乡风，发挥好综合性文化服务中心作为基层弘扬先进文化主阵地的作用。坚持统筹规划、共建共享、盘活存量、巩固成果，不搞大拆大建，重在用好现有设施，强化资源整合与集中利用，促进优化配置、高效利用，形成合力。坚持因地制宜、突出特色、改革创新、提升效能，及时总结建设经验，发挥典型示范作用，推动各地形成既有共性又有特色的建设发展模式。

（三）工作目标。到2020年，全省乡镇（街道）和村（社区）普遍建成集宣传文化、党员教育、科学普及、普法教育、体育健身等功能于一体，资源充足、设备齐全、服务规范、保障有力、群众满意度较高的基层综合性公共文化设施和场所，形成一套符合实际、运行良好的管理体制和运行机制，建立一支扎根基层、专兼结合、奋发有为的基层文化队伍，形成一批立得住、叫得响的文化活动品牌，使基层综合性文化服务中心成为湖北省文化建设的重要阵地和提供公共服务的综合平台，成为党和政府联系群众的桥梁和纽带，成为基层党组织凝聚、服务群众的重要载体。

## 二　规划建设任务

（四）合理规划布局。原则上按照行政区划，每个乡镇（街道）、村（社区）建成一个综合性文化服务中心。各地可根据区域人口分布、设施有效覆盖范围、现有设施条件等，突破行政区划和层级壁垒，合理布局综合性文化服务中心。在已建有市、县级公共文化设施的街道、社区，可通过延伸服务网络、建设服务网点的形式，开展合作共建，避免重复建设、资源浪费。在人口集中的新建小区，须规划建设综合性文化服务中心。鼓励在人口密集、交通便利、发展连片的相邻行政村（社区）建设区域性公共文化设施，实现共建设施、共享场馆、并网服务。（责任单位：各市、县人民政府，省发展改革委、省财政厅、省国土资源厅、省住建厅、省文化厅、省新闻出版广电局、省体育局等）

（五）依托现有基础。乡镇（街道）综合文化服务中心原则上以综合文化站为基础建设，加挂“综合文化服务中心”牌子，在发挥原有功能的基础上，整合广播电视、党员教育、科学普及、普法教育等功能；需新建综合性文化服务中心的，应按照提供基本公共文化服务、整合基层公共文化资源、开展基层党员教育以及配合做好其他公共服务的新功能要求，进行统筹建设。村（社区）综合文化服务中心原则上依托党员群众服务中心建设，加挂“综合文化服务中心”牌子；各地也可根据实际情况，依托闲置中小学校以及其他城乡社区综合公共服务设施，在明确产权归属、保证服务接续的基础上进行综合建设，并配备相应器材设备。（责任单位：各市、县人民政府，省委组织部、省发展改革委、省财政厅、省教育厅、省民政厅、省司法厅、省住建厅、省文化厅、省新闻出版广电局、省体育局、省扶贫办等）

（六）落实建设标准。以《湖北省基本公共文化服务实施标准（2015—2020年）》中规定的设施标准为基本保障底线，乡镇（街道）综合文化服务中心没有达标的，应通过新建或盘活存量、调整置换等方式，三年内达到标准；已达标的，根据综合文化服务中心在原文化站基础上增加功能的实际需要，要相应提高设施保障标准。到2020年，全省乡镇（街道）综合文化站（综合文化服务中心）要达到国家三级以上标准。村（社区）依托党员群众服务中心建设的综合文化服务中心，要按标准完善文化活动功能、保障文化活动场地。（责任单位：各市、县人民政府，省委组织部、省发展改革委、省财政厅、省住建厅、省文化厅、省新闻出版广电局、省体育局等）

（七）抓好配套建设。与乡镇（街道）和村（社区）综合性文化设施相配套，加强文体广场建设。文体广场要尽量与综合性文化设施融为一体，统筹建设；要建设阅报栏、电子阅报屏和公益广告牌，并加强日常维护，增加法治文化元素，及时更新内容；要配备体育健身设施和灯光音响设备等，有条件的可搭建戏台舞台。面向全省特色乡镇（街道）、中心行政村实施“百姓舞台”工程，建设文体广场示范点，统一标识，主要概括为“七有”：有戏台舞台、有活动设备（健身设施）、有宣传设施、有群文团队、有健身队伍、有活动品牌、有管理制度，推动文体广场整体运行效能不断提升。到2020年，全省建成文体广场示范点1000个。（责任单位：各市、县人民政府，省文化厅、省体育局、省发展改革委、省财政厅、省司法厅、省新闻出版广电局等）

## 三　明确功能定位

（八）提供基本公共文化服务。按照《湖北省基本公共文化服务实施标准（2015—2020年）》要求，由县级人民政府结合自身财力和群众文化需求，重点围绕文艺演出、读书看报、广播电视、电影放映、文体活动、展览展示、教育培训和文化遗产保护等方面，制定本地基层综合性文化服务中心基本服务项目目录，设置具体服务项目，为城乡居民提供大致均等的基本公共文化服务。（责任单位：各县级人民政府）

（九）整合公共文化资源。整合乡镇文化服务中心、广播电视服务中心，将广播电视“村村响”“户户通”等公益性服务项目、农家书屋、农村电影放映等纳入综合性文化服务中心，实行人、财、物统筹管理、使用。广播电视网络服务等经营性项目纳入湖北省广播电视信息网络股份有限公司和湖北楚天广播电视信息网络有限责任公司垂直管理。推进公共文化机构总分馆制建设，建立县（市、区）—乡镇（街道）—村（社区）公共图书馆总分馆制，实现县域内公共图书馆、文化站图书室、农家书屋的图书资源共建共享和一体化服务。整合基层群团组织文化资源，开展文化综合服务。（责任单位：各县级人民政府，省文化厅、省新闻出版广电局、省总工会、团省委、省妇联、省残联、省科协等）

（十）开展基层党员教育。结合推进基层组织建设，把基层综合性文化服务中心作为加强思想政治工作、开展党员教育的重要阵地。发挥党员干部现代远程教育网络以及文化信息资源共享工程基层服务点、农村智能广播、社区公共服务综合信息平台等基层信息平台的作用，结合党组织生活、党员活动、党员志愿者活动等基层党员活动载体，广泛开展政策宣讲、理论研讨、学习交流等党员教育活动。（责任单位：省委组织部）

（十一）配合其他公共服务。按照功能综合设置的要求，积极开展农民科学素质行动、社区居民科学素质行动、法治宣传教育和群众性法治文化活动，提高基层群众的科学素养和法律意识。要结合当地党委和政府赋予的职责任务，与居民自治、村民自治等基层社会治理体系相结合，根据实际条件，开展养老助残、妇儿关爱、家庭教育、留守儿童帮扶、人口管理等其他公共服务和社会管理工作，推广一站式、窗口式、网络式、网格化综合服务，简化办事流程，集中为群众提供便捷高效的服务。（责任单位：省委农办、省委政法委、省科技厅、省民政厅、省司法厅、省文化厅、省总工会、团省委、省妇联、省残联、省科协等）

## 四　提高综合服务水平

（十二）开展宣传教育活动。突出政治主题，采取政策解读、专题报告、百姓论坛等多种方式，宣传党的路线方针政策、习近平同志系列重要讲话精神，大力开展革命传统教育和红色文化教育，宣传群众、教育群众、组织群众，把群众团结凝聚在党组织周围。结合美丽乡村、文化小康、文明村镇（社区）、文明家庭、民主法治示范村（社区）和乡贤文化建设，利用农村智能广播、农村电影放映、宣传栏、展示墙、文化课堂、法治道德讲堂以及网络平台等方式，开展社会主义核心价值观学习教育和中国梦主题教育实践，培养群众健康的生活方式和高尚的道德情操，增强法治意识，引领社会文明风尚。弘扬中华优秀传统文化，注重探索和完善春节、端午节、中秋节等传统节日的规范和礼仪，挖掘内涵，规范内容，传承良俗，大力宣传优良家风家训，纯洁民风，深化民族文化认同。加强非物质文化遗产传承保护和民间文化艺术之乡创建，打造地域特色文化品牌。积极开展艺术普及、全民阅读、法治文化教育、科学普及、防灾减灾知识技能和就业技能培训等，传播科学文化知识，提高群众综合素质。（责任单位：省委宣传部、省文化厅、省文明办、省教育厅、省司法厅、省人社厅、省住建厅、省新闻出版广电局、省体育局等）

（十三）组织引导群众文体活动。广泛组织开展全民文化艺术普及、文艺创作表演、全民健身活动。精心组织全省“文化力量·民间精彩”“书香门第·耕读人家”等系列展演展示活动，带动一个乡镇一品牌、一个社区一特色的广场文化建设；结合实际开展年年比、月月演、周周乐等群众性文体活动，开展“文化进万家”“送欢乐下基层”等公益性文化活动，吸引更多群众参与。采取政府统一采购等方式，面向符合条件的国有或民营艺术院团、农村电影院线、各类社会阅读组织，为每个乡镇政府所在地每年免费送戏下乡演出不少于5场，为每个行政村每年免费送戏下乡演出不少于1场、每月放映1场公益电影、每年开展2次以上的全民阅读活动，农家书屋每年开展活动不少于4次。充分发挥工会、共青团、妇联等群团组织的作用，开展职工文化交流、青少年课外实践和妇女文艺健身培训等丰富多彩的文体活动。（责任单位：省文化厅、省司法厅、省新闻出版广电局、省体育局、省总工会、团省委、省妇联、省科协等）

（十四）扶持群众文化团队。支持群众自办文化，依托基层综合性文化服务中心，兴办读书社、书画社、乡村文艺俱乐部，组建民营演出团队、民间文艺团队、健身团队等。乡镇（街道）综合文化服务中心建立各类群众文化团队不少于3支；村（社区）综合文化服务中心建立群众文化团队不少于1支。通过“百团千队万能人”扶持工程、“荆楚农村基层文化骨干培训计划”“湖北省百佳社会文艺团队”资助计划，面向民营剧团、民间班社、群众性业余文艺团体、社区和企业文艺骨干、乡土文化能人等群众文化团队和文化人才，以培训辅导、正向激励、项目资助、联系帮扶和发展会员等形式，鼓励扶持群众文化团队发展。结合精准扶贫，组织市（县、区）文化骨干、文艺工作者到基层深入开展主题活动，落实文化扶贫，培养一批群众文化骨干，建立一批有文化传统和文化活力的群众文化团队，鼓励其开展活动并给予奖励扶持。乡镇（街道）、村（社区）党组织要加强对群众文化团队的领导，加大在群众文化团队中组建党组织力度。提倡有文艺特长、有较强组织协调能力的村（社区）“两委”成员、党员等担任群众文化团体负责人。建立群众文化资源普查机制，以县为单位开展群众文化团队、群众文化人才普查，建立群众文化团队和群众文化人才库；以国家级、省级民间文化艺术之乡为重点，摸清全省民族民间文化艺术的分布和遗存情况，建立档案和数字资源信息库。制定湖北省文化类社会组织管理办法，引导文化类社会组织发展。（责任单位：各市、县人民政府，省文化厅、省人社厅、省民政厅等）

（十五）创新服务方式和手段。建立群众文化需求反馈机制和评价机制，科学设置公共文化服务“菜单”，开展“订单”式服务，提高服务效能。实行错时开放，提高利用效率。为老年人、未成年人、残疾人、农民工和农村留守妇女儿童等群体提供有针对性的文化服务和法律服务，推出一批特色服务项目。广泛开展流动文化服务，把基层综合性文化服务中心建成流动服务点，开展文化进社区、进农村和区域文化互动交流等活动。开展农村公益电影“进社区、进校园、进工地、进企业、进广场”五进工程，在社区、工地、企业、广场每月放映一场电影，中小学每学期放映 2 场爱国主义教育影片。充分运用移动互联网等现代信息技术，依托“湖北省公共文化数字服务平台”，利用公共数字文化资源和产品，为基层群众提供数字阅读、文化娱乐、公共信息、技能培训、法治宣传教育等服务。加快推进数字文化资源在村（社区）综合文化服务中心的应用，完善网络接入和 Wi-Fi 服务。推广文化体育志愿服务，发挥村（社区）党员、机关企事业单位在职党员在文化体育志愿服务中的带头引领作用，发展壮大志愿者队伍。探索省、市、县三级文化体育等相关机构与基层综合性文化服务中心的对口帮扶机制。（责任单位：省文化厅、

省民政厅、省司法厅、省新闻出版广电局、省体育局、省总工会、团省委、省妇联、省残联等)

### 五 创新运行管理机制

(十六)强化政府的主导作用。县(市、区)人民政府在推进基层综合性文化服务中心建设中承担主体责任,要实事求是确定存量改造和增量建设任务,把各级各类面向基层的公共文化资源整合、纳入到支持基层综合性文化服务中心建设发展上来。宣传文化部门要发挥牵头作用,加强协调指导,及时研究解决建设中存在的问题;各相关部门要立足职责、分工合作;公共文化体育机构要加强业务指导,共同推动工作落实。(责任单位:各市、县人民政府,省委宣传部、省文化厅、省新闻出版广电局、省体育局等)

(十七)建立健全管理制度。加强对乡镇(街道)综合文化服务中心(综合文化站)的管理,制定乡镇(街道)综合文化服务中心(综合文化站)服务规范。建立村(社区)综合文化服务中心由市、县统筹规划,乡镇(街道)组织推进,村(社区)自我管理的工作机制。结合基本公共文化服务标准化建设,根据基层综合性文化服务中心新的功能定位,重点围绕运行方式、服务规范、人员管理、经费投入、绩效考核、奖惩措施等重点环节,建立健全标准体系和内部管理制度,形成长效机制,实现设施良性运转、长期使用和可持续发展。严格安全管理制度,制定突发事件应急预案,及时消除各类安全隐患。(责任单位:各市、县人民政府,省文化厅、省新闻出版广电局、省体育局等)

(十八)探索社会化建设管理模式。加大政府向社会力量购买公共文化服务力度,拓宽社会供给渠道,丰富基层公共文化服务内容。鼓励支持企业、社会组织和其他社会力量,通过直接投资、赞助活动、捐助设备、资助项目、提供产品和服务,以及采取公益创投、公益众筹等方式,参与基层综合性文化服务中心建设管理。有条件的地方可探索开展社会化运营试点。(责任单位:省财政厅、省文化厅、省新闻出版广电局、省体育局)

## 六　加强组织实施

（十九）进行科学部署。各市、州、县政府要把加强基层综合性文化服务中心建设发展作为构建现代公共文化服务体系的重要内容，对接相关规划，结合农村社区建设、扶贫开发、美丽乡村建设等工作，抓紧制定落实方案。要稳步推进，可先期确定一批基础条件较好的地方和部分贫困地区进行试点，并逐步推广实施。国家和省级公共文化服务体系示范区创建城市要率先试点并推广试点经验。支持试点地区因地制宜探索符合本地实际、具有推广价值的基层综合性文化服务中心建设发展模式。（责任单位：各市、县人民政府，省文化厅、省编办、省发展改革委、省民政厅、省新闻出版广电局、省体育局、省扶贫办等）

（二十）加大资金保障。市、县两级要根据实际需要和相关标准，将基层综合性文化服务中心建设所需资金纳入财政预算。中央和省级财政统筹安排一般公共预算和政府性基金预算，通过转移支付对革命老区、民族地区和贫困地区基层综合性文化服务中心设备购置和提供基本公共文化服务所需资金予以补助，同时对绩效评价结果优良的地区予以奖励。发挥政府投入的带动作用，落实对社会力量参与公共文化服务的各项优惠政策，鼓励和引导社会资金支持基层综合性文化服务中心建设。鼓励城市对农村进行文化帮扶，增加农村文化服务总量，逐步缩小城乡基层公共文化发展差距。（责任单位：省财政厅等，各市、县人民政府）

（二十一）加强队伍建设。各地、各有关部门要认真落实《省委办公厅省政府办公厅关于加快构建现代公共文化服务体系的实施意见》和《湖北省基本公共文化服务实施标准》（2015—2020 年），加强乡镇文化工作力量。乡镇（街道）综合文化服务中心根据整合的职能，充实增加相应工作人员。村（社区）综合文化服务中心根据实际需要，设立文化管理员、社会体育指导员等相关工作人员。鼓励“三支一扶”大学毕业生、大学生村官、志愿者等专兼职从事基层综合性文化服务中心管理服务工作。加强业务培训，乡镇（街道）和村（社区）文化专兼职人员每年参加集中培训时间不少于 5 天。（责任单位：省编办、省人社厅、省财政厅、省文化厅、省新闻出版广电局、省体育局等，各市、县人民政府）

（二十二）开展督促检查。把基层综合性文化服务中心建设纳入政府公共文化服务考核指标。由省、市、县三级政府建立动态监测和绩效评价机制，组织文化行政等有关部门对基层综合性文化服务中心建设使用情况进行督促检查，及时协调解决工作中的各种问题。同时，引入第三方开展公众满意度测评。对基层综合性文化服务中心建设、管理和使用中群众满意度较差的地方要进行通报批评，对好的做法和经验及时总结推广。（责任单位：省文化厅、省新闻出版广电局、省体育局等，各市、县人民政府）

二〇一六年十一月二十八日

# 湖北省农村基层组织变化情况表
# （1958—2018 年）

| 年份 | 人民公社 | 生产大队 | 生产队 |
|---|---|---|---|
| 1958 | 658 | 34592 | 207242 |
| 1959 | 687 | 33709 | 221876 |
| 1960 | 633 | 32587 | 201756 |
| 1961 | 4567 | 38093 | 264061 |
| 1962 | 4637 | 39861 | 283373 |
| 1963 | 4667 | 38210 | 277530 |
| 1964 | 4657 | 37757 | 274481 |
| 1965 | 4659 | 37789 | 272111 |
| 1966 | 4577 | 35224 | 250923 |
| 1967 | 4581 | 35099 | 246173 |
| 1968 | 4581 | 35099 | 246173 |
| 1969 | 4501 | 35099 | 225000 |
| 1970 | 4445 | 32841 | 239929 |
| 1971 | 4398 | 31474 | 232351 |
| 1972 | 4370 | 30949 | 230845 |
| 1973 | 4376 | 31089 | 231743 |
| 1974 | 4285 | 31191 | 231811 |
| 1975 | 1331 | 30789 | 230484 |
| 1976 | 1330 | 29718 | 228237 |
| 1977 | 1326 | 29200 | 224042 |

续表

| 年份 | 人民公社 | 生产大队 | 生产队 |
|---|---|---|---|
| 1978 | 1276 | 29505 | 224241 |
| 1979 | 1265 | 30425 | 238061 |
| 1980 | 1262 | 31019 | 255298 |
| 1981 | 1260 | 31634 | 275033 |
| 1982 | 1260 | 31769 | 273390 |
| 1983 | 1211 | 31722 | 264711 |

| 年份 | 乡镇 | 乡 | 村委会 | 村民小组 |
|---|---|---|---|---|
| 1983 | 221 | 73 | 331 | 3346 |
| 1984 | 4371 | 3956 | 32642 | 263085 |
| 1985 | 4709 | 3906 | 32438 | 258501 |
| 1986 | 4555 | 3731 | 32734 | 259128 |
| 1987 | 2075 | 1250 | 32754 | 259715 |
| 1988 | 1951 | 1121 | 32763 | 260349 |
| 1989 | 1970 | 1127 | 32727 | 260577 |
| 1990 | 1965 | 1121 | 32750 | 260847 |
| 1995 | 1901 | 1040 | 32802 | 260641 |
| 2000 | 1329 | 476 | 32400 | 259250 |
| 2005 | 954 | 217 | 26678 | 212587 |
| 2008 | 942 | 207 | 26101 | 209737 |
| 2009 | 944 | 204 | 26051 | 209806 |
| 2011 | 926 | 184 | 25677 | 211560 |
| 2012 | 924 | 178 | 25545 | 211200 |
| 2013 | 922 | 165 | 25356 | 211000 |
| 2014 | 921 | 160 | 24822 | 210950 |
| 2015 | 919 | 158 | 24791 | 210800 |
| 2016 | 929 | 168 | 24686 | 210600 |
| 2017 | 927 | 168 | 24415 | 208562 |
| 2018 | | | 23645 | 203000 |

注：未列出的年份是因为没有数据。

资料来源：《湖北农村经济（1949—1989）》，中国统计出版社1990年版；湖北省统计局、国家统计局湖北调查总队编：《湖北统计年鉴（2010年）》，中国统计出版社2010年版；湖北省民政厅基层政权与社区建设处。

# 参考文献


## 一　著作

湖北省地方志编纂委员会编：《湖北省志·政权》，湖北人民出版社 1996 年版。

中共湖北省委党史研究室：《中国新时期农村的变革（湖北卷）》，中共党史出版社 1998 年版。

邓道坤、刘友凡主编：《大变革：湖北省农村税费改革纪实》，武汉大学出版社 2006 年版。

湖北省统计局、国家统计局湖北调查总队编：《湖北统计年鉴（2010 年）》，中国统计出版社 2010 年版。

《湖北农村经济（1949—1989）》，中国统计出版社 1990 年版。

《湖北省农业合作经济史料》，湖北人民出版社 1985 年版。

白钢、赵寿星：《选举与治理》，中国社会科学出版社 2001 年版。

何增科主编：《中国社会管理体制改革路线图》，国家行政学院出版社 2009 年版。

李守经、邱馨主编：《中国农村基层社会组织体系研究》，中国农业出版社 1994 年版。

骆正林：《选举传播与契约精神——中国乡村政治文化的变迁与村民选举中的信息传播之关系》，中国广播电视出版社 2011 年版。

宋亚平：《咸安政改——那场轰动全国备受争议的改革自述》，湖北人民出版社 2009 年版。

王志弘：《文化治理与空间政治》，群学出版社 2011 年版。

温铁军：《中国农村基本经济制度研究》，中国经济出版社 2000 年版。

吴理财、李山等:《湖北秭归“幸福村落”建设研究》,知识产权出版社2016年版。

吴理财:《从“管治”到“服务”——乡镇政府的职能转变研究》,中国社会科学出版社2009年版。

王来法主编:《思想政治理论教育新探索(2013)》,浙江工商大学出版社2013年版。

项继权:《中国农村社区建设研究》,经济科学出版社2016年版。

解冰:《新农村基层政权权责制衡重构》,中国方正出版社2010年版。

徐勇、陈伟东:《中国城市社区自治》,武汉出版社2002年版。

俞可平等:《中国公民社会的兴起与治理的变迁》,社会科学文献出版社2002年版。

张厚安、徐勇:《中国农村政治稳定与发展》,武汉出版社1995年版。

张厚安:《中国特色的农村政治——“乡政村治”的模式》,桂冠图书股份有限公司1998年版。

张象枢、赵萍、周文彪主编:《中国农业巨变与战略抉择》,中国物价出版社1993年版。

[加] 史密斯:《宗教的意义与终结》,董江阳译,中国人民大学出版社2005年版。

[美] 罗伯特·D. 帕特南:《使民主运转起来》,王列、赖海榕译,江西人民出版社2001年版。

[美] 华尔德:《共产党社会的新传统主义:中国工业中的工作环境和权力结构》,龚小夏译,牛津大学出版社1996年版。

[挪威] 贺美德、鲁纳编著:《“自我”中国:现代中国社会中个体的崛起》,许烨芳等译,上海译文出版社2011年版。

[英] 雷蒙·威廉斯:《马克思主义与文学》,河南大学出版社2008年版。

## 二　论文

蔡文成、赵洪良:《结构·价值·路径:文化治理的内在逻辑与实践选择》,《长白学刊》2016年第4期。

曹立明:《“杨集选举”的实践与思考》,《政策》2003年第1期。

陈楚洁、袁梦倩:《文化传播与农村文化治理:问题与路径——基于江苏省J市农村文化建设的实证分析》,《中国农村观察》2011年第3期。
程同顺:《当前农村社会治理的突出问题及解决思路》,《人民论坛》2016年第8期。
郭泽保:《构建中国现代农村社会管理体制的路径选择——基于社会转型期存在的问题》,《福建行政学院学报》2009年第3期。
贺雪峰、苏明华:《乡村关系研究的视角与进路》,《社会科学研究》2006年第1期。
贺雪峰:《"海推":杨集实验的实质》,《决策咨询》2002年第10期。
胡兵:《和谐话语与抗争文化:当前农村社会治理的新机制》,《中国农业大学学报》(社会科学版)2016年第8期。
胡维维、吴晓燕:《农村社会管理与新型农村社区管理体制建设》,《新疆财经》2011年第1期。
胡晓鹤、刘爱莲:《论阶层分化在农村社会治理中的启示和意义——基于农村地区社会阶层分化的考察》,《理论月刊》2014年第12期。
黄德峰、朱清华:《优秀传统民俗文化与推进农村社会治理能力现代化》,《中国井冈山干部学院学报》2014年第4期。
黄建安、陈志刚:《公共服务延伸与农村社会治理创新——浙江建设村级便民服务中心的探索及启示》,《观察与思考》2017年第2期。
黄胜胜:《城市化进程中乡村社会治理困境及优化路径》,《湖北民族学院学报》(哲学社会科学版)2015年第5期。
姜裕富:《宗教信仰在农村社会治理中的功能机制》,《重庆社会主义学院学报》2013年第6期。
雷明:《论农村社会治理生态之构建》,《中国农业大学学报》(社会科学版)2016年第6期。
李三辉、范和生:《乡村文化衰落与当代乡村社会治理》,《长白学刊》2017年第4期。
李小平:《论村党支委和村委会的冲突与调适》,《北京行政学院学报》2002年第3期。
林万龙:《乡村社区公共产品的制度外筹资:历史、现状及改革》,《中国农村经济》2002年第7期。
刘东杰、周海生:《城市化背景下的乡村社会治理——以江苏省淮安市为例》,《农业现代化研究》2015年第2期。

刘同君:《新型城镇化进程中农村社会治理的法治转型》,《法学》2013年第9期。

卢明威、李图仁:《农村社会纠纷化解:从传统到法治》,《学术论坛》2015年第5期。

陆益龙:《乡村社会变迁与转型性矛盾纠纷及其演化态势》,《社会科学研究》2013年第4期。

陆益龙:《乡村社会治理创新:现实基础、主要问题与实现路径》,《中共中央党校学报》2015年第10期。

宋仕平、董登峰:《论乡村社会治理格局的变化与治理方式的转换》,《三峡大学学报》(人文社会科学版)2017年第3期。

宋仕平、秦瑛、徐静:《多元主体共治:乡村社会治理的制度化选择——基于宜昌市仓屋榜村"一二五"治理模式的分析》,《青海民族大学学报》2015年第4期。

孙迪亮、宋晓蓓:《新乡贤参与乡村社会治理的理据分析》,《科学社会主义》2018年第1期。

谭志松、陈瑶:《武陵山片区乡村社会治理模式研究——以湖北秭归县"幸福村落"治理模式为例的分析》,《吉首大学学报》(社会科学版)2015年第6期。

王进、赵秋倩:《合作社嵌入乡村社会治理:实践检视、合法性基础及现实启示》,《西北农林科技大学学报》(社会科学版)2017年第5期。

王进、赵秋倩:《合作社嵌入乡村社会治理的模式与动力问题研究》,《理论导刊》2016年第6期。

吴春梅、刘晓杰:《转型期的农村矛盾及其化解机制》,《云南行政学院学报》2009年第6期。

吴理财、夏国锋:《农民的文化生活:兴衰与重建——以安徽省为例》,《中国农村观察》2007年第2期。

吴理财:《把治理引入公共文化服务》,《探索与争鸣》2012年第6期。

吴理财:《从网格化管理转向网络化治理:农村基层治理的"在村模式"》,《国家治理》2015年第1期。

吴理财:《论个体化乡村社会的公共性建设》,《探索与争鸣》2014年第

1 期。

吴理财：《文化治理的三张面孔》，《华中师范大学学报》（人文社会科学版）2014 年第 1 期。

吴理财：《乡村熟人社会的重构与整合——湖北秭归“幸福村落”社区治理建设模式调研》，《国家治理》2015 年第 11 期。

吴理财：《乡镇改革与后税费时代乡村治理体制的构建》，《中共福建省委党校学报》2007 年第 1 期。

吴新叶：《农村社会治理的绩效评估与精细化治理路径——对华东三省市农村的调查与反思》，《南京农业大学学报》（社会科学版）2016 年第 4 期。

邢军：《税费改革后乡村社会治理的新探索：谯城模式——亳州市谯城区为民服务全程代理制的调查》，《江淮论坛》2009 年第 1 期。

徐炜、陈民洋：《农村社会治理案例比较与难题：政策话语转变的视角》，《武汉大学学报》（哲学社会科学版）2015 年第 5 期。

徐艳芳、仇文静：《我国乡村文化治理研究的回顾与展望》，《中国文化产业评论》2015 年第 2 期。

徐勇：《在社会主义新农村建设中推进农村社区建设》，《江汉论坛》2007 年第 4 期。

尹国伟、吴赟：《“互联网 +”催生农村社会治理新变革——基于沪浙鄂贵农村一线的实践》，《农村工作通讯》2017 年第 6 期。

于建嵘：《社会变迁进程中乡村社会治理的转变》，《人民论坛》2015 年第 5 期。

于建嵘：《新时期中国乡村政治的基础与发展方向》，《中国农村观察》2002 年第 1 期。

于水、杨萍：《“有限主导—合作共治”：未来农村社会治理模式的构想》，《江海学刊》2013 年第 3 期。

余亚梅、唐贤兴：《政府部门间合作与中国公共管理的变革——对“运动式治理”的再解释》，《江西社会科学》2012 年第 9 期。

俞德鹏：《农民负担问题的社会和法律分析》，《二十一世纪》2001 年 2 月号（总第 63 期）。

张红霞：《农村现代化变迁与社会工作介入农村社会治理路径研究》，《中共福建省委党校学报》2015年第5期。

张厚安、王克安:《大力加强农村基层政权建设——红安、大悟两县调查》,《社会主义研究》1987年第4期。

张厚安:《村民自治:中国农村基层民主建设的必由之路》,《河北学刊》2008年第1期。

张厚安:《乡政村治——中国特色的农村政治模式》,《政策》1996年第8期。

张益丰、陈莹钰、潘晓飞:《农民合作社功能“嵌入”与村治模式改良》,《西北农林科技大学学报》(社会科学版)2016年第6期。

赵泉民:《合作社组织嵌入与乡村社会治理结构转型》,《社会科学》2015年第3期。

郑有贵、罗贞治、李成贵:《党的十一届三中全会以来我国农业政策的演变及其作用》,《教学与研究》1998年第12期。

周飞舟:《从汲取型政权到“悬浮型”政权——税费改革对国家与农民关系之影响》,《社会学研究》2006年第3期。

Daniel Bell, “On Meritocracy and Equality”, *National Affairs*, Vol. 29 (Autumn 1972).

# 后　　记

本书系湖北“三农”重大问题研究（项目编号 WHZCZB201631611）最终成果之一。这项研究得到了湖北省社会科学院的支持，尤其是宋亚平院长自始至终给予了细致而具体的指导，特此致谢！

承蒙宋亚平院长信任，让我主持该项重大研究项目的子课题“改革开放以来湖北农村社会治理研究”。自 2017 年 4 月领受研究任务以来，我便组织专题课题组就这一研究进行了多次研讨，不断明晰研究思路，形成研究方案，并结合湖北省一些典型的农村社会治理创新进行了实地调研。在讨论中，博士生方坤、梁来成、瞿奴春、刘磊、刘建、解胜利、黄薇诗、庄飞能、郭璐等提出了许多很好的意见。硕士生魏久朋、杨刚、刘玲玲、徐琴、华雪婷、刘斌帮助搜集研究文献和研究资料，李佳莹、金慧敏、向湛秋、李雁、徐亚男、谭磊、武童、吴灵璇、黄雪芹、张旋、王俊对书稿进行了文字校对。并且，解胜利、梁来成、刘磊、刘建参与了本书的写作，其中第二章由解胜利执笔，第三章由梁来成执笔，第四章由刘磊执笔，第五、六章由刘建执笔。其余章节由我执笔，搜集并整理了附件中的文件。在他们初稿基础上，我作了一定的修改、完善。如果没有他们的积极参与和大力帮助，这项研究不可能如期顺利完成。可以说，本书是课题组一起合作的结晶。

本书还得到了湖北省农村经济经营管理局张清林局长、武汉大学社会学系徐炜教授、华中农业大学文法学院万江红教授等专家的指导。在研究中，湖北省社会科学院王金华女士提供了诸多帮助。

包括农村社会治理在内的地方治理，是我国国家治理的重要组成部分。从农村和地方研究中国国家治理是一个独特且有效的研究路径。20 年来，我一直致力于这项研究，并将以此为研究志业。幸运的是，我的研究始终得到了辛秋水、俞可平、项继权等老师和诸多学友的指导，得到了家人的支持。在此一并感谢!

吴理财

2018年6月15日

武昌桂子山